本著作得到“武汉大学研究生教材建设培育项目”和“武汉大学哲学院十四五规划教材”的资助

Special Topic of Applied Psychology:
the Research on Work Stress

应用心理学专题：
工作压力管理

严　瑜　周志清　著

人民出版社

责任编辑:洪　琼

图书在版编目(CIP)数据

应用心理学专题:工作压力管理/严瑜,周志清 著.—北京:人民出版社,
2023.7

ISBN 978-7-01-025463-0

Ⅰ.①应…　Ⅱ.①严…②周…　Ⅲ.①工作负荷(心理学)-心理调节
Ⅳ.①B849

中国国家版本馆 CIP 数据核字(2023)第 077608 号

应用心理学专题:工作压力管理

YINGYONG XINLIXUE ZHUANTI:GONGZUO YALI GUANLI

严　瑜　周志清 著

人民出版社 出版发行
(100706　北京市东城区隆福寺街 99 号)

北京中科印刷有限公司印刷　新华书店经销

2023 年 7 月第 1 版　2023 年 7 月北京第 1 次印刷
开本:710 毫米×1000 毫米 1/16　印张:20.75
字数:330 千字

ISBN 978-7-01-025463-0　定价:79.00 元

邮购地址 100706　北京市东城区隆福寺街 99 号
人民东方图书销售中心　电话 (010)65250042　65289539

目　录

序　言

21 世纪以来,特别是当今世界进入"数智云时代"(大数据、人工智能和云计算),各类组织和企业面临新的挑战:当前的市场环境较传统的工业时代变得更加动荡(Volatile)、不确定(Uncertain)、复杂(Complex)和模糊(Ambiguous),即进入所谓 VUCA 时代。在这样剧烈变化和难以预测的竞争格局中,人们的工作和生活压力越来越大,与之相应,工作压力的研究日益成为心理学、管理学、医学等学科优先关注的一个重要理论领域和现实课题。

随着研究的不断深入和扩展,工作压力的研究主题也不断分化,其中主要包括工作安全、工作—家庭角色冲突、工作倦怠、工作场所情绪劳动、情绪耗竭、工作场所负面组织行为、工作场所人际要求等主题。在我过去 30 多年的大学从教生涯中,虽然为研究生开设过关于工作和职业压力的相关课程,举办过很多次讲座,而且受到学生的喜爱,但在为这些课程选择教材时,常常感到无所适从。通过互联网搜索引擎和线下实体书店可以找到的有关工作压力的书籍,但绝大多少都是谈论工作压力和生活压力管理技巧的流行书籍,要么翻译居多而脱离中国实际,要么缺乏理论指导。即这些书籍大多在描述当前社会的压力现状和一些压力干预技巧,而缺乏系统理论思维和严谨性,内容不全面,材料欠丰富,特别是研究方法缺乏科学性。当然,也不乏侧重工作压力研究的学术性教材,但是年代相对久远,不能够反映当前我国企业和组织压力管理实践的现状,更不能够体现当前国际国内工作压力研究的前沿问题、理论和实证研究进展。基于此,我深感迫切需要一本由专业学者编著的,兼顾理论指导和实际干预,平衡个体水平、群体水平和组织水平工作压力的研究生教材。

武汉大学严瑜教授领衔的职业健康心理学学术团队,基于国内外高水平工作压力研究文献的广泛阅读,从专业的视角,集学术性、实践性和可读性于一体,把他们近20年工作压力研究和教学相关的工作笔记,以及与许多相关领域的学者和硕、博士研究生的讨论日志等融合在一起,实现了理论性的和实践性的统一、科学性和可读性的统一、知识性和前瞻性的统一,非常有特色。

基于三个统一的思路,该教材的内容体系主要涉及六个大的内容板块,大致可以分为两大主题,即理论主题和实践干预主题。前四大内容板块聚焦理论主题,主要探讨了工作压力的内涵及其理论发展演化,以及相关的学术研究成果,了解压力是什么、压力的传导机制和约束条件、压力的效果和制约因素等。沿用五个主流的压力研究视角,并在每个角度下秉承由"压力到工作压力"思路进行介绍,以期全面揭示工作压力概念的发展由来。从生理理论、交易理论、角色理论到资源理论、个人与环境匹配理论、工作要求—资源模型等,奠定了系统的压力解释理论、机制、边界条件、制约因素等,为后面的干预模型和实践提供了理论框架。

后面两大内容板块则聚焦实践干预主题。主要聚焦在工作压力的三级预防干预机制,以及工作压力干预的实践技能和方法。工作压力的三级预防措施包括初级干预措施,即预防导向,关注引发压力源的环境因素和风险;二级干预目标则是为员工提供应对压力源的知识和技能;三级干预的重点是那些正在经历极度压力而导致心理疾病或者精神痛苦并需要专业帮助以从相关症状中恢复的员工或群体。而干预方法也十分丰富,既有运动和睡眠减压,也有正念冥想和放松训练减压,还有阅读疗法和旅游疗法减压,以及通过"断舍离"等极简主义生活态度来进行减压,从而增加幸福感、满意感和创造性。

当然,工作压力是个体内因和环境外因交互作用的产物。工作环境伴随着社会的变迁、政治经济文化因素的变化而错综复杂、瞬息万变;个体特征也因其在开放性、责任性、内外向性、宜人性和情绪稳定性方面的差异而使其对压力源的感受性千差万别。所以，工作压力研究受到个体内因和环境外因交互影响而使得其就像一个变化不拘的“移动靶”，如何深刻剖析和动态把握工作压力的动态本质，使得本教材的编撰特别具有挑战性，当然也为未来的发展和完善提供了空间。

工作压力研究已经发展成为多学科交叉的科学，涉及心理学、医学、管理学、社会学、生理学等跨学科知识的辩证分析和拓展。编者突出心理学视角，适度融入管理和社会学科，将国内外最新的工作压力相关科学研究成果和思想方法吸纳到本教材体系中，是我目前看到的适合研究生学习的很好的教材，是一本兼具思想性、前瞻性、科学性、趣味性于一身的工作压力专题研究的教材。

龙立荣

2023 年 2 月于喻家山

前　言

“创新”是这个新时代的主旋律。同时，日新月异的工作场所“创新”则意味着“对传统工作形式、内容和流程的频繁颠覆和高速迭代”，势必造成现代劳动者高强度的认知冲突和高焦虑的情绪卷入，从而营造出“频繁而累积”的工作压力。那么，什么是工作压力？工作压力的作用机制是什么？如何对工作压力进行有效的干预和管控？本教材将基于编著者的专业能力、经验和学术规范，试图结合有关工作压力研究领域的经典理论方法和最新的实证研究成果，对涉及工作压力本质的核心问题进行探索。同时，力图兼容工作压力相关内容体系的广度和深度，我们通过六个章节对以上工作压力的三个核心问题进行阐释。

第一大章节主要探讨了工作压力的内涵及其理论的演化。首先沿用五个主流的压力研究视角，秉承由“压力到工作压力”思路进行演进，以期全面揭示工作压力概念的发展由来。最后通过整合这些概念认识到：工作压力包括一系列的外部压力源、个体认知评价以及个体和环境的交互作用并随时间推移不断交互影响发生变化。同时，系统介绍了工作压力的理论演化，从坎农（Cannon）与塞里（Selye）所提出的压力生理机制，到拉扎勒斯（Lazarus）的压力交易模型、鲍威尔（Powell）的工作压力的角色理论和霍波弗尔（Hobfoll）的压力资源保护理论，再到工作压力关联模型，特别是弗伦奇（French）的个人与环境匹配工作压力模型、卡拉塞克（Karasek）的工作要求—控制模型、德梅鲁蒂（Demerouti）的工作要求—资源模型。最后，介绍了工作压力的最新进展——麦克温（McWeen）的压力非稳态负荷模型以及塞默(Semmer)的压力自我冒犯理论。

第二大章节主要探讨了工作压力作用机制的边界条件。本章集中讨论了在压力应激过程中(包括对压力源的压力体验、压力体验造成的压力结果两个阶段)能够有效缓冲由压力带来的不利后果的组织和个体调节因素。它们包括工作资源、组织氛围、人格、控制、应对、社会支持以及最近备受关注的恢复体验。总而言之,“资源”和“控制”是众多调节因素背后最核心的机制。“资源”包括:组织提供的物理(如组织支持)和社会支持(主管同事支持、组织氛围),个体的生理(恢复体验)、心理(人格、情绪)以及社会资源(家人朋友支持)。“控制”则主要通过主观控制感发挥作用,高水平的控制感增强了人们的行为动机。需要说明的是,部分控制感可以来源于组织(例如,决策自主)或个人资源(例如,技能多样性),但并非所有资源(例如,生理资源)都是通过控制感影响压力后果。

第三大章节主要聚焦在工作压力的中介机制。本章围绕着工作压力的中介机制,搭建了以情感和资源为主体框架的工作场所压力源双通道作用路径。基于情感的作用路径主要包括消极情绪的增加和积极情感的减少,基于资源的作用路径则主要包括心理资本和工作脱离的减少、不良应对方式以及工作倦怠(主要是情绪耗竭)的增加。它们大多属于由工作压力源引起的一级心理反应,包括认知的和情绪的。除此之外,本章还梳理出了一条链接一级心理与行为反应的二级反应通路,主要包含工作态度与工作动机两种,我们称之为意志反应。意志反应表现为在阻碍性的工作压力源下,员工的生理、认知和情绪反应促使了其意志反应的降低,进而导致员工工作努力减少以及自动化行为增加,最终影响的是组织的绩效以及个体的健康和福祉。

第四大章节主要聚焦在工作压力的结果机制,特别通过大量的实证研究重点考察了工作压力与生理疾病、心理疾病的因果关联效应。实验研究和实践调查均从各自角度揭示出工作压力可以导致身心疾病。本章从经典的压力—疾病关联的理论论述了压力通过慢性过程和急性过程引发疾病,这两个途径涉及行为、生理、心理改变。行为途径指健康相关行为的改变,如吸烟、饮酒、饮食、锻炼和睡眠等；生理途径指交感神经激活或下丘脑—垂体—促肾上腺素通路的激活；心理途径指个体认知和情绪的变化。行为、生理、心理不仅独立影响个体的身心健康，他们彼此关联共同作用于身心健康。因而，工作压力与个体身心健康之间的机制是复杂而多元的，仍然需要大量的研究持续探索和深入挖掘。同时，工作压力与身心疾病之间的强关系受到应对方式、社会支持、自我信念、认知能力、运动等社会、心理和行为变量的调节作用。掌握有效的压力应对方式，增加自身的心理资源都可能保护个体在纷繁复杂的工作场所压力源中免于身心健康损害。

第五大章节主要聚焦在工作压力的三级预防干预机制。本章基于预防性压力管理理论回顾了对工作压力的三级预防措施。一般来说，初级干预侧重于“积极预防”，关注引发压力源的社会环境因素和组织风险。主要是针对社会环境或者整个组织因素而采取的消除压力源的系统干预方法。二级干预侧重于“知识和技能普惠”，主要是针对全体员工开展压力情绪管理的知识普及和技能培训。三级干预强调“对症下药”，聚焦于正经历心理疾病或精神痛苦的员工或群体进行的心理咨询或专业治疗。而且，这些干预措施最好结合使用，通过改善工作环境的一级预防与提升个体压力应对技巧的二级预防相辅相成，以便三级康复或心理治疗项目能够发挥最大的效果。

第六大章节主要介绍了对工作压力进行干预的实践技能和方法。本章通过前沿的工作压力干预的实证研究案例，基于社会实践模式介绍了工作压力管理的主要技术方法。首先，通过运动和睡眠两个角度的专业知识和实证研究成果来阐述如何通过开展有益于身体的事情进行减压。其次，通过正念冥想和放松训练入手来阐述如何通过开展稳定情绪的事情进行减压。实证研究证明了正念冥想和放松已经广泛用于情绪调节、注意力训练、提升自我意识，改善幸福感等。再次，通过阅读和旅游疗法两个角度来阐述如何通过开展丰富精神的事情进行减压。阅读和旅游疗法从思想和精神方面帮助员工从文献和大自然中带入自身情景并逐渐认同、净化达到最终领悟的过程。最后，通过给物质生活“做减法”而给精神生活“留空间”的生活态度阐述如何通过开展简化环境的事情进行减压。“简单即快乐”的极简主义可以帮助员工通过自律获得自由,通过简化物质生活获得更丰富的精神空间,从而增加幸福感、满意感和创造性。

时至今日,工作压力研究已经成为这个时代的热点和焦点问题。具体表现为:首先,近年来陆续建立了国际性的工作压力研究专业学术机构——包括美国职业健康心理学会(SOHP)和欧洲职业健康心理学会(EAOHP)。其次,有了聚焦工作压力相关实证研究的世界高水平学术期刊——包括欧洲的《工作与压力》(Work & Stress)和北美的《职业健康心理学杂志》(Journal of Occupational Health Psychology)。最后,定期举办由美国心理学会、美国职业健康与安全研究所、美国职业健康心理学会共同主办的工作压力与健康(Work Stress and Health)会议。最近几年,越来越多、越来越好的有关工作压力高水平实验和实证研究性的学术论文在世界顶级心理学学术期刊上发表。因此,我们对这本书也抱着一种开放和可持续改善的态度,我们将与时俱进,不断地将国内外最新的工作压力相关科学研究成果和思想方法吸纳到本教材体系中,力图将本书逐渐编著成一本具有前瞻性、科学性、趣味性和思想性的工作压力专题的研究生教材。

严　瑜

2023 年 2 月于珞珈山

第一章　工作压力的概念及理论

尽管本书立足职业健康领域主要关注的工作相关的压力的概念，但压力研究根源于早期生物学、临床医学等领域的有益探索——将这些内容纳入工作压力的讨论范畴，既反映了该领域研究的多学科特性，也为理解工作压力的基本定义提供了更丰富的研究材料。当前学者普遍从"压力源"、"压力反应"、"压力源与压力反应间交互作用"等角度界定压力概念；与此对应，研究者也因基于"刺激"、"反应"及"刺激—反应交互"等视角开展工作压力研究而被划分为不同流派（Sulsky & Smith，2005，2007）。此外，伴随研究深入，一些研究者也从动态视角、差距视角展开分析，为描述工作压力提供有益补充。第一节对工作压力概念的介绍首先从上述五种主流视角出发逐一展开；随后对现有观点进行整理，提出本书关于工作压力定义的看法与见解，以期更全面地诠释工作压力的内涵——这有助于对后续介绍各视角下的压力理论模型进行理解。

社会心理学之父库尔特·勒温（Kurt Lewin）曾言"没有什么比好理论更实用"。究其原因，理论不仅可以为事物如何运作做出解释，还能为研究者提供运用解释去预测、干预和控制事件的工具。本节对工作压力理论的系统性回顾参考布劳斯等人（Bliese et al.，2017）的观点，将一个世纪以来压力理论的发展分为三个重点阶段（见图 1-1），对这一历程进行把握可以通过两个关键路径展开分析：

1. 关注工作压力理论的"发展"路径。不同理论对"工作压力"有着差异化的见解,这些观点的竞争取舍、推陈出新引领整个领域的深化发展。事实上,正是自20世纪60年代职业健康心理学理论的"井喷式"发展,赋予了整个学科旺盛的活力。因此工作压力理论的学习需要厘清发展的宏观脉络,尤其需要准确掌握新理论对之前理论的有益补充。

2. 对工作压力理论的"关联"路径进行洞悉。这要求在接触众多职业健康心理学理论时应秉持"求同存异"的态度。理论间的相互学习司空见惯:研究者既需要掌握理论间的共通性,也要合理看待针对同一问题存在的多种差异化见解;由此在运用这些理论对当今职场现象进行解释时,才能更好对前人的共同智慧进行融会贯通,而不是在理论间筑起"不可逾越的鸿沟"。

基于此,本章节将参考布劳斯等人提供的时间框架,统筹运用"发展"与"关联"视角对部分重点工作压力理论进行介绍,以期帮助读者对章节第一部分介绍的工作压力内涵有更清楚的认识。

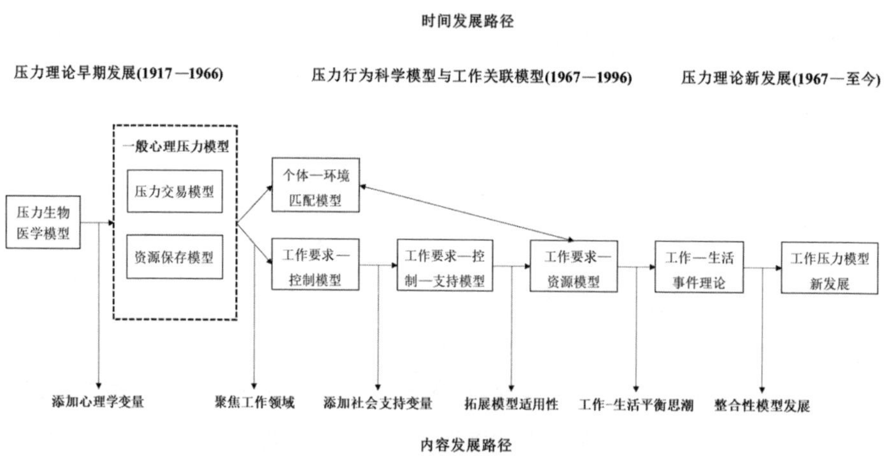

图1-1　工作压力理论发展趋势图(改编自Bliese等人(2017))

第一节　工作压力的基本定义

一、工作压力的刺激视角

压力的刺激视角将压力描述为“导致个体焦虑与不安体验的外部环境特征、事件或刺激”。这类定义与早期的“压力工程模型”一致，将压力等同于外界环境的刺激，重视引发压力的各种外部因素及其所带来的影响。聚焦于组织环境中，学者基于刺激视角对工作压力定义可见表1-1。总体上这类定义虽基于客观现实但也存在相应缺陷，尤其在应用于组织环境时，具体包括：(1)人们对同一工作压力源的反应各不相同，定义缺少对个体差异变量的关注；(2)同一个个体对同一个工作压力源的反应也可能随时间的推移而变化，定义具有静态缺陷，与当前“关注变量的个体内变化”的组织研究趋势相悖；(3)默认工作压力是消极的，缺少发掘工作压力潜在积极意义的辩证思考。

二、工作压力的反应视角

基于反应视角的定义关注有机体(人和动物)对压力源所做出的反应。这类视角多依托医学和生物学的成果，典型代表为塞里(Selye，1956)。他将压力定义为“对任何外在要求的非特异性反应”。此外，非稳态负荷(Allostatic Load，AL)模型进一步就个体随时间做出的各阶段压力性反应进行了系统的说明(Ganster et al.，2018)。概括来说，压力反应包括直接的、外显的反射性生理、行为反应，如手的颤抖或者腹泻等；也包括在压力长期作用下的行为慢性变化，如精神紧张(strain)导致冠心病等不幸后果。

将视线拉回到组织环境下，研究者基于反应视角对工作压力的探索逐步推进：从关注个体短期、外显的情绪反应到关注其深层次、无意识的长期应对(见表1-1)。然而这类定义方式同样存在缺陷，包括：(1)不同压力源可能导致不同反应，且对压力的反应会随时间推移而改变。(2)即使在没有压力的情况下,个体也会表现出某些类似的压力反应。例如,服用某种肾上腺素之类的药物也能够使身体体验到压力反应。(3)对压力源本身的忽视削弱了定义的实践指导价值。在最新展望中,研究者提倡具体化工作压力源类型,如区分挑战—阻碍性压力源;认知性与情感性压力源等(Gonzalez-Mulé et al.,2021)。基于反应的压力定义忽视了压力的来源与性质,从而对全面理解工作压力构成阻碍。

三、工作压力的交互视角

单纯用刺激或反应来定义压力均存在一定缺陷。为弥补不足,当前学者更倾向以刺激—反应(交互)方式来定义压力,将其视为环境刺激(各种压力源)和个人反应(精神紧张)间交互作用的结果。作为交互视角的代表,拉扎勒斯和福克曼(Lazarus & Folkman,1984)。出"压力代表外界各种情境事件与个体相互影响、相互作用的一种特殊关系"。这类定义强调"个体评估"的作用——即使面对的压力一模一样,人们的反应也会千差万别。

该定义模式在工作压力研究中居于主导地位。后来部分研究者也进一步从时间跨度(如关注交互作用带来的短期与长期变化)与空间广度(工作压力交互影响领域从工作到家庭、社交等多个领域)深化交互分析层次(见表1-1)。总体上,这类定义提供了关于工作压力更全面的理解;为近现代职业健康心理学的压力模型的发展提供坚实的理论基础。

四、工作压力的动态变化视角

尽管交互观点代表一种相对成熟的视角,但部分学者也通过其他角度就其所忽视的元素进行补充强调——对工作压力的变化性进行关注便是其中之一。动态变化视角不仅关注某一时刻个体与环境交互情况的"静态截面",更关注二者不断交互及在此过程中发生的改变。哈特等人(Hart et al.,1993)运用工作压力的动态平衡理论,不是将压力单纯理解为环境要求、个体反应抑或是交互过程,而是将其视为"在一个人与环境相互作用的体系中,导致人们正常幸福感发生变化的一系列不平衡的状态,强调要考虑个性特征、应对策略、积极或者消极的工作经验”等。这其中暗含动态变化视角——压力引发的不平衡与个体应对策略不断互动。

由于压力源持续存在且个体的压力应对并非“一蹴而就”，这就赋予了压力变化与个体应对的持续动态性。在该过程中又会有源源不断的变化因素出现——例如压力交易模型提到的“应对方式”：个体对工作压力的应对方式会影响压力对个体后续产生的影响，这反过来又进一步影响个体后续采取的压力应对方式，如此循环致使个体感知到的压力性质与个体对待压力的方式不断改变，为从动态视角研究工作压力提供可能。麦格拉斯(McGrath，1976)的任务绩效过程模型、爱德华兹(Edward，1992)的组织压力的控制理论与威廉姆斯和库伯(Williams & Cooper，2002)的工作压力动态过程模型均蕴含动态思想，由此将对工作压力的理解引入更深层次。

五、工作压力的差距结果视角

“个体—环境匹配理论”的提出掀起了通过“差距结果视角”对工作压力进行定义的热潮。弗伦奇(French，1962)的早期研究中把工作压力视为个体能力、外部可用资源与职业需要间存在差距而导致的结果。这种差距可能是个体能力不足无法满足工作要求、组织及社会提供的可用资源缺乏，以及无法实现职业者自己的职业需求等多方面矛盾加剧的结果，工作压力便由此产生。后来研究者也表达了类似的观点(见表1-1)。总体上，差距结果视角方面的研究注重个体职业能力与职业要求的匹配程度。若匹配不当则会产生相应的负面后果，影响着员工工作压力的感知及其后续的组织行为。

六、工作压力的整合定义

当前基于“刺激—反应”交互角度的压力定义因其全面性得到了更多研究者青睐，事实上，众多广泛应用的工作压力理论也依托这一视角。然而，值得思考的是这种视角下的工作压力的定义是否“十全十美”？要回答这一问题，不妨再回顾一下苏尔斯凯和史密斯(Sulsky & Smith，2005/2007)提出的

表 1-1 工作压力定义汇总

定义视角	定义来源	定义内容	补充说明
基于刺激视角	Caplan, 1975	对个人产生威胁的工作和环境特征的总和	将工作压力定义为消极性
	Cooper & Marshall, 1976	与特定工作相关的负面环境因素	
	Semmer et al., 2019	对个体自尊产生威胁，阻碍个体维持积极自我观念的刺激	基于压力自我冒犯理论界定
基于反应视角	Kyriacou & Sutcliffe, 1979	由于组织因素对工作本身或所在工作场所产生负性情感，如抱怨、生气	侧重压力的情绪反应
	Ganster & Rosen, 2013	工作场所心理体验和要求（压力源）造成员工心理和生理上的短期或长期变化的过程	考虑时间变化视角
	Sparks & Cooper, 2013	个体面对压力时对拥有的资源与能力的无意识、普遍的但有规律的调动	压力的反应可能涉及无意识层面
基于交互视角	Beehr & Newman, 1978	工作压力下各种工作相关因素和员工之间产生交互作用导致心理或生理变化，使其偏离正常功能状态	
	Boyle, 1995	工作压力来自外界环境(工作、家庭、社会)和个体本身特征相互结合产生的结果	拓展压力来源来自生活多个领域
	Sulsky & Smith, 2005	对有机体产生物理或心理作用的情境(压力源)，且导致生理、心理和行为上的后果（反应）。若情境对个体作用较长时间内持续存在，可能导致精神紧张甚至某些慢性病的发生	较为系统基于交互视角与时间变化视角对工作压力进行定义
基于动态变化视角	Hart et al., 1993	在人与环境相互作用的体系中，导致个体正常幸福感发生变化的一系列不平衡状态	暗含动态变化视角——压力引发不平衡与应对策略恢复平衡的努力不断互动
基于差距结果视角	French & Kahn, 1962	工作压力为个体能力、外部可用资源与职业需要间存在差距导致的结果。这种差距可能是个体能力不足无法满足工作要求，或是组织及社会提供的可用资源缺乏，无法实现自身职业需求等	基于个体—环境匹配理论界定
	Parker & Decotis, 1963	个体在工作中面对职业机会、需求、限制时，产生的不符合期望的差距，使个体偏离正常状态便导致压力结果	
	Edwards, 1992	工作压力取决于人们知觉到的现状和期望得到的状态间的差距，以及这种差距对个体的意义	基于组织压力控制模型界定

交互视角的代表性定义:"工作压力是对有机体产生物理或心理作用的情境导致生理、心理和行为上的后果"。可见这类定义往往具备三个基本要素:压力源、个体特征、交互产生的结果,三者在一个"平面"上呈现压力的样貌。若进一步为这些定义增添新维度,便可以很好地从"立体"角度来观察工作压力。

第一维度借鉴动态变化视角,引入时间维度。虽然很多交互理论暗含着时间要素——例如压力在前、中、后期对个体产生的影响不尽相同,但在这里考察的时间维度主要借鉴麦格拉斯(McGrath,1976)的压力周期分析模型与爱德华兹(Edward,1992)的组织压力控制理论:在定义里强调工作压力对个体产生的影响与个体做出的反应最终会反馈到初始的压力源,从而影响着后续循环发展过程。

第二维度包含空间维度,指明工作压力来源于并影响着包括职场、家庭、社交等在内的多方面领域。每一环境下的多个压力源有各自交互作用的过程;那么有理由认为不同环境下、不同压力源间的多样交互作用间也相互影响。组织研究中的"溢出(spillover)效应"很好地说明这一点,例如,疲于奔命地应对工作领域的压力可能会放大家庭压力对个体的消极影响,反之亦然。爱德华兹(Edward,1992)在其组织压力控制理论中明确提出"压力体验可以视为由多重(理想与现实)差距构成的动态系统随时间发展而变化的过程",这也体现工作压力构成的多重来源。由此不难理解,一种环境下压力源对个体产生的影响与个体所做出反应的选择势必会影响该个体在另一个环境下与压力的交互。

综上,参考"刺激—反应"视角对压力的定义,同时结合在相关学者建议下考虑的工作压力的"时间"与"空间"维度,本书提出一个关于工作压力的整合定义,以期在融合更多观点来提出一个关于工作压力更全面的定义:

"工作压力源于组织压力源和个体特征的交互作用,并且这种交互作用会在空间上延展和时间上持续",这个定义的框架如图 1-2 所示。

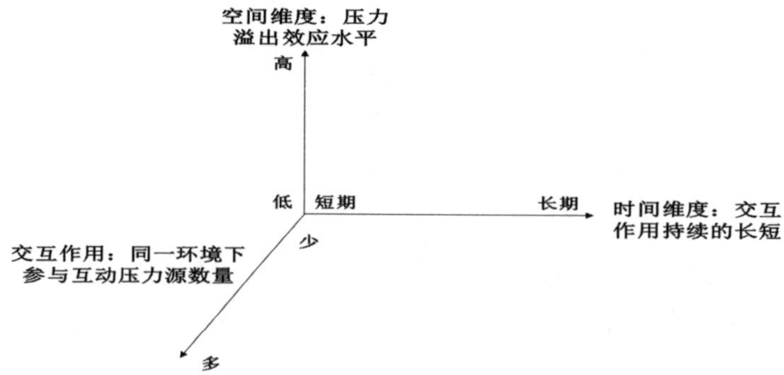

图 1-2　工作压力整合定义模型图

第二节　工作压力的一般模型

工作压力相关研究发端于生物医学等领域对压力的探索——这些早期通用模型虽不直接聚焦于工作领域却为描述工作压力作用机制提供了启发。本节提出这些一般性质的压力模型主要涵盖压力生物医学模型与一般生活压力模型两大类(Sulsky & Smith,2005/2007)——相关介绍将围绕这两方面展开:关于前者主要介绍一般适应症候群相关理论;对于后者则重点关注压力交易模型与资源保存理论。

一、Selye 的一般适应症候群理论

(一)理论背景

20 世纪初,美国生理学家坎农(Cannon,1914)在动物压力应对研究中提出"战斗—逃跑反应(fight or flight)"的概念,认为有机体感受到环境压力源时,在肾上腺髓质分泌的肾上腺素与去甲肾上腺素等作用下会产生一系列生理反应,使个体对压力做出适应性反应(见表 1-2)。进一步,塞里(Selye,1936)在压力反应的生理学基础上拓展了坎农的理论,提出"一般适应症候群"(General Adaptation Syndrome,GAS)理论。他认为当人或动物暴露在压力情境中时,会普遍表现出"警戒反应——抗争反应——枯竭"三阶段

压力反应。塞里强调这种反应的非特异性，即任何性质的压力刺激都会激发有机体表现出相同的反应——代表了通用普适性的压力生物模型。

表 1-2 “战斗-逃跑”中交感肾上腺髓质引发的生理反应

系统名称	生理反应	反应结果
心脏	心率增加，冠状血管扩张	血流量增加，增加心肌细胞的氧气和能量利用率
循环	为骨骼肌细胞服务的血管扩张，为消化器官和皮肤服务的血管收缩，脾收缩	增加骨骼肌细胞的氧气利用率，促进血液分流到骨骼肌和大脑，增加对代谢活跃细胞的氧气输送
肺	支气管扩张，呼吸频率增加	增加血液和大脑中 O_2 的可用性
肝脏	糖原向葡萄糖的转化增加	骨骼肌和脑细胞葡萄糖利用率增加

（二）理论基本内容

模型图 1-3 有效地整合了二者的研究成果：坎农研究主要集中在压力应对的初始阶段，揭示“下丘脑—交感神经系统”通路活动状况与“下丘脑—肾上腺皮质环路分泌儿茶酚胺”的过程。塞里则关注个体对压力源的长期抗争过程：发现压力信息同样会激活脑垂体活动，促使其分泌促肾上腺皮质素（ACTH），揭示了“脑垂体—肾上腺皮质环路分泌糖皮质素（类固醇物质如皮质醇）”的长期压力适应过程；此外，脑垂体还会刺激甲状腺分泌甲状腺素，使个体血压升高、呼吸加速、加强儿茶酚胺作用实现对压力的长期适应。

综上可知，短时间内一些有助于缓解压力的反应可能并不利于机体长期健康。例如，短期内糖皮质激素可以为机体提供更多能量以及修复细胞所需要的物质，从而加快新陈代谢以适应压力环境；而在慢性压力作用下，长期糖皮质激素浓度过高会削弱肌细胞功能，破坏免疫系统等。在最后的“枯竭阶段”，个体可能会表现出一系列慢性压力症状如心脏病、慢性高血压、免疫缺陷等;若压力继续频繁出现,则可能导致机体死亡。

(三)理论运用与发展

1. 斯德哥尔摩大学的当代生物学模型研究

塞里与坎农就“压力体验与儿茶酚胺或肾上腺皮质素分泌关联性”的探索得到了后来学者进一步精细化。其中最具代表性的为斯德哥尔摩大学开展的系列研究,他们将塞里与坎农的成果运用到工作场所进行检验。

20 世纪 70 年代初,弗兰肯豪泽(Frankenhaeuser)及其同事开展了系列压力应对与儿茶酚胺释放关系的研究。这些研究表明心理压力源,如对压力情境控制感、刺激过多或刺激不足等均会导致个体体内儿茶酚胺水平明显增加。研究还关注工作压力的性别差异。在研究中他们分别以瑞典男女中层管理者为被试,发现两种性别管理者在工作中都表现出压力的典型生物学反应——心血管与神经内分泌活动的适度增加。但工作压力结束以后,女性管理者恢复到基线(低压力)水平的速度比男性管理者更慢[可见 Frankenhaeuser(1996)评述]。

2. 长期压力应对的生理机制的深化探讨

早期研究集中探讨工作压力与儿茶酚胺分泌的关系,而对类固醇(肾上腺素皮质素等)相关的长期压力源应对研究相对缺乏。在最近的一项研究中,舒尔巴赫等(Schilbach et al.,2021)借助 Trier 的社会压力测试,通过操纵实验让被试在一个月内分别处于不同压力水平环境中,以此来考察个体长期压力应对的生理变化机制。结果发现,中等水平的挑战要求与更强的皮质醇反应和略微增强的皮质醇恢复有关。关于压力长期应对的生理机制的讨论可见第五节对非稳态负荷模型的讨论。

(四)理论评述与展望

塞里等人的研究作为早期压力探索的成果不可避免地存在局限,主要集中在模型的“非特异性”的描述上。其他学者批评指出:(1)并非所有压力源均会表现出典型的 GAS 反应,如节食、锻炼等。(2)不同压力源可能并非产生相同反应。例如情绪反应的“生化差异”:人因害怕脸色苍白与肾上腺素分泌有关;而愤怒脸红更多地与去甲肾上腺素分泌相关。同时,在心理

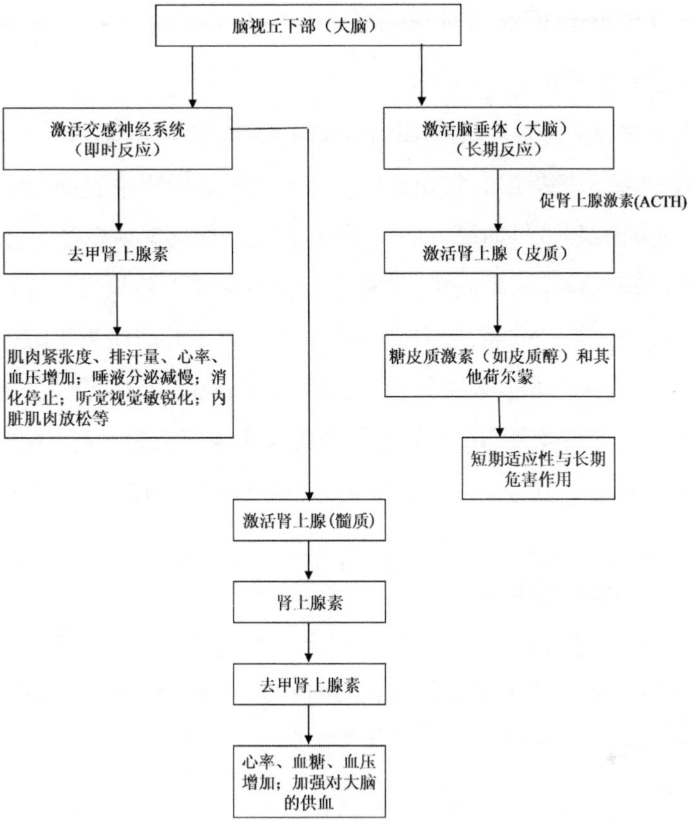

图 1-3　压力应对的短期与长期生理机制过程

压力源的作用下,机体的肾上腺素分泌量比去甲肾上腺素多;而在环境压力源的作用下,机体的去甲肾上腺素分泌量比肾上腺素多。这些例子都对GAS 理论的“非特异性”观点提出挑战。

此外,理论的关键弱点还在于只考虑机体对压力的生理反应而忽视心理因素的作用——致使塞里“以偏概全”地认为压力的反应都是非特异性的。虽然非特异性反应是各种压力情境的重要组成部分,但是针对具体情境来分析个体的特定反应更具现实意义。未来研究的关键在于厘清具体压力反应中非特异成分程度的大小。

二、Lazarus 的压力交易理论

(一)理论背景

压力交易理论(Transactional theory)由拉扎勒斯和福克曼(Lazarus & Folkman,1984)系统提出。它在工作压力理论发展历程中起到“承上启下”的作用:一方面,相较早期压力生物医学模型,该理论更具心理学色彩,在承认知觉等心理过程作用的同时,也关注个体差异在人与环境交互过程中发挥的关键作用。另一方面,压力交易模型虽然最初并非应用于工作压力研究,但却为后续众多职业健康压力理论提供了借鉴(如对“认知评价”重要作用的积极关注);此外,研究者也会将其与其他理论协同运用,丰富了职场研究理论基础。基于此,本小节对该“一般性心理压力模型”做简要介绍。

(二)理论基本内容

压力交易模型的核心观点提出,压力的产生不单独依赖于个体或环境本身,而取决于两者之间的相互作用。对模型的介绍首先从认知评估、应对与适应性结果三个关键变量出发。

1. 认知评估

作为认知评估模型的代表,压力交易模型提出,心理社会压力源主要通过个体对其感知和评价来发挥影响(Ganster & Rosen,2013)。这一过程涉及三个重要认知评估过程,包括初级评价(primary appraisal)、二级评价(secondary appraisal)与再评价(reappraisal),其作用机制可见表 1-3。需要强调的是,各种认知评价间的交互作用可能是动态的:起初被评估为积极挑战的压力源若长时间存在也可能由于引起个体耗竭而被重新评价为具有威胁性;二级评价中个体选择的应对策略在再评价阶段也可能因未能解决威胁而被评价为无效化,需要重新评估选择新方案等。可见该过程是动态的且有反馈影响。此外,初级评价中的“威胁性评价”与“挑战性评价”也为后来的“压力自我冒犯理论的 SIN 路径”以及“工作要求—控制—(支持)模型的积极学习假设”等提供了理论借鉴(在后续章节将进一步讨论)。

2. 应对

“应对”被定义为个体不断变化认知和行为努力以管理特定的外部和/或内部要求。拉扎勒斯重点探讨了两种应对方式:(1)以情绪为中心的应对方式,旨在减轻情绪困扰的认知过程,包括回避、最小化、疏远、选择性注意、积极比较以及从消极事件中攫取积极价值等策略,多源于防御过程理论。(2)以问题为中心的应对策略,通常需要定义问题、生成选择性的解决方案、根据成本—收益分析权衡方案并最终从中选择并采取行动。

表 1-3　三种认知评估作用机制

评估过程	评估内容	评估结果
初级评价	决定了潜在的压力源是否被个体视为有害的、威胁性的或具有挑战性的	1.初步评价可分为三种:无关(irrelevant);积极—有利的(benign-positive)与压力性的(stressful) 2.当感到某情境是有压力的,个体可能做出两种压力的初级评价:有害—损失评价通常包括对个体而言重要事物的潜在损失;威胁评价指个体在觉察到自己处理环境要求能力不足时做出的评价 3.当环境要求高且个体拥有与之匹配的能力时,个体往往会产生挑战性评价从而有机会从中获取积极结果
二级评价	关注个体可能会做些什么来管理压力交易	分析存在哪些可行的应对方式、这些应对策略是否可以有效地改善压力情境以及有效应用的可能性
再评价	情境的新信息和个体的反应导致认知评价发生变化	再评价就是在早先的认知评价之后的评价过程;若威胁被评估并未解决,则会再次动态反馈,重新进行应对选择

3. 适应性结果

压力交易模型还关注个体评估和应对压力后产生的三类适应性结果:社会功能、士气(morale)和身体健康,分别对应个体的社会、心理与生理适应性指标,可以说,压力交易模型对于压力的短期结果与长期结果都给予了一定关注。

总体上,压力交易模型提出环境(组织)压力源通过认知评价过程引起个人变量与环境变量间的相互作用。如果环境变量被评价为超出个人资源威胁到身心健康时,应对机制就会被激活;此时个体会进一步通过二级评价选取策略改变“人—环境”间的失衡关系(如以问题为中心的应对方式)或调节压力造成的痛苦情绪(如以情绪为中心的应对方式);随后个体进行再评价过程:如果冲突成功解决,应对就会停止并产生积极结果;反之,个体需要回到先前循环重新评估压力源并调整应对方式。若问题持续得不到解决,个体会产生负性情绪与生理不适等,状况的延续最终会影响适应性结果(如心理或生理健康恶化、社会功能受损等)。整体模型见图 1-4。

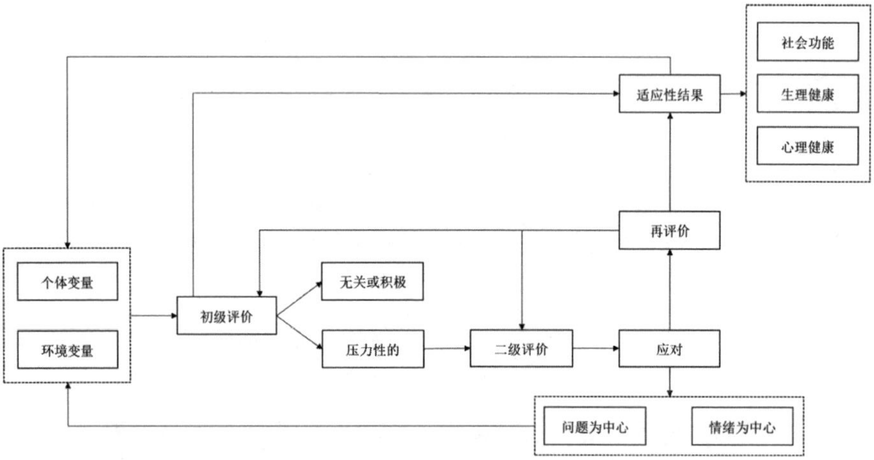

图 1-4　压力交易模型框架图

(三)理论应用与发展

整体上,研究者运用压力交易模型在具体工作环境中考察不同性质压力源产生的效应,同时借鉴其他理论逐步完善通路的传递与边界机制;研究样本主要定位于员工和领导者两大类,为特定群体的职场干预提供见解并逐步扩大到更广泛职场群体的福祉关怀。

1. 压力交易模型与其他理论综合性研究

压力交易模型是典型的一般压力模型,需要进一步从更具体的角度来探讨压力问题。在现实研究中,压力交易模型往往会结合其他理论框架开展综合性的探索性研究。这其中,卡瓦诺等人(Cavanaugh et al.,2000)提出的“挑战—阻碍压力源(challenge-hindrance stressors framework)”框架备受关注。他们认为工作压力与工作结果之间的关系会因被评估的压力源而异,并将工作场所中的工作压力源分为挑战性压力源与阻碍性压力源两个集群,二者引发不同的认知评价与适应性结果(见图 1-5)。

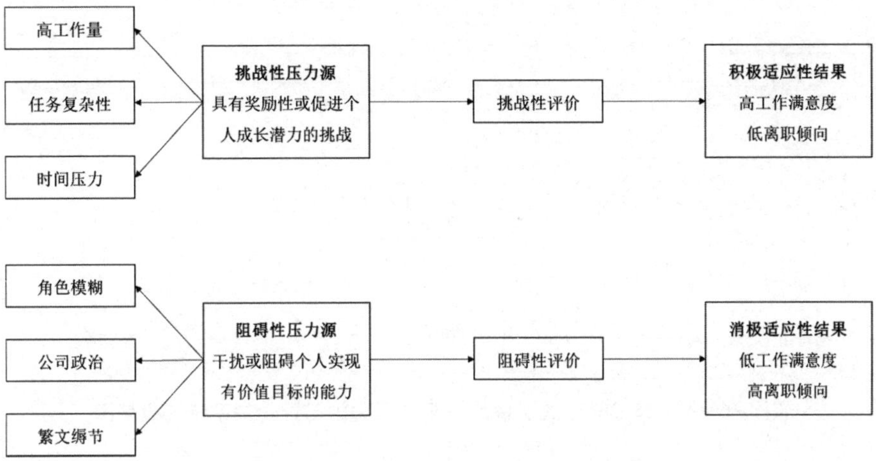

图 1-5　挑战—阻碍压力源框架模型图

在卡瓦诺等人的成果基础上,后续研究者就个体关于不同压力源的评估与产生的不同结果间的关系做了进一步的深化探讨,这包括结合更多的理论框架在更广泛的职场群体中开展实证检验:部分研究者为“挑战性压力源与积极的工作结果相关,阻碍性压力源与消极的工作结果相关”的假设提供了进一步实证检验,并结合其他理论为其中变量间的关系做出深入探讨。除了普通员工,关注组织领导者对于压力的评估与应对的研究也日趋丰富(部分研究结果汇总见表 1-4)。

整体上,职场主体倾向于将工作压力源区分为挑战性压力源与阻碍性压力源。挑战性压力源固然具有激发个体潜能的作用,但仍可能对个体存在一定消极影响,这启发研究者需要进一步辩证地看待挑战与阻碍性压力源的作用机制。类似地,研究者发现同一压力源与认知评价间也存在显著的复杂关系:阻碍性压力源与挑战性评估可能存在多种关系;挑战性压力源也与阻碍性评估存在一定联系。对此马等人(Ma et al.,2021)指出,存在调节变量影响压力源类型与个体对压力源评估间的关系,责任心便是其中之一。他们发现,对于高责任心个体来说,挑战性压力源与挑战性、阻碍性评价均存在更积极的关系,扮演着"双刃剑"角色(详细可见下模型图 1-6)。

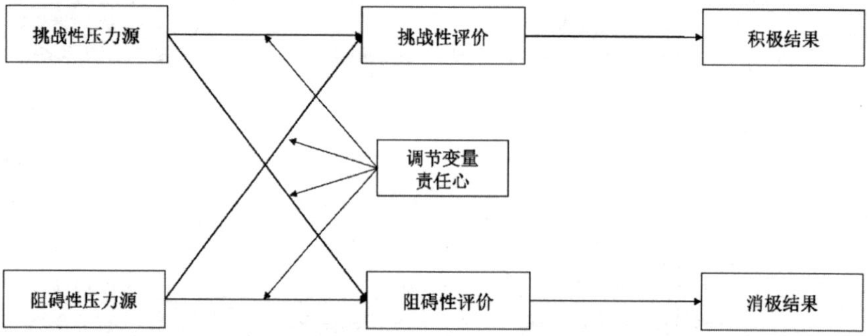

图 1-6 Ma 等(2021)关于挑战—阻碍压力源与评价关系研究模型图

2. 应对方式的拓展研究

部分研究者还从模型本身进行拓展,他们发现传统"情绪—问题"中心应对方式的划分无法充分解释挑战和阻碍性压力源的结构差异:两种压力源都是引发个体强烈情绪反应的实际刺激(问题);同时针对每一次压力遭遇,个体几乎会同时采用两种应对方式,这些都反映出"情绪—问题"的划分方式可能缺乏理论上的清晰性和结构效度。

对此,张等人(Zhang et al.,2019)开展了一项关于员工应对工作场所不同类型压力源的元分析研究。从调节焦点理论出发,引入了一种新的应对方式分类法——以促进为中心(promotion-focused)和以预防为中心(prevention-focused)的应对方式。前者着眼于在工作中取得更多成就与进步,而后者更关注正确完成工作、避免犯错误、履行必要的工作职责以确保就业。该分类法在一定程度上补充了传统分类法的不足(见表 1-5)。

表 1-4 部分压力交易模型与挑战-阻碍性压力源框架结合研究

研究来源	理论框架	研究层次	自变量与因变量	中介/调节变量	核心观点
Rodell & Judge, 2009; JAP	压力交易模型；“挑战—阻碍压力源”框架；情感事件理论	员工行为	自变量：阻碍—挑战压力源；因变量：组织公民行为、反生产行为	中介变量：愤怒、焦虑、专注	阻碍—挑战压力源可以通过情绪变量对远端行为结果产生影响
Courtright, Colbert, & Choi, 2014; JAP	压力交易模型；“挑战—阻碍压力源”框架	领导方式	自变量：发展性挑战压力源；因变量：变革型与放任型领导方式	中介变量：投入、情绪耗竭 调节变量：自我效能感	挑战压力源也可能对个体产生消极影响，这一关系受到个体差异变量影响
Mawritz, Dust, & Resick, 2014; JAP	压力交易模型；“挑战—阻碍压力源”框架；社会信息加工理论；社会学习理论	员工行为	自变量：感知敌意氛围；因变量：员工组织偏离与心理退缩行为	中介变量：辱虐管理调节变量：领导与员工责任心水平	揭示一种远端压力源如何被员工评估，进而影响员工的行为。这其中环境线索产生关键作用
Hudson, Nahrgang, Newton, & Melissa, 2019; JAP	压力交易模型；“挑战—阻碍压力源”框架	主管行为	自变量：团队促进性与抑制性建言；因变量：领导情绪耗竭与绩效表现	中介变量：领导对建言认知评价 调节变量：领导全力赶制	不同类型的团队建言行为会被主观评估为不同类型的压力源进而对领导行为产生影响
Ma, Liu, Peng, & Xu 2021; JOHP	压力交易模型；“挑战-阻碍压力源”框架	员工行为	自变量：阻碍-挑战压力源；因变量：积极-消极结果变量	中介变量：压力源认知评价 调节变量：责任心	同一压力源与认知评价间也存在显著的复杂关系，这一关系可能受到个体差异变量影响

进一步的研究通过元分析得出挑战性压力源倾向于唤起以促进为中心的应对方式,而阻碍性压力源倾向引发以预防为中心的应对方式;同时以促进为中心的应对与员工工作绩效、工作态度和个人幸福感呈正相关,而以预防为中心的应对与这些结果呈负相关。这体现出促进和预防为重点的应对方式是解释工作压力源与个人结果之间关系的重要手段,为压力交易模型提供了有益补充。未来期待更多研究对压力交易模型进行完善,使其更好指导工作场所的研究。

表 1-5 不同应对方式分类比较研究(改编自 Zhang et al., 2019)

应对策略	界定
以促进为中心应对方式	通过认知和行为上的努力最大限度地提高一个人的现状与其希望和抱负相匹配的机会
以问题为中心	以促进为中心的应对行动,旨在通过减轻甚至消除环境刺激来改变压力交易的现实。策略示例:积极应对、制订计划、寻求有效支持、解决问题、直面应对等
以情绪为中心	以促进为中心的应对行动,旨在调节一个人对外部要求的情绪反应,而不扭曲压力交易的现实。策略示例:寻求情感支持、积极地再解释/再评估/重构。寻求有效支持、坦然接受、幽默应对等
以预防为中心应对方式	通过认知和行为上的努力最大限度地减少一个人当前的情况与他/她的职责和义务不匹配的可能性
以问题为中心	以预防为中心的应对方式,旨在通过减轻甚至消除环境刺激来改变压力交易的现实。策略示例:克制应对、压抑竞争性活动等
以情绪为中心	以预防为中心的应对方式,旨在调节一个人对外部要求的情绪反应,而不扭曲压力交易的现实。策略示例:否认、疏离、精神解脱、发泄情绪等

(四)理论评述与展望

本小节结合前人思考与最新的研究成果,为压力交易模型未来更好应用于组织研究提出了一些展望。

(1)压力交易模型本身并不完善,其“全面性视角”牺牲了“问题聚焦性与预测质量”,需要结合更具体的理论来深化压力问题的探讨。许多研究者已尝试结合多种理论或拓展模型来加强压力交易模型的解释力度,未来期待更多相关工作来拓展工作压力研究的理论基础。

（2）方法上，需要运用更科学、多种类的方法检验压力交易模型运用于工作场所研究的有效性。目前研究者已通过多项纵向数据研究为模型的科学性提供佐证。最近，卡斯帕与维尔特（Casper & Wehrt，2022）在一项日记研究中探讨每日恢复对早晨个体关于工作要求认知评估的作用，结果显示，心理脱离有效预测了阻碍和威胁性评估的减少，而对挑战评估没有显著影响。恢复状态中介了心理脱离与威胁性评价间的关系，同时，心理脱离通过早晨恢复状态间接与挑战性评估的增加相关。该研究为解释员工关于压力源认知评估的时间变化提供启迪。

（3）伴随着新冠（Corona Virus Disease 2019，COVID-19）疫情的暴发，学者们也尝试运用压力交易模型探讨突发重大事件作为压力源对职场人员的影响。例如，特劳加科与乔拉（Trougakos et al.，2020）根据压力交易理论提出新冠肺炎病毒作为威胁性压力源会引发员工焦虑情绪，对此，他们会采取包括以情绪为中心的应对手段——情绪抑制（emotion suppresss）与以问题为中心的应对手段——增加洗手频次进行应对。模型整体提出，新冠病毒焦虑会促使个体抑制情绪而不利于满足心理需求，进而阻碍积极结果实现；而洗手频率这一应对方式缓冲了这一不利影响（见图 1-7）。未来研究一方面可以进一步借助该理论探讨新冠疫情对处于高风险地区、高风险职业的员工产生的影响，为潜在干预提供思路；另一方面，可以关注员工如何评估并应对其他重大事件，以在更宏观的环境下检验压力交易模型。

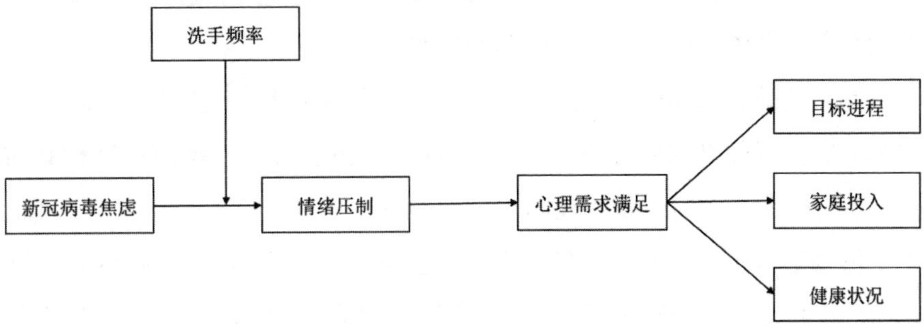

图 1-7　Trougakos 等（2020）研究模型图

三、资源保存理论

(一)理论背景

20 世纪 70 年代后期,研究者在压力交易模型等理论的影响下开始关注个体表现出的“刺激—认知—行动”交互压力反应模式,并将压力定义为“人与环境间的一种特殊关系,这种关系被人评估为对其资源的负担过重或超过其资源并危及其健康,蕴含着人与环境平衡的理念”。霍波福尔(Hobfoll,1989)对这一思潮提出反思,认为压力交易模型:(1)未对“个体要求”和“资源能力”两个核心概念做出明确界定,在对二者平衡关系进行解析时陷入了互为解释的逻辑,不能明晰二者的关系机理;(2)未提供“个体要求”和“资源能力”比较的标准化工具,仅仅依靠个体对需求和资源的感知,而抛弃了以外界真实刺激作为测量基石,导致难以对二者进行比较。

鉴于此,霍波福尔提出了资源保存(Conservation of Resources,COR)理论,旨在更好地解释压力情境下的个体行为,为“压力源—压力”关系提供一种新的解释机制。与此前压力理论不同的是,资源保存理论认为压力感源自客观事实,而非认知建构,将压力应对理解为个体与情境之间的动态资源交换过程,所以它是一个情境导向的压力反应理论(廖化化等,2022)。

(二)理论基本内容

COR 理论假设个体具有保存、保护和获取资源的倾向,无论是潜在的资源损失威胁,还是实际的资源损失都会引发个体的紧张和压力。简而言之,无论是在感知层面还是在客观层面,现有资源的损失和新资源获取的失败均会引发个体的压力反应(Hobfoll,1989)。

在此基础上,COR 理论进一步指出在压力情境下,个体会使用现有资源去获取新资源以减少资源的净损失;同时个体也会积极建构和维护其当前的资源储备以应对未来可能出现的资源损失情境。不难看出,COR 理论以个体资源为核心机制来解释压力的产生与应对。也就是说,资源是该理论的一个核心概念,只有真正理解了资源的内涵,才可能真正理解 COR 理论(廖化化等,2022)。对于资源的内涵,不同学者进行了不同的探讨和发展(见表1-6),这有益于组织行为学研究者深入认知个体资源的结构、资源的内在差异与联系、理解资源驱动力的个体间差异与个体内差异,从而对资源保存理论已有理论观点形成了重要的补充。

霍布福尔等(Hobfoll,2018)对COR理论也进行了修订,最终将COR理论的框架发展为由1项基本原理、4项原则、1组资源阵列与资源阵列通道法则以及3项推论构成的体系(见表1-7)。

表1-6 资源的内涵

学者	重要观点
Hobfoll(1989)	定义：资源是个体认为对其有价值的事物或者可以帮助其获得有价值事物的途径 物质资源：汽车、房产和开展工作所需的工具等，其价值源自它们固有的物理属性或所蕴含的个体身份地位信息(通常取决于事物的稀缺性和人们的获取成本) 条件资源：婚姻、职位和资历等，其价值源自它们对个体未来工作和生活的积极意义 个体特征资源：高智商、自我效能感和乐观等，是指个体自身具有的有助于其抵抗压力的各种技能和特质 能量资源：时间、金钱和知识等，其价值在于它们能够帮助个体获取所需的其他资源
ten Brummelhuis & Bakker(2012)	根据资源来源与稳定性将4类资源，纳入了4个象限：持久的外生资源(如婚姻、工作)；短暂的外生资源(如情感、建议)；持久的内在资源(如知识、抗逆力)；短暂的内在资源(如心情、体力) 横轴"资源来源（情境的/个体的）"可以解释个体资源在不同场域中的流动：外生资源可能给内在资源带来增益、也可能构成损耗，不同情境中的资源可以通过内在资源互相渗透影响 纵轴"资源稳定性（结构化的/不稳定的）"可以解释资源的差异化效应：短暂的内在资源的损失或获得只会给个体资源存量与压力应对带来短期的、相对较小的影响，而持久的内在资源的损失或获得会产生长期的、更大的影响
Halbesleben et al.(2014)	定义：资源是一切被个体认为能够帮助他实现目标的东西 特征：资源具有等效性、多效性两个属性。若不同的资源可以实现同一个目标，彼此之间可以相互替代，这些资源便具有等效性。若一项资源可以同时为多个目标提供支持，这个资源便具有多效性 资源价值：个体就某项资源能在多大程度上促进他的目标实现的估计，并进而指出个体对某项资源的价值的判断决定他是否以及如何保存和获取该项资源。个体对资源价值的认知及保存、投入策略会随着目标的变化而变化

表 1-7 资源保存理论的核心观点(Hobfoll et al., 2018)

COR 理论	内容
基本原理	个体具有努力获取、保持、培育和保护其所珍视的资源的倾向
原则	原则 1：损失优先原则。资源损失比资源收益更为突出 原则 2：资源投资原则。人们必须投资资源，以防止资源损失，从损失中恢复，并获得资源 原则 3：增益悖论原则。在资源损失的背景下，资源收益本身价值显著增加。也就是说，当资源损失高的情况下，资源获得变得更重要——它们在价值上收益 原则 4：资源绝境原则。当人们的资源被扩展或耗尽时，他们会进入一种防御模式来保护自我，这种模式通常是防御的、侵略性的，并且可能变得不理性
资源阵列与资源阵列通道法则	资源阵列：资源不是单独存在的，而是以成群结队的形式为个人和组织提供的 资源阵列通道：人们的资源存在于要么促进和培育，要么限制和阻碍资源创造和维持的生态条件中
推论	推论 1：那些拥有更多资源的人不太容易受到资源损失的影响，更有能力获得资源。相反，缺乏资源的个人和组织更容易遭受资源损失，获得资源的能力也更低 推论 2：资源损失螺旋。由于资源损失比资源收益影响更为强大，而且由于资源损失时会产生压力，因此在压力螺旋的每一次迭代中，资源损失的势头与幅度仍在增加，个体和组织用于抵消损失的资源逐渐减少 推论 3：资源收益螺旋。由于资源收益的大小和速度都小于资源损失，因此资源收益螺旋往往较弱，发展缓慢

(三)理论应用与发展

资源保存理论在组织行为学研究中的应用主要集中在与工作压力相关的主题上,如工作家庭冲突、领导力、恢复等以及其他新兴议题上,如人际冲突、时间压力、工作负载、工作参与等。这些研究也涉及工作场所许多常见的自我调节与人际互动过程。

1. COR 理论应用于工作家庭冲突研究

在资源保存理论看来,工作家庭冲突是个体由于在一个场域中(如工作)资源过度消耗而导致他无力在另一场域中(如家庭)投入资源所致。例如,情境需求作为工作场所的社会压力源会通过消耗个人资源导致资源流失,使个人感到情绪枯竭,并对他人形成愤世嫉俗和非人性化的态度,从而构成相互冲突的工作—家庭过程的起点。而与工作相关的资源,如工作控制、家庭支持性管理行为、工作时间可以对家庭和个人经历产生积极影响,有助于减少工作家庭冲突(e.g.Pluut et al.,2022)。

2. COR 理论应用于领导力研究

COR 理论可以用来解释领导风格和特质对领导与员工的影响。支持性领导倾听员工的问题并表达理解,提供鼓励和认可,提供反馈和与任务相关的信息,有助于员工完成工作。根据资源增益悖论原则,支持性领导对感知到更高工作量的员工的福祉会产生更强的有益影响。而自恋型领导极度关注自身利益,他们可能会选择节约有限的资源,例如时间和精力,因此他们可能会通过与那些提供此类资源的追随者建立关系来获取对他们有价值的资源(e.g.Stein et al.,2021)。

3. COR 理论在恢复体验中的应用

COR 理论也在恢复体验中作为核心解释理论,帮助理解资源在促进员工从长久工作中恢复这个过程中所起到的作用。从心理上脱离工作(即在下班时间不考虑工作)已被证明可以促进资源恢复。感知恢复力和社会关系作为个体资源可以帮助员工从工作的负面结果中恢复。此外,利用午休时间在公园散步或从事放松运动(资源补充活动),能够帮助员工恢复下午工作时的注意力,减轻压力和疲劳,进而提高员工在一天工作结束时的幸福感水平(e.g.,Britt et al.,2021)。

（四）理论评述与展望

资源保存理论区别于其他压力理论或动机理论的三个要点是:它强调压力应对与行为启动过程中更多元的个体资源结构、更长时间框架中的动态变化、更突出的情境影响。而这三个要点与当前组织行为学研究中的三个重要发展趋势,即推崇以个体(而非变量)为中心、探索心理与行为的纵向动态变化、关注个体—团队—组织多水平因素的交互影响,是高度契合的。因此研究者预测未来一段时间资源保存理论还将继续在组织行为学研究中保持活跃态势(廖化化等,2022)。未来基于 COR 理论的研究还可以从以下方面出发:

1. 不同资源间的交互作用及环境因素的影响

早期的 COR 理论在探讨个体的资源保存和获取过程时较少关注不同资源间的交互作用。霍布福尔明确地指出了不同资源并非独立存在,而是相互联系和影响的;并且,作为车队的通道的环境因素也发挥着重要影响。例如,工作—家庭领域的很多研究发现,组织仅为员工提供工作家庭平衡的支持政策的效果将非常有限,还必须积极营造鼓励和支持员工使用这些政策资源的环境。正如霍布福尔将"资源车队和通道"明确补充为 COR 理论的五项原则之一那样,研究者应对多种资源间的交互作用以及环境因素的影响给予更多关注(Hobfoll,2018)。

2. 资源随时间的动态变化过程

COR 理论是一个动态性理论,资源的波动性直接决定了"变化"乃是 COR 理论的本质属性。COR 理论的每一项原则和推论几乎都蕴含着动态性特征,有研究已经开始关注对资源损失螺旋和资源获得螺旋的探讨,关注时间因素在 COR 理论中的角色以及资源如何随时间变化的规律(Halbesleben et al.,2014)。

3. 团队或组织中资源的人际流动

近年来,基于交叉模型的研究大量涌现,为理解和探索 COR 理论框架下资源的人际流动提供了新视角和可行途径。交叉效应描述个体的紧张和压力水平对同处于某一社会环境下的其他人的紧张和压力水平产生的影响,本质上是一种心理状态和体验的人际传递。研究表明,诸如自尊、自我效能感和工作投入等心理资源均可以在同一群体或组织内的个体间(如同事之间、配偶之间、上下级之间等)进行传递,表现出交叉效应。伴侣之间积极的资源交叉和传递,可有效触发资源积累和收益螺旋,这种工作家庭增益反而能够提高员工工作投入的可能性(Hobfoll et al.,2018),因此未来研究可进一步借助交叉模型探讨资源的人际流动的影响。

第三节　工作关联压力模型

上一节介绍的一般压力模型为开展研究提供了宏观框架,在此基础上,许多研究者聚焦工作环境,描述并发展了许多与工作关联的压力模型。本小节将重点介绍其中四个关键模型:个体—环境匹配模型、工作要求—控制模型、工作要求—控制支持模型以及工作要求—资源模型——作为布劳斯提及的工作压力理论的第二个发展时期的代表,这些模型奠定了当前组织压力研究的直接理论基础。

一、个体—环境匹配理论

（一）理论背景

压力交易模型认为个体与环境间的交互在理解压力本质中发挥重要作用，该观点同样高度凝练于卡普兰（Caplan）等学者提出的个体—环境匹配理论（Person-Environment（P-E）theory）——“匹配”概念实质源于“个人关于环境要求与自身应对资源是否一致的评价”，对个人幸福感感知与压力应对产生关键作用。由于压力交易模型没有聚焦哪些工作特征在理解工作压力中更为重要，所以需要借助P-E匹配理论选取具体压力源来开展研究（Ganster & Rosen，2013）。P-E匹配模型所讨论的一些概念至今仍影响着当代工作压力理论，具有重要的理论意义。

（二）理论基本内容

P-E匹配理论的基本前提为压力源于个体与环境间的不匹配，并构建了四种人与环境的对应关系（见图1-8）。理论最初认为良好的心理健康表现为四种匹配关系上均有最大程度的拟合；后随着理论深入，如今P-E匹配理论研究更强调与心理健康等变量关系密切的主观P-E匹配（Caplan，1983）。

1. 两组核心匹配概念

研究主要关注两种类型的P-E匹配：要求—能力（demands-abilities）匹配与需求—供给（needs-supplies）匹配。从组织角度，P-E匹配主要包括“员工能力集合和工作要求的匹配程度”及“工作环境满足员工需求的程度”两方面。

P-E匹配理论的研究焦点之一为描绘要求—能力不匹配、需求—供给不匹配与压力间可能存在的二维曲线关系（见表1-8、图1-9）。后续有研究者补充认为：（1）只有当P-E不匹配超过某个阈值时，压力才会发生变化；（2）极端不匹配可能会耗尽适应性资源，但完美匹配也可能会导致停滞和缺乏刺激。相比之下，少量不匹配可能会实现更理性的结果，比如，任务复杂度略微增大满足员工对工作的挑战性需求(详细讨论可见 Edwards 等人(1998)的评述)。

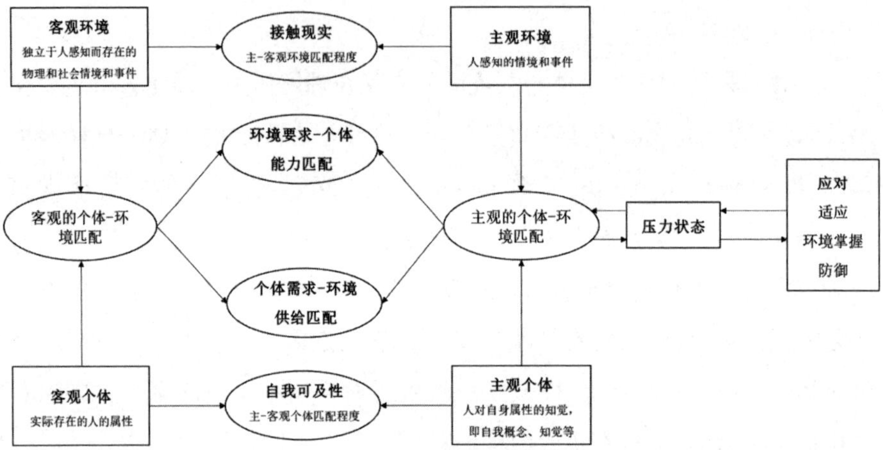

图 1-8　P-E 匹配理论框架图

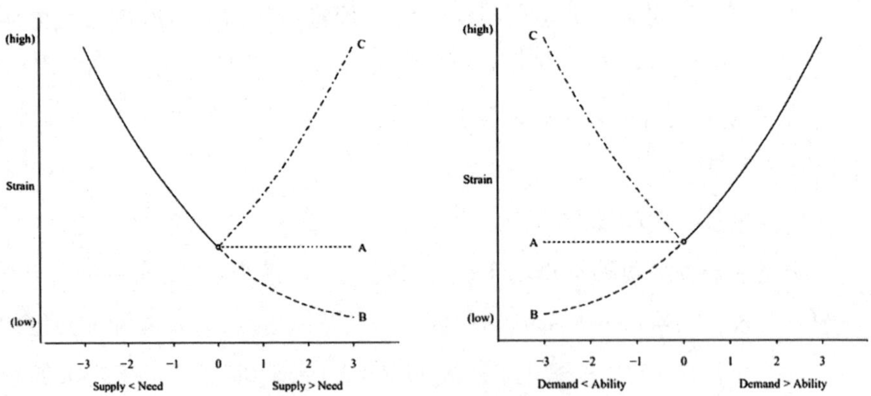

图 1-9　P-E 匹配理论的二维曲线

表 1-8　P-E 匹配的二维曲线关系汇总

维度	匹配情况	压力水平	说明
需求（先天或社会化的生理、心理需要及目标实现动机）—**供给**（外在内在的资源奖励）不匹配	需求＞供给	高	环境供给小于个人需求，压力水平升高
	需求＜供给　曲线 a	不变（渐近线）	如员工的如医疗保险等组织资源供给达到一定饱和水平时进一步不会降低个体的压力水平
	需求＜供给　曲线 b	低	如资金等组织资源过剩供给可以被用来满足其他维度的需求或保存以后使用时可以进一步降低压力水平
	需求＜供给　曲线 c	高（倒 U 曲线）	如与组织成员社交互动等过剩的供给抑制了其他维度需求（如时间等）的实现时，可能会增加压力
要求（工作要求、角色期望、组织规范等）—**能力**（满足要求需要的技能，培训，时间等）不匹配	要求＞能力	高	环境要求超出个体能力，压力水平升高
	能力＜要求　曲线 a	不变（渐近线）	如针对特定工作要求的技术技能过剩时，其无法满足其他工作要求，此时并不影响个体的压力水平
	要求＜供给　曲线 b	低	如过剩的能力可以通过为其他要求提供时间精力供给来减少压力；同时节省的资源可以为未来做好准备
	要求＜供给　曲线 c	高（倒 U 曲线）	如个体无法利用技能会导致无聊和自尊心降低；当能力过剩威胁未来要求的实现时会增加压力

2. P-E(不)匹配的结果

P-E 不匹配导致两组结果:(1)心理与生理压力,造成人体偏离正常机能。心理压力包括情绪负担(不满意、焦虑烦躁等)、失眠等症状。生理压力包括血压升高、血清胆固醇升高和免疫系统功能受损等。随着时间的推移,压力累积会导致生理和精神疾病,如慢性抑郁症、高血压、冠心病、癌症等。相反,持续良好的 P-E 匹配可以产生积极结果(Edwards et al.,1998)。(2)个体尝试解决(即,应对)P-E 不匹配,可以通过改变客观的人(即适应(adaptation))或客观的环境(即掌握环境(environmental mastery))来实现。例如,一个面临过度工作要求的人可能会通过参加职业培训来提高他或她的能力,或者试图与他或她的主管协商以减少工作负荷;这与压力交易模型中的“以问题为中心的应对方法”类似。而防御(defense)是在不改变客观条件的前提下,通过对主观的人或环境认知扭曲(如压抑、投射、否认)来实现匹配。例如,一个人可能会通过高估自己的能力或忽视过度的要求来应对角色过载;这与压力交易模型中的“以情绪为中心的应对方法”相关。值得注意的是,否认等防御机制同样具有积极的适应性意义,特别是当客观的人和环境无法改变时。

(三)理论发展与应用

1. 组织 P-E 匹配的细分研究

安妮丽丝(Annelies,2018)提出组织中两种主要的 P-E 匹配形式:(1)补充性(supplementary)匹配:个体和环境属性相似(例如,个人价值观与组织的价值观相匹配);(2)互补性(complementary)匹配:个体属性由组织环境补充(例如,个人技能由其他团队成员的技能补充),反之亦然。

基于此,将组织中存在的多种 P-E 匹配情况进行细分探索(见表 1-9)。结合现有研究可知,P-E 匹配结果与态度结果(如满意度)的关系最为密切,与行为结果(如绩效、离职、工作选择)的关系则不太密切。此外,匹配结果的关系强度因匹配领域而异。个体—工作匹配与工作满意度、职业满意度和职业承诺关系最为密切;个人—组织匹配与组织承诺、组织认同和感知支持关系最为密切;个人—团队的匹配与对同龄人的态度密切相关;个人—主管匹配与主管的态度密切相关。这启示细化组织中“P-E 匹配”类型有利于更准确的研究结果的发掘。

2. P-E 匹配测量及三维模型发展

虽然 P-E 匹配效应大小的变化部分与匹配研究的内容有关,然而其中最大差异往往是由于研究者对匹配结构的操作性定义不同所致(Annelies,2018)。因此,对 P-E 匹配模型的探讨离不开对相关测量问题的关注。

目前主流的匹配测量包括:(1)分子论操作方法,将匹配概念化为个人的体验或感觉来测量“感知匹配”——让个体直接对自身与环境的“匹配”程度进行判断;(2)原子论操作方法,将“环境对个体提出的要求或所提供的资源(E)”,与“个体关于环境的主观感知或关于资源的需求标准(P)”两个变量分开独立测量,之后再进行整合,反映了一种“计算性匹配”。两种测量方式各具有独自的优势与不足(见表1-10),当今的部分研究会同时使用两种方法进行测量,以确保研究结果的科学性(Stiglbauer & Kovacs, 2018)。

表1-9　组织中具体匹配类型及其相关研究结果

P-E匹配类型	包含匹配内容	匹配内涵	关联理论	相关研究结论
互补性匹配:与偏好、需求和能力等属性相关	个体—职业匹配(person-vocation fit)	个人职业兴趣和职业特征之间的一致性	Holland职业人格类型模型	匹配与个人结果间存在混合模式关系;与工作满意度相关性弱,但与任务绩效和组织公民行为呈中度正相关,与反生产性工作行为呈负相关
	个体—工作匹配(person-job fit)	包括个人能力和需求;工作要求和供给之间的匹配	工作适应理论(TWA)	两种匹配都与工作态度(满意度、承诺和离职意愿)有关,但需求-供给匹配对工作态度的影响更大 要求—能力匹配似乎对绩效更为重要,而对工作态度和压力不那么重要
补充性匹配:与个性、价值观和目标等属性相关	个体—组织匹配(person-Organization fit)	个人和组织价值观间的匹配	吸引—选择—损耗(ASA)框架	价值匹配与工作态度相关程度较高;与关系绩效相关程度较低;与总体绩效、任务绩效和实际离职率相关程度较低
	个体—团队匹配(person-team fit)	个人属性和工作组属性间的匹配	社会分类与相似性吸引假说	匹配影响员工对远端组织环境的态度:匹配度与同事满意、工作态度和组织公民行为中度相关,与任务绩效的相关性较弱
	个体-主管匹配(person-team fit)	个人属性和主管属性间匹配	社会分类与相似性吸引假说	匹配主要影响员工对近端工作环境的态度:对主管、工作满意度的关系最为密切,而与组织承诺和绩效的关系较弱

伴随理论与测量方式的发展,研究者也呼吁将个体、环境和压力看作三个不同的结构——捕捉个体、环境与压力相关的三维方程通常比二维方程能提供更多的方差解释(详细讨论可见Edwards等人(1998)的评述)。

对此,研究者更多借助多项式回归与响应面分析来对变量间的关系开展三维建模分析,具体统计学说明可参考安妮丽丝(Annelies,2018)最新的研究综述。下图1-10描述了工作复杂性的需求和供给与抑郁的三维模型关系:与二维关系一致,随着供给偏离需求,个体抑郁水平增加,供给过剩的关系比供应不足的关系更强。同时,曲面表现出轻微逆时针旋转:当供给和

表 1-10 两种匹配测量方式比较

测量方式	内涵	方法评价
感知匹配	反映个体对整体匹配情况的直接评估	优势：感知匹配测量简便；同时是员工决策和行为最接近、最强的预测因子 不足： 1.无法判断个体会考虑哪些个人和环境属性，以及无法得知他们如何将对自己和环境的信念结合到匹配的感知中 2.感知匹配不太可能起源于个人和环境属性之间的认知比较，而更多来源于个人对满意度直接情感反应；概念独立性受到质疑 3.感知匹配的测量不一定与感知差异或不匹配的测量负相关，二者代表了不同的概念和认知过程，测量结果存在冲突性
计算匹配	比较个人属性与来自个人自身（主观匹配）或其他来源（客观匹配）的一组相称的环境属性来计算匹配指数	优势：具有更高的客观性以及可以细化探讨匹配假设中各组成要素间的关系 不足： 1.早期使用的匹配指标如变量间的代数、绝对或二次方差等缺乏方法缺陷，将差异表示简单化，掩盖许多重要信息 2.后来研究者多项式回归(polynomial regression)与响应面分析(response surface analyses，RAS)来克服前人研究者提及的方法学上的问题

需求水平都较低,供给超过需求时凹陷最低;而当供给和需求都较高,当供给小于需求时凹陷最低。这表明,对于简单的工作,稍微过多的工作复杂性可能会通过提供刺激和挑战来减少抑郁;而对于高度复杂的工作,稍微缺乏工作复杂性可能会通过避免过载和保存适应性资源来减少抑郁。这一关系信息通过二维模型是无法获得的。

3. P-E 匹配模型检验相关研究

安妮丽丝(Annelies,2018)在最近综述中总结了 P-E 匹配理论的三个

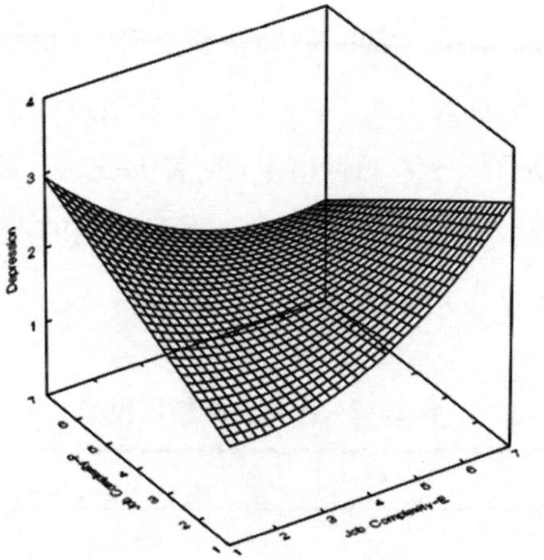

图 1-10　P-E 匹配三维模型示意图,改编自 Caplan 等(1980)研究

核心推论(见表 1-11)。鉴于之前的元分析包含的研究较少,且涉及领域混合,致使出现检验结果不一致等问题,所以她选取针对“个体—工作匹配”与“个体—组织匹配”并使用严格统计方法的研究来开展元分析。整体结果显示 P-E 匹配理论提出的“交互作用”(推论一)得到了较为一致的支持,而针对推论二、三,研究进行了更深入地探讨。

表 1-11　匹配理论三个基础假设

匹配假设	假设内容	检验证据：Annelies 等(2018)元分析中
假设一	匹配是个体结果的更强有力的预测因子，这并非其任何一个组成部分（人和环境）所单独能实现的，即肯定了要素间的交互作用	基于“个体—工作”匹配与“个体—组织”匹配的元分析表明个人和工作属性的非线性组合可以解释结果变量额外变异
假设二	个体属性和环境属性兼容匹配时，无论这些属性的水平，结果都是最理想的。即具有低、中、高属性的个体预期会对匹配情况做出类似反应	基于“个体—工作”匹配与“个体—组织”匹配的元分析表明大多数研究支持高个人属性匹配比低个人属性匹配产生更积极的结果
假设三	个人和环境属性之间的差异（不匹配）会减少积极结果，而不管差异的方向如何。即具有低、中、高属性的个体对体验不足（环境提供的少于个人需求）和过量（环境提供的多于个人需求）的可比水平做出类似的负面反应	基于“个体—工作”匹配与“个体—组织”的元分析表明部分研究支持缺陷和过度供给同样有害，然而更多研究提出缺陷比过度供给产生更负性结果，特别是在更高水平的不匹配情况下（高需求—低供给）

针对假设二,研究支持高个人属性匹配(增益)比低个人属性匹配(非损失)产生更积极的结果。对此,借助艾德森等人(Idson et al.,2000)提出的前景理论和监管焦点理论拓展 P-E 匹配模型:将“个人属性高—低”与“匹配—不匹配”结合构成了四种情况(见表 1-12)。研究认为,在匹配情况下,高水平匹配带来的收益应比低水平匹配代表的没有损失更能让目标个体产生成就感与自我价值感。

表 1-12　P-E 匹配拓展模型

个人属性	匹配	不匹配
低	非损失:避免消极结果(Nonloss)	损失:未能避免消极结果(loss)过度供给
高	收益:获得积极结果(Gain)	非收益:未能获得积极结果(Nongain) 缺陷

此外,早期研究主题主要关注供给不足与压力之间的关系,后来研究者逐步关注“供给过剩”不匹配给个体带来的影响。艾德森等人(Idson et al.,2000)对此提出假设三,认为“过度供给比缺陷可能更有害”,这源于过度供给所代表的“未能避免最坏结果”比缺陷所代表的“未能获得积极结果”更具负面性——个体无法适应组织环境的要求更易产生压力。而安妮丽丝(Annelies,2018)的元分析却得出相反的结论,即缺陷比过度供给更具破坏性;而过度供给有时与匹配存在相同增益效果。

对不一致结果的解释可能需要回归到具体资源维度:针对不同的组织资源类型,缺陷与过度供给产生的效果会存在显著差异。施蒂格尔鲍尔与科瓦奇(Stiglbauer & Kovacs,2018)的研究很好地阐述了这一道理,该研究结合 P-E 匹配理论与维生素模型(The Vitamin Model)提出了“TMGT”(too-much-of-a-good-thing)效应——即部分“好”的工作特征像“维生素”

一样，只有适量才能发挥最佳作用，当组织环境过量供给这类资源时，也可能给个体带来潜在负面影响，其中工作自主性对幸福感的影响就存在这种效应。类似曹与哈莫里（Cao & Hamori，2020）利用中国员工样本所做的研究，他们发现工作环境提供的发展性工作经验（developmental job experiences，DJE）与员工需求恰好匹配时才会表现出更高的情感性组织承诺与更低的主动离职行为。这些研究启示当今组织在开展工作设计时，不应普遍地提供某些高水平的工作资源，而应尽力做到与员工需求相匹配；对此，允许员工根据自身能力和需求与雇主签订任务个性化协议（Task i-Deals）便是有效实现途径之一。

（四）理论评述与展望

尽管 P-E 匹配理论为指导工作压力研究提供了重要借鉴，遗憾的是其现状仍落后于其他主流模型（如后续要介绍的工作—要求控制模型等）（Annelies，2018）。这亟待需要 P-E 匹配理论提出新的研究问题与分析方法，这可能包括：

1. 基于时间视角看待 P-E 匹配

目前主流 P-E 匹配研究大多采用个体间方法，缺少考察时间推移对 P-E 匹配效果的影响。最近泰珀等人（Tepper，2018）借助动态匹配理论视角开展员工对变革型领导方式的适应性研究，他们将变革型领导视为不断变化的变量来追踪考察员工每天的匹配适应评估，发现当变革型领导与员工需求恰好匹配时，员工对工作及主管有着最高的满意度水平，这一效应在“高水平变革型领导需求与供给匹配”时更为明显。未来研究还可以比较过去、现在和未来 P-E 匹配差异带来的影响，即预期匹配通过反映匹配是否按预期减小、增大或保持不变来影响对当前匹配与压力水平的评估。

2. 基于文化视角看待 P-E 匹配

关于中国情境下的 P-E 匹配的概念内涵、测度开发也成为未来该领域内的研究焦点之一。以庄等人（Chuang et al.，2015）开展的研究为例，其通过质性方式探讨东方盛行语境下 P-E 匹配理论的概念内涵，提出中国文化下 P-E 匹配模型包括五个主要主题：工作能力、和谐的工作关系、生活领域的平衡、成长培养和实现。此外,研究还发现了心理时间(psychological time)和历时时间(diachronic)对P-E匹配的影响。关于模型的文化基础,研究借助儒家的关系主义、自我性和得体性等对研究发现进行了阐述。未来期待更多跨文化视角的P-E匹配研究。

3. 基于跨界面看待P-E匹配

P-E匹配理论不仅可以应用于不同的内容维度,还可以应用于不同的生活领域,如家庭、休闲等。研究多个生活领域的P-E匹配对压力的综合影响尤其重要,因为压力反映人的整体幸福感是源于总体生活而非单个生活领域的经验。这一点将在后续介绍的工作—生活相关理论中做进一步阐述。

二、Karasek的工作要求—控制模型

(一)理论的背景

在回顾工作压力研究的进展中,学者卡拉塞克(Karasek)注意到先前研究未能将工作压力源与工作决策维度(job decision latitude)的概念进行区分——二者发挥的心理功能不同却被"工作要求(job demand)"这一术语笼统概括。他认为开展工作分析需分别考量工作环境中的两个重要因素:(1)对工人的工作要求;(2)允许工人决定如何满足这些要求的自由决策权所发挥的作用。基于此,卡拉塞克(Karasek,1979)正式系统地提出工作要求—控制(Job Demand-Control,JDC)模型,探讨员工面临的工作负荷及解决问题所具备的控制感如何影响其应对工作压力的具体机制。

(二)理论基本内容

JDC模型核心假设认为个体心理压力感知由工作环境对员工提出的要求与员工具备的自由裁量权大小共同决定。其中工作要求主要涉及时间压力和角色冲突两方面;工作控制反映个体对工作控制的程度,主要有技能多样性和决策权力两个维度。在此基础上,JDC模型将工作分为四种类型,以"2×2矩阵图"对工作要求与工作控制的交互作用进行直观的呈现(见图1-11与表1-13)。模型包含两个核心假设:

(1)根据对角线A所示,压力随着工作要求增加而增加,由此提出"压力假设":高度紧张(高需求、低控制)工作下的员工最有可能产生生理和心理问题,且工作要求、工作控制各自具有明显的直接效应。(2)根据对角线B所示,如果个体的控制或技能适应工作要求带来的挑战,则可以胜任工作,由此得出"学习假设":高要求工作伴随高控制可以激励员工主动学习与发展。相反,低工作要求如果伴随低控制,则形成一种习得无助局面严重影响员工工作积极性。根据"学习假设"发展而来的"缓冲假设"也是后来研究者实证应用的焦点——认为工作控制可以缓冲高工作要求对身心健康带来的消极作用,即认为工作环境各变量之间具有交互作用。

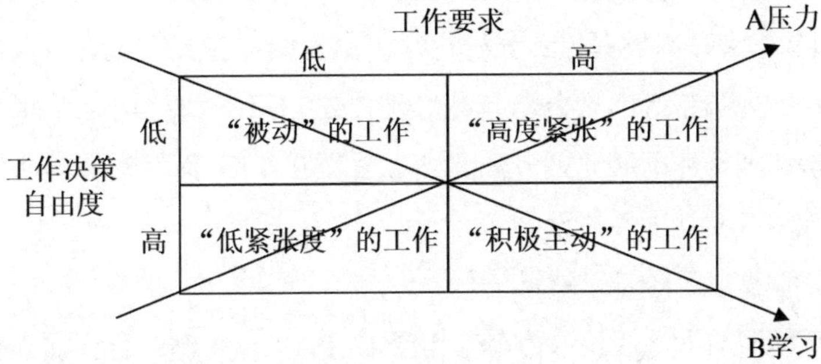

图1-11　JDC模型对工作类型的划分,改编自Karasek(1979)研究

表1-13　JDC模型界定四种工作类型特征

工作类型	工作要求水平	决策自由水平	特征
"被动"的工作	低	低	面临工作缺乏动力及"能力萎缩"等问题,重复低挑战工作降低员工满意度等
"高度紧张"的工作	高	低	对员工健康威胁最大(预测员工倦怠抑郁等心理疾病)且个体缺乏资源应对
"低度紧张"的工作	低	高	充足决策自由使员工有效应对有限的挑战,压力水平低并罹患较少心理疾病
"积极主动"的工作	高	高	员工有机会提升自身能力、实现技能发展和个人成长;高自我效能与满意度

(三)理论运用与发展

1. JDC 模型的压力假设检验

JDC 压力假设认为高工作要求和低工作控制的组合与心理和生理压力相关,其中包含两个观点:(1)加性假设,即高要求和低决策维度都可以独立影响工作压力水平;(2)交互假设:即控制水平调节工作要求和工作压力之间的关系。

当前研究较为一致地支持加性假设:包括早期针对 JDC 模型开展的大样本数据检验,也包含最近开展的操纵实验、十年纵向实证研究以及元分析提供的证据(见表 1-14)。然而针对交互假设的检验结果并不一致:总体来看,尽管最近部分研究为 JDC 模型的交互假设提供了更具科学效力的证据支持,但基于大样本数据的元分析往往未给予同样佐证。一种可能的解释为员工的职业类型等因素会影响观察到的交互作用效应大小:例如,针对医疗保健等职业群体的研究更多观察到显著交互作用;而针对文员和警察等职业研究更多支持加性假设。

2. JDC 模型的学习假设检验

JDC 模型的学习假设认为高工作要求与高工作控制结合会实现员工积极的个人结果。相关实证证据同样"喜忧参半"(部分相关研究结果的呈现可见表 1-14)。对此,一些研究强调高工作要求与高控制感交互并非总能给员工带来能力技巧上的提升,因为高工作要求致使他们无法集中额外精力学习新技能进行提升;同时高要求和高控制的工作会导致更高水平的工作—家庭冲突——这类员工更可能把工作中获得的控制感带回家而忽视家庭需要;此外,"员工职业类型不同(如仓库管理工人相较于医疗人员更少发现积极学习效应)"、"对积极结果定义的差异"、"未细分工作要求(如挑战—阻碍压力源)"同样是导致研究取得不同结果的重要原因。

此外,目前极少研究针对"低要求、高控制"与"低要求、低控制"两种组合的工作特征开展研究。现有研究发现从事"低要求和高控制"工作比"高要求和高控制"的工作更能激励学习和提高自我效能。这可能源于缺乏压力的环境使员工能够专注于获取技能,而不受高工作要求的干扰。此外,研究支持从事"低要求和低控制"工作的员工并不能随着时间的推移表现出更高的学习水平或个人成就的假设,同时从事这类工作的员工在 2 年的时间内报告了更高的压力。

表 1-14 JDC 模型交互假设部分研究检验结果

研究来源	研究类型	研究变量	效应证明
Cendales-Ayala et al., 2017; JOHP	实验研究	工作要求、决策自主性、生理指标、实验任务表现、心理健康水平	支持决策自主性发挥的缓冲效应
Heinrichs et al., 2020; JOHP	纵向问卷设计	工作要求、决策自主性、工作投入	支持决策自主性发挥的学习效应
Shin et al., 2022; JOHP	纵向问卷设计	顾客不文明行为(压力源)、工作控制、情绪耗竭、绩效表现	支持工作控制发挥的缓冲效应
de large et al., 2003; JOHP	元分析	工作要求、工作控制、各项生理心理指标	19 项研究仅有 8 项支持缓冲效应
Gonzalez-Mulé,, 2020; JAP	元分析	挑战与阻碍工作要求、工作控制、社会支持、压力指标	未证实缓冲效应与逆转效应

(四)理论评述与总结

以今天的目光审视作为早期代表模型的 JDC 模型,其存在的不足主要包括:

首先,不同研究者运用 JDC 模型时对要求、控制等变量采用了差异化测量方法,例如,就"如何界定要求与控制的组成维度"、"以主观还是客观数据代表指标"等问题而言,研究者们莫衷一是。因此,很难比较不同研究的结果。

其次,JDC 模型对情境因素或个体差异发挥作用的描述相当模糊,导致模型解释力度较差。考虑到个体差异对工作决策维度存在影响,研究者假设个体差异会影响个体对工作要求的看法,最终导致工作要求和控制间的相互作用随着个体差异而变化。基于此,学者批评这一观点,认为"没有考虑个体能力、资源和掌握工作要求的愿望等个体差异"是导致 JDC 模型研究结果不一致的重要原因。

为了回应这种批评,研究人员已经开始在模型中加入个体差异变量进行拓展。这其中最具影响力的是约翰逊与和霍尔(Johnson & Hall,1988)的研究,他们发现工作要求和控制之间的交互作用对心血管健康的预测仅存在于那些报告获得高社会支持的群体中。基于这些发现,他们将这种扩展的"工作要求—控制模型"称为"iso-strain(隔离压力负面影响)"模型。自从约翰逊与和霍尔开始研究以来,"工作支持"变量作为"iso-strain"模型中最关键差异变量得到广泛关注,由此拓展得到的"工作要求—控制—支持"模型将在下一小节进行具体介绍,并与"工作—要求—控制模型"一同进行系统性总结。

三、Johnson 等人的工作要求—控制—支持模型

(一)理论背景

20 世纪 70 年代,压力领域的研究逐步关注"社会支持"变量发挥的"压力缓冲与健康保护"作用。这一思潮运用到 JDC 模型研究中,表现为约翰逊与和霍尔(Johnson & Hall,1988)将"社会支持"变量作为"第三拓展变量"与 JDC 模型的有益结合以增强原模型的现实解释力。对应扩展后的模型被称作工作要求—控制—支持模型(Job Demand-Control-Support model,JDC-S)。事实上,JDC-S 模型已成为过去 40 年工作压力研究的重要模型基础,其自身具有强大的"生命力与启发性"(Gonzalez-Mulé et al.,2021)。接下来一小节将对其进行具体介绍。

(二)理论基本内容

组织中的社会支持是指工作为发展与同事和主管的关系,接受同事和主管的帮助、反馈和建议提供机会的程度。基于这一概念,JDC-S 模型针对 JDC 模型的"交互假设"进一步提出社会支持的缺乏会加强有风险的相互作用的影响。即"高工作要求、低工作控制和低社会支持"的工作特征组合往往构建成高风险工作环境,导致员工罹患生理、心理健康问题的风险增加;相反,当员工身处"高工作控制与高社会支持"的条件下,工作要求的负

面作用将得到更有效的缓冲,甚至产生“逆转效益(reversal effect)”,表现出促进个体积极学习并获得掌握感的有益影响,这与 JDC 模型的“主动学习”假设类似。综上,JDC-S 模型认为工作控制和社会支持对高工作要求起到缓冲甚至逆转作用,Gonzalez-Mulé 等人(2021)将此类关注变量交互作用的模型描述为“压力的乘法模型(multiplicative model of stress)”。关于 JDC-S 模型图可见图 1-12。

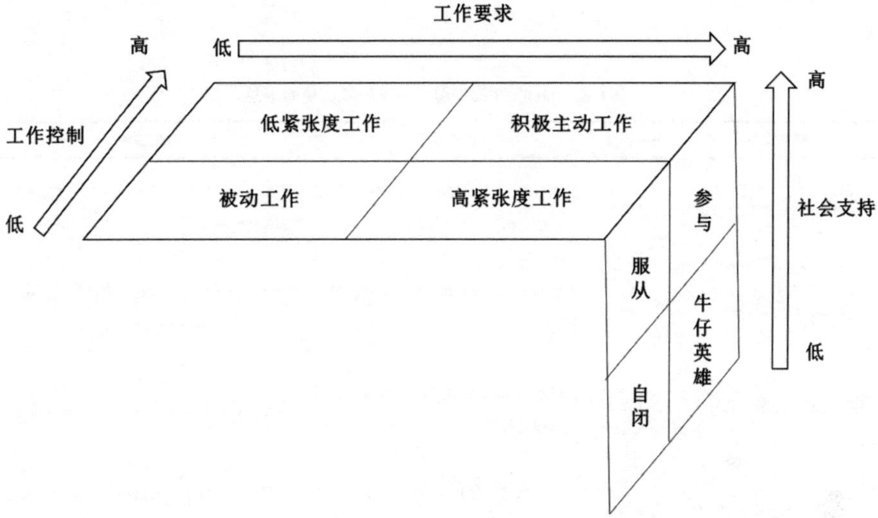

图 1-12　JDC-S 模型框架图

(三)理论应用与发展

1. 缓冲与逆转效应假设检验

JDC-S 核心议题为针对工作要求、工作控制与社会支持间的关系提出的乘法交互假设。这些假设在约翰逊与和霍尔等人的早期研究中得到初步证据支持:JDC-S 模型的压力假设特别适用于低社会支持条件,变量间不利的交互作用与个体心血管健康等变量有关。然而乘法假设并非在所有研究中取得一致性佐证:工作要求与工作控制表现出来的缓冲效应或者逆转效应在许多研究中并不显著(近期部分研究结果汇总可见表 1-15)。结合已有研究可以看出:(1)工作控制与社会支持单独发挥的缓冲效应或逆转效应在部分研究中得到证实,但研究结果较少支持“工作要求×工作控制×社会支持”间的三项交互作用(这一点将在后一小节进一步讨论);(2)与此同时,基于大样本的元分析检验却显示工作要求与工作控制的缓冲与逆转效应并未得到一致性证明。

由此,JDC-S 所提出的交互作用假设有待进一步验证,即这些变量间的关系是否适合用乘法模型来描述。关于 JDC-S 为代表的乘法模型与压力的加法模型(如工作要求—资源模型)的比较将在后续的章节中进一步讨论。

表 1-15　JDC-S 模型缓冲与逆转效应检验汇总

研究来源	研究类型	研究变量	效应证明
Toker et al., 2012; JOHP	实证研究	工作负荷、工作控制、社会支持、II 型糖尿病风险	支持社会支持的缓冲效应;未证实工作控制的缓冲效应
Phipps et al., 2012; JOHP	实证研究	工作要求、工作控制、同事支持、安全氛围	分别支持工作控制与社会支持的逆转效应;未证实变量间三项交互作用
Igic et al., 2017; JAP	实证研究	任务压力源、工作控制、社会支持、反刍、躯体抱怨	分别支持工作控制与社会支持的缓冲效应
Brough et al., 2018; JOHP	实证研究	认知与情感工作要求、工作控制、主管支持、工作投入、心理负担	支持工作控制的逆转效应与主管支持的缓冲效应
Gonzalez-Mulé & Cockburn, 2020; JAP	实证研究	工作要求、工作控制、死亡率	支持工作控制的缓冲效应
Gonzalez-Mulé et al., 2020; JAP	元分析	挑战与阻碍工作要求、工作控制、社会支持、压力指标	未证实缓冲效应与逆转效应

2. 工作要求与结果变量细化研究

前面提到,尽管 JDC-S 模型蕴含着丰富的研究假设,但具体的交互作用一直难以达到一致的结论。对此,研究者提出这种“混合结果”存在的重要原因在于不同研究者关于工作要求的评估方式存在差异。例如,研究发现相较于测量具体类别的工作要求(例如,聚焦阻碍—挑战性压力源、认知工作要求、情感工作要求等），使用一般性测量来调查员工整体的工作要求的研究更少发现“工作要求×控制×支持”三项交互作用；同时，当研究聚焦于特定职业的具体工作要求时，研究也能发现更多的三项交互作用。基于此，布拉夫等人（Brough et al.，2018）呼吁考察更具体的工作要求来提升交互作用的解释效果。例如，分别关注认知性工作要求与情绪性工作要求有利于更好应用 JDC-S 模型：研究发现，认知性工作要求与工作投入关系更为密切，情绪性工作要求则更多与心理疾病相关联；对应考察认知性工作要求更能有效对 JDC-S 模型的主动学习假设进行检验，而考察情绪性工作要求则更多检验压力假设。此外，最近的元分析研究也指出在描述阻碍性压力源时，压力的乘法模型的有效性更能得到证实（Gonzalez-Mulé et al.，2021）。

在结果变量上，学者也选取了不同严重程度的变量考察（如从一般的心理健康问题到死亡），这也可能对模型假设的检验产生影响。对此，Gonzalez-Mulé 等人（2021）分别选取非稳态负荷模型的三级指标来反映不同严重程度的结果变量，初步发现，与二级指标相比，工作要求、控制与支持变量对更轻微程度的一级指标有更强的效应。总体上，目前对 JDC-S 模型的研究已逐步围绕工作要求与结果变量展开细化研究，以便有效对模型进行检验来精确模型的适用范围。

（四）理论反思与展望

尽管社会支持一直作为“工作要求—控制”交互作用中最主要的“第三调节变量”进行研究，但仍有许多个体差异变量值得探索。相关研究发现，决策自由度对“工作压力—紧张”关系的调节作用取决于组织职位，因为职位较低的员工由于拥有较少的资源来面对要求的挑战，更容易受到缺乏决策自由度的影响。除此之外，还可以考虑主动性人格、应对方式、自我效能感等第三变量来提升模型的适用性。例如，布拉夫等人（Brough et al.，2018）结合 JDC-S 模型和压力交易模型并纳入“应对方式”开展了研究。

鉴于“第三变量”数量庞大，为统筹这些变量，研究者考虑使用一个整合概念“工作资源”来涵盖这些概念，相应地，他们提出工作要求—资源模型作为对工作要求—控制（—支持）模型的进一步发展来克服这些早期模型存在的不足。进一步介绍将在下一小节呈现。

四、Demerouti 等人的工作要求—资源模型

(一)理论背景

工作要求—资源模型(job demands-resources model,JDR)最早由德梅鲁蒂等人(Demerouti et al.,2001)提出,随后模型经过数十年发展日趋成熟。JDR 模型整体关注工作特征(job characteristics)的两个重要组成部分:工作要求与工作资源,旨在解释二者对员工工作压力与动机的交互作用(Bakker & Demerouti,2017)。

JDR 模型是对工作要求—控制模型(JDC)、工作要求—控制—支持模型(JDC-S)的进一步发展——这些早期模型的不足包括:(1)简单化。将工作组织的复杂环境简化为几个少数变量(如工作控制、支持等),当存在其他工作要求与资源多样化组合的组织环境时,理论难以适用。(2)静态特点。模型局限于一组给定变量,没有为整合其他工作因素留下空间。(3)片面性。先前模型仅关注工作要求的消极性而忽视了其潜在积极性(如挑战性工作要求)。鉴于此,对 JDR 理论进行系统介绍有助于进一步把握工作压力理论前沿发展趋势。

(二)理论基本内容

巴克与德梅鲁蒂(Bakker & Demerouti,2017)在最近一项综述里系统回顾了 JDR 模型自提出以来经历的两个十年的发展历程。在第一个十年里,JDR 模型逐渐完善自身理论体系:首先,模型系统地将工作特征划分为工作要求与工作资源两个集群,这种划分方式使模型更具灵活性,能对不同职业、岗位的不同情况进行解释。在对工作特征进行分类后,JDR 模型提出工作要求与工作资源可以通过两条独立路径——健康损耗路径(health impairment process)与动机(增益)路径(motivational process)发挥作用;其命题作为“压力加法模型”核心观点得到多项证据支持(Gonzalez-Mulé et al.,2021)。随后,JDR 模型也借鉴其他模型的观点提出了基于自身的交互作用假设,包括与 COR、JDC(-S)等模型相似的“缓冲假设”与“主动学习假设”。

前面提到JDC(-S)未能考虑个体差异变量的影响,对此JDR模型后续将乐观主义、自我效能感等个人资源(personal resource)纳入模型,来克服这一不足。此外,JDR模型还关注员工的倦怠与动机问题,强调动机对工作绩效有积极影响,而工作压力则会损害工作绩效与动机。各命题详细说明可见表1-16。

表1-16 JDR模型第一个发展十年相关的核心命题

发展阶段	核心命题	命题内容
最初发展十年 (2001-2010)	命题1	任何工作特征都可以被划分为工作要求与工作资源两个集群 工作要求指“工作对个体的生理、心理、社交能力等方面的要求,需要个体付出相应的努力或成本才能完成工作的因素” 工作资源则被定义为“工作中与生理、心理、社会或组织等方面相关且具有以下某项或多项功能的因素:1.在个体实现工作目标方面发挥促进作用;2.减少工作要求相关的生理、心理成本;3.促进个人成长、学习和发展
	命题2 (加法模型)	健康损耗路径认为长期不当的工作要求引发员工的生理、心理资源耗竭进而导致健康问题与消极的组织结果出现 动机增益路径认为工作资源具有激励性,可以促进积极组织结果(如组织承诺提升)与个体工作繁荣(如促进员工的成长、学习和发展)产生
	命题3 (缓冲假设)	工作资源能缓冲工作要求对个体工作压力与负担的影响。针对具体不同的组织环境,多个不同的工作资源可以对多个不同的工作要求起缓冲作用
	命题4 (学习假设)	当工作要求较高时,工作资源尤其会影响个体动机;所有类型的资源都会获得其激励潜力,并在需要时变得特别有用。高工作要求与高工作资源相结合构成“积极主动工作”
	命题5	将乐观主义、自我效能感等个人资源纳入模型。个人资源指人们对自己所处环境的控制程度所持有的信念,使其有能力应对职场中存存在不确定性,从而更好缓冲压力,实现工作繁荣
	命题6	动机对工作绩效有积极影响,而工作压力对工作绩效有消极影响。动机有助于以目标为导向,专注于工作任务。此外,敬业的员工有足够的精力和热情来做好工作。相比之下,疲惫或健康问题严重的员工没有精力实现工作目标

(三)模型运用与发展

最初十年发展为JDR模型的六个基础命题提供证据(详细说明可见Bakker & Demerouti,2017)。进一步地,学者也开始纵向研究探索,寻找工作要求、资源和幸福感之间的因果关系。在这其中有证据表明因果效应是反向的:压力负担(工作倦怠)也会随着时间推移对工作要求产生持续影响。同时,个人主动性对工作投入有积极影响,工作投入促进未来工作资源获取:高绩效投入的个体有动机保持积极参与,并随着时间推移创造自己的资源(例如,自主性、反馈、支持)。这一观点与COR观点一致:个人有动机保护并扩大自己的资源。基于此,JDR模型提出两个反向因果假设并对理论进行完善。

1. 工作塑造行为

JDR模型最初基于"动机增益路径"采用"自上而下"的工作设计视角:组织通过设定目标、描述工作任务和提供资源为员工创造工作环境。然而,员工对此往往并非被动接受,而是会通过"工作塑造(job crafting)",以一种"自下而上"方式在工作要求和资源方面做出积极改变。例如,员工可能会主动增加工作资源(如寻求反馈和帮助)、增加挑战性工作要求(如启动新项目,学习掌握新技能)、减少阻碍性工作要求(如减少工作量和官僚作风)等优化他们所处环境并保持工作积极性,以便为未来更好获得资源做准备。

基于此,JDR模型的命题七提出受工作激励的员工可能会使用工作塑造行为来获得更高水平的工作、个人资源以及保持高水平的动机,这些又会促进个体未来更好地获得资源从而形成资源增益螺旋(gain spirals)。

2. 自我破坏性行为

与"动机增益"过程类似,在"健康损害"过程中,研究同样发现了反向因果和互惠效应。即工作要求不仅会造成压力,经历工作压力的员工也会随着时间的推移感知并创造更多的工作要求。对此,研究者提出"自我破坏(Self-undermining)行为"概念,指员工制造障碍,破坏绩效的行为。从事自我破坏的员工最有可能经历高水平的工作压力(例如,慢性疲劳、健康抱怨)。因此,他们沟通不畅,犯更多错误,制造更多冲突,这就构成更高的工作要求。同时,工作压力越大的员工也越难控制自己的情绪,更容易在工作中遇到冲突。自我破坏是高水平工作压力的结果,也是高工作要求和高压力恶性循环的起点。

相应地,JDR 的命题八提出,因工作而感到紧张的员工可能会表现出自我破坏行为,从而导致更高水平的工作要求甚至更高水平的工作压力,在恶性循环过程中加速资源损失形成损失螺旋(loss spirals)效应。关于 JDR 模型相关的八个核心命题模型图可见图 1-13。

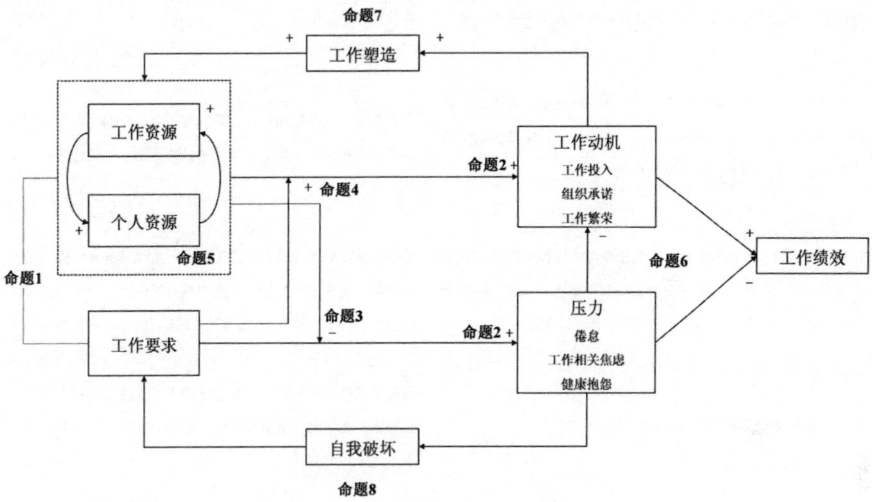

图 1-13　JDR 模型整体框架图

3. 压力加性模型与乘性模型比较研究

JDR 模型与 JDC(JDC-S)模型分别作为“加性模型”与“乘性模型”的代表,既联系紧密又存在一定差异。研究者对这两类模型在工作压力研究中发挥的作用与解释效力进行了比较。这一部分将聚焦于 Gonzalez-Mulé 等人(2021)开展的关于“JDR 与 JDC-S”的元分析比较。具体探讨的问题及结果可见表 1-17。

总体上,加法模型都得到了更普遍的支持,而乘法模型受到的支持较弱。当压力指标不太严重时,加性模型与压力关系最为密切;同时,模型本质上与心理(指标而非生理或行为)关系最为密切。此外,当工作要求被概念化为阻碍而非挑战性时,乘法和加法模型都是更强大的压力预测因子。这表明 JDR 模型的解释力得到了更普遍的支持,但这并不意味着应该放弃 JDC(JDC-S)模型提出的交互作用。对工作要求等指标更细化测量是有必要的,这有助于对交互作用进行更好地揭示。

表 1-17 Gonzalez-Mulé 等人(2020)关于压力加性模型与乘性模型元分析探讨

关键问题探讨	元分析结果
1.工作要求、工作控制和社会支持与压力之间的关系用 JDC-S 为代表的乘法模型来表示,还是用 JDR 为代表加法模型来描述	加法模型比乘法模型得到更强的支持,尽管与加法模型相关的效应大小适中
2. 工作要求、工作控制和社会支持与压力之间的交互关系,遵循“缓冲效应”还是“反转效应”(在高工作控制或社会支持的条件下,工作要求与压力呈负相关)	工作要求、工作控制和社会支持与压力之间的交互关系存在的“缓冲效应”较弱,而没有明显证据支持“反转效应”
3. 相较使用严重的压力指标,加性模型与乘性模型提出交互效应是否在较弱的压力指标中更容易得到发现(非稳态负荷模型下程度较轻的一级和二级指标更接近工作压力源)	没有明显证据支持选取压力指标的严重性影响乘性模型的检验效果;而在加性模型,工作控制与工作支持对压力初级指标的影响高于二级指标,但对三级压力指标影响不显著
4. 压力指标类型是否影响压力乘法和加法模型有效性	与身体或行为指标相比,加法模型中工作控制和社会支持与心理压力指标的关系更强,但无论压力类型如何,乘法模型假设均未得到支持
5. 工作要求类型是否影响压力乘法和加法模型有效性	加法和乘性模型对阻碍要求比挑战要求更有效,并且发现在阻碍要求条件下,乘法模型得到了最强的支持,而控制和支持的缓冲效应证据较弱

(四)理论评述与展望

本节拟从巴克与德梅鲁蒂(Bakker & Demerouti,2017)的综述回顾出发,同时结合部分最新研究成果,对 JDR 模型进行评述与展望。

1. 细分不同工作要求的影响机制并谨慎解释

这一点与 JDC(JDC-S)章节评述相同,也深刻体现在 Gonzalez-Mulé 等人(2021)元分析的结果上:JDR 模型的相关假设针对不同性质的工作要求往往存在机制差异,若不加区分笼统考察,则可能“中和”掉变量的效应量。

其中最具代表性的为“阻碍—挑战性压力源”的划分方式:当前大多数研究检查 JDR 模型的交互作用时,都会指定某个最有利的工作条件证实挑战性工作要求与工作资源结合促进员工投入表现出高绩效。部分研究者却认为应谨慎对待这一结果:随着时间的推移,长时间处在高要求的工作条件下,即使员工有很多工作资源可用,也可能感到耗竭而表现出不利结果(Bakker & Demerouti,2017)。这表明细分工作要求探索 JDR 模型假设时,不应单一化看待压力源的作用机制。一种可能的方法是“立体化”考察不同工作要求的长时效应来给予 JDR 假设更严格的检验。

2. 基于多层次数据对 JDR 模型进行检验

目前应用 JDR 模型开展的研究中,工作要求和资源通常是在个人层面进行评估的。然而,部分组织也对中观层面(团队部门)相关的工作要求、资源与员工的工作投入与幸福感间的关系感兴趣;进一步上升宏观层探讨国家社会层面的工作要求、资源与员工安全感等变量间的关系对相关部门的政策制定同样具有启发意义(e.g.Roczniewska et al.,2021)。因此 JDR 理论的未来应考虑数据的多层次性,调查团队等层面的工作要求和资源等工作特征感知对员工相关结果变量的影响。这一过程需要对分数更有效地聚合:只有群体成员之间有足够的共识,分数才能被视为反映了对工作要求和资源质量的共同看法。

3. 考察多重工作要求与工作资源的叠加影响

当前对 JDR 模型的检验聚焦“一因一果关系”——考察单一工作要求产生的影响。然而,现实中每个工作要求并非孤立于所有其他工作要求之外出现的,因此考察多个工作要求间的交互(即工作需求×工作需求)效应的累计更具现实意义,这与霍布福尔的“资源损失螺旋”概念一致并得到研究的初步证实(Van Woerkom et al.,2016)。对应地,从积极的方面出发,多个工作资源的效应也可能叠加表现出“增益螺旋”效应。这启示未来 JDR 模型探索中,考虑工作特征组合因素对工作相关健康的多方面影响(如协同与抑制效应)比观察孤立变量更能准确揭示变量的效应影响。

4. 从"个人资源"到"个人要求"拓展 JDR 模型

JDR 模型已囊括"个人资源"概念来实现模型拓展。由此对应部分学者也逐步关注"个人要求"概念——定义为"个人为自己的表现和行为设定的要求,迫使他们在工作中投入精力,产生与身体和心理相关成本",这将作为 JDR 模型的新发展并围绕"完美主义"、"目标期望"以及"工作狂(workaholism)"等个人要求变量开展研究(Bakker & Demerouti,2017)。目前相关研究仍较为贫乏,未来的研究可进一步探讨个人要求与个人资源、工作要求、工作资源间的具体交互机制,从而更全面检验 JDR 模型的相关假设。

第四节 工作、家庭、社会角色相关理论

一、理论背景

过去 50 年见证了宏观社会趋势带动性别角色、家庭结构、工作职业生涯本质的剧烈变化,推动着"工作与生活界面(work-life interface)"研究快速增长。这其中关于"工作—家庭"乃至涉及更广阔界面——"工作—生活"间的压力探讨奠定了新一轮研究的主基调(Bliese et al.,2017)。然而,工作—生活理论并没有跟上研究的发展脚步,导致现有研究仅以有限的理论框架为指导,亟待进一步拓展(Powell et al.,2019)。

本节首先对现有工作—生活理论进行简要介绍——主要包括早期角色压力理论与工作—家庭(平衡)相关理论。伴随着研究深入,学者逐渐意识到对"工作—生活"关系的探讨不应局限在工作与家庭两个界面,对此,研究者提出许多新模型来阐述工作与更广阔生活界面间的互动关系并伴随着开展相关实证研究;其中本节重点解读具有代表性的工作生活意识形态理论。最后通过回顾现有成果与专家建议,对未来"工作—生活"领域研究提出展望。

二、理论基本内容

(一)角色压力理论

1. 角色压力假设

“工作—生活”领域早期研究主要关注工作和其他生活角色之间的冲突。具体而言,角色理论通过工作—家庭冲突、干扰(interference)和负溢出效应(negative spillover)等概念诠释了个体扮演不同社会角色(如工作角色与家庭角色)所面临的潜在冲突性——由此提出角色压力假设以反映这类“负性工作—生活相互作用”(Powell et al.,2019)。

角色压力假设基于“资源稀缺”前提,认为个体的时间和人力有限,当其参与多重角色(如工作和家庭)、进行有限资源的分配时不可避免地会经历冲突并感知到压力,从而降低生活质量(Greenhaus & Powell,2006)。这一早期观点在当今研究仍具有启示作用:肖克利等人(Shockley et al.,2021)的研究发现由于疫情导致育儿服务停止,许多双职工家庭需要在家庭角色上投入更多资源,这导致主要承担养育角色的母亲面临更严重的角色冲突,相应导致工作绩效与幸福感水平降低。

2. 角色增益假设

尽管角色压力假设发展已久且具有较强的现实解释力,但部分学者并不认为角色间仅存在冲突性。他们基于“资源扩展性”前提,认为追求多重角色也能给个体带来独特优势(Greenhaus & Powell,2006)。近期研究者也呼吁应更全面看待、承认工作角色与其他生活角色相结合的积极影响(Powell et al.,2019)。相应一系列“正性工作—生活相互依赖性”概念的提出,如工作—家庭领域研究中工作—家庭丰富化(enrichment)、促进(facilitation)、增益(enhancement)及正溢出效应(positive spillover),为角色间的相互增益提供了更多证据。

格林豪斯与鲍威尔(Greenhaus & Powell,2006)认为个体参与多重角色时,可以通过角色积累(role accumulation)的三种方式实现增益效果,具体说明见下表1-18。

表 1-18 角色增益机制

角色增益假设		
增益途径	机制说明	举例说明
叠加效应 (additive effects)	当拥有多个质量较高角色时，可以对个体产生叠加性的积极结果	工作满意度和家庭满意度对个人的幸福感，生活满意度和感知生活质量具有叠加影响
缓冲效应 (buffer effects)	多样角色组合可以缓冲个人因某一特定角色而遭受的痛苦，通过在另一个角色中获得的满足来弥补一个角色中的失败与缺憾	拥有满意、高质量工作经历的个人来说，家庭压力与幸福感受损之间的负向关系较弱；同样这一关系是双向的
转移效应 (transer effects)	个体在一个角色中获得的经验可以在另一个角色中产生积极的经验和结果	一个角色中获得的资源（如第三方的建议、建立的关系等）可以再投资于其他角色；同时个人经验积累、性格完善可以灵活地适应不同角色要求

(二)工作—非工作平衡建构

除了角色间的冲突与增益关系外,研究者也试图将“工作—生活平衡”概念化。目前关于“平衡”这一术语达成的共识并不多,关于研究者对相关概念的认知递进如下图 1-14。当前针对“工作—生活平衡”不同的定义大量出现,集中表现为研究者对“工作与家庭”两个领域间的平衡进行探讨,并基于“无冲突观点”、“平衡观点”、“匹配观点”等视角进行诠释;此外,不同学者对平衡的看法产生了关键差异,即平衡是个体头脑中的一种心理结构,还是他人可以观察到的关系结构,研究者发表了不同见解。

在最近的综述回顾里,卡斯帕等人(Casper et al.,2018)开展的元分析研究证明了“平衡”概念的独特性——其与“冲突”或“增益”概念不可互换。研究将“工作—非工作平衡”视为广泛的结构,包括家庭以外的非工作领域,同时以“工作—非工作平衡”代替了“工作—生活平衡”这一术语(后者可能意味着工作不是生活的一部分)。“工作—非工作平衡”被描述为:“员工对其工作和非工作角色组合的有利程度的评估,其产生于他们的情感体验以及他们在工作和非工作角色中的感知参与度和有效性与他们对这些角色的重视程度相称的程度”。与主流视角一致,该定义反映的是个人视角（主观评估）、价值匹配观点及多维视角（包括情感体验、投入与效能），为未来的研究提供更坚实的理论基础。

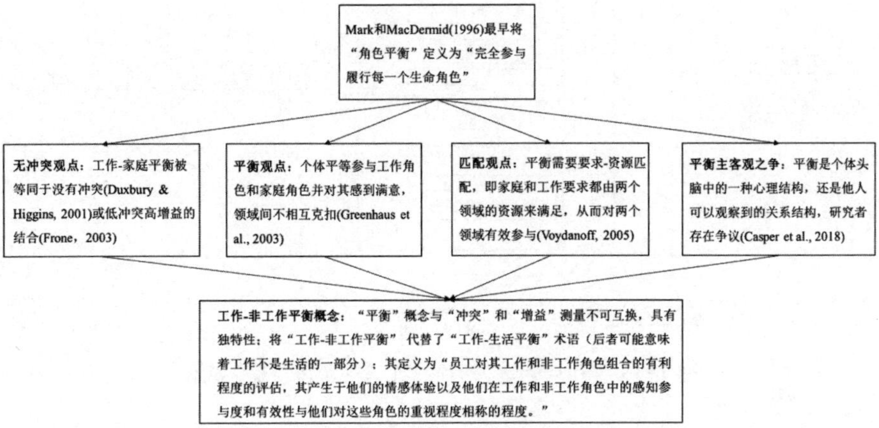

图 1-14　“平衡”概念演进概览

赫胥等人（Hirschi et al.,2019）则在卡斯帕模型基础上，进一步提出一个“员工如何决定实现平衡策略”的综合模型。考虑到先前研究常常忽视个人在平衡各领域要求和资源方面的能动作用，赫胥等人的“行动—调节”模型旨在将“工作—家庭平衡”概念化为成功实现工作和家庭目标的结果。具体来讲，研究提出个体在追求工作和家庭领域的共同目标时的两种参与（engagement）策略（分配和激活资源、改变资源和障碍）和两种脱离（disengagement）策略（对工作和家庭目标排序、修订和制定新的工作和家庭目标），员工可以从中选择以实现工作和家庭平衡。

在策略的选择上，工作和家庭要求、资源和多层面阻碍（例如，社会性别角色对职业母亲可能的歧视）是策略选择的重要影响因素。工作和家庭目标的达成既是策略选择的结果也是前因，反过来进一步影响工作与家庭的平衡。此外，员工需要评估实现目标所需的时限，这会影响他们对实现工作—家庭平衡战略的抉择，所以为模型增加了时间维度。总之，模型关注员工作为决策者在选择实现工作家庭平衡策略时所发挥的积极作用，并考察策略的影响要素与受平衡策略影响因素间的动态相互作用。

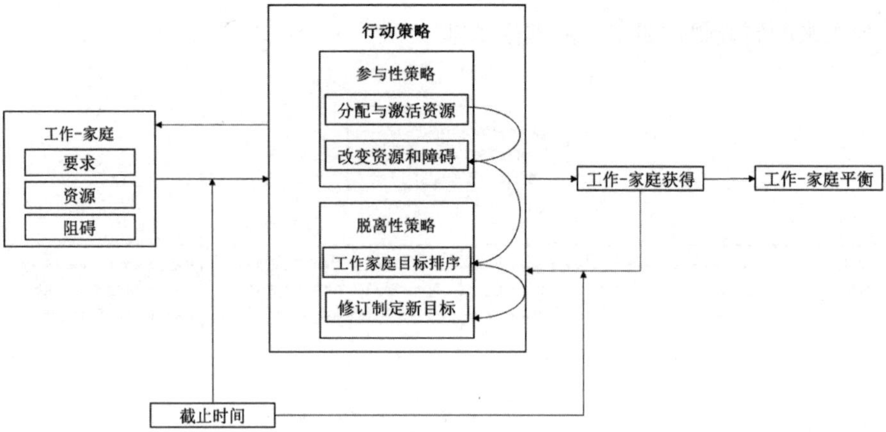

图 1-15　Hirschi 等(2019)“工作—家庭平衡”模型

三、理论发展与应用

大多数现存理论和工作—生活界面的研究都是涉及工作—家庭界面层面。为全面理解当代工作和生活其他部分之间的联系,现阶段也迫切需要解释“工作—其他生活界面”的新理论。近年来不少学者已从一个更宏观的视角拓展“工作—非工作平衡理论”,支持员工工作外众多方面的需求,例如,核心或拓展大家庭、友谊、社区、休闲和自我发展等(Powell et al., 2019)。

在这些新模型展望中,本小节重点介绍莱斯莉等人(Leslie et al.,2019)提出的“工作—生活意识形态”理论框架——其被定义为“员工关于工作和生活如何相互关联的信念”。研究者将其概念化为一个两级连续体,由相反的信念锚定在两端。基于此定义,提出三对典型的工作—生活意识形态:(1)固定—扩展派(fixed-expandable pie)意识形态;(2)分割—整合(segmentation-integration)意识形态;(3)工作—生活优先(work-life priority)意识形态。详细说明见下表 1-19。

表 1-19　三种工作-生活意识形态（改编自 Leslie et al., 2019）

工作生活意识形态	内容	两极观点	观点内容	证据支持
固定-扩展派意识形态	关于工作和生活是否相互竞争或相互增强的信念	固定派	用于工作和生活的资源相互竞争、此消彼长	稀缺主义视角
		扩展派	用于工作和生活的资源相互促进、同消同长	扩张主义视角
分割-整合意识形态	关于工作和生活是独立还是相互依赖的信念	分割	工作与生活相互独立，两者边界强大不可渗透	角色与边界理论
		整合	工作与生活相互依赖，两者边界薄弱且可渗透	神话(myth)与灵活性假说
工作-生活优先意识形态	关于工作和个人生活哪个更重要的信念	工作优先	工作比个人生活更重要	理想工作者规范理论
		生活优先	个人生活比工作更重要	家庭系统理论 文化价值观

关于工作—生活意识形态的前因变量，研究立足宏观环境思考，认为环境通过个体长期暴露于启动因子——能够无意识激活个体的社会概念和图式的刺激来实现塑造。启动因子的暴露增加了某些概念或图式的突显性和可及性，这些概念或图式是个体处理信息的一般视角，对个体的认知、动机和行为都有着深远的影响。具体而言，作者从家庭、组织、社区和社会四个层次分析，得出各环境的稀缺启动因子往往促成固定派意识形态；边界启动因子造就分割意识形态，而市场启动因子促成工作优先意识形态（见表 1-20）。

关于工作—生活意识形态的结果变量，研究认为个体持有不同的工作—生活意识形态会对工作—生活交互产生影响，包括偏好（preference）代表的一个中介效应与意义建构（sensemaking）代表的两个调节效应。

（1）工作—生活意识形态（个体持有分割或工作优先的工作—生活意识形态）可以通过工作生活偏好对工作—生活行为产生间接影响：①个体持有分割（相对于整合）工作—生活意识形态的程度增加了他们的分割（相对于整合）工作—生活偏好，进而增加了他们参与分割（相对于整合）工作—生活行为的可能性；②个人持有工作（相对于生活）优先的意识形态的程度增加了他们对工作(相对于生活)优先的偏好,进而增加了他们从事工作(对生活)优先行为的可能性(见图 1-16)。

表 1-20　三种工作-生活意识形态前因变量(改编自 Leslie et al., 2019)

意识形态类型	背景特征	家庭	组织	社区	社会	倾向形成
固定-扩展派	资源稀缺程度/丰富程度	大家庭	减薪裁员	高人口密度	自然资源稀少	固定派
		小家庭	加薪招聘	低人口密度	自然资源丰富	扩展派
分割-整合	边界程度/连续程度	离婚	封闭空间	景观建筑有界处理	严格的旅行移民政策	分割
		没有离婚	开放空间	景观建筑整体处理	宽松的旅行移民政策	整合
工作-生活优先	市场程度/人文程度	离家人远互动少	奖励机制	有孩子的家庭少	社会福利少	工作优先
		离家人近互动多	无奖励机制	有孩子的家庭多	社会福利多	生活优先

(2)三种工作—生活意识形态也可以调节需求和资源对工作—生活冲突和增益的影响。在该机制中,三种工作—生活意识形态均会调节工作生活要求和资源与工作生活冲突与增益的关系。具体影响机制可见下表 1-21,整体模型图见图 1-16。

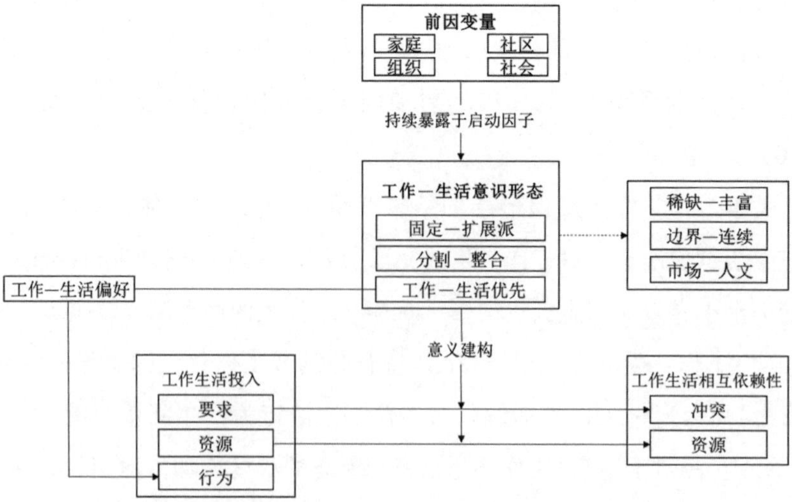

图 1-16　工作—生活意识形态理论整体模型图(改编自 Leslie et al.,2019)

表 1-21　工作-生活意识形态调节效应机制图（改编自 Leslie et al., 2019）

工作生活意识形态	内容	关系	调节效应
固定-扩展派意识形态	关于工作和生活是否相互竞争或相互增强的信念	要求→冲突	增强
		资源→增益	削弱
分割-整合意识形态	关于工作和生活是独立还是相互依赖的信念	要求→冲突	削弱
		资源→增益	削弱
工作-生活优先意识形态	关于工作和个人生活哪个更重要的信念	工作要求→冲突	削弱
		生活要求→冲突	增强
		工作资源→增益	削弱
		生活资源→增益	增强

四、理论评述与展望

本节关于工作—生活理论未来研究展望拟从理论层面和方法层面进行思考。

（一）全面考虑边界冲突与增益效应

工作—生活理论先后接受角色压力假设与角色增益假设的指导，可以明晰的是二者并非冲突对立，不可调和；当今研究需要同时承认这两种机制的存在来全面考虑边界间可能存在冲突与增益效应。

最近，任等人（Ren et al.，2021）在实证研究中同时考察边界间的“冲突”与“增益”效应。具体而言，他们证实家庭不文明和家庭支持分别通过“家庭—工作冲突”和“家庭—工作增益”两条路径影响员工的工作繁荣；同时员工的分割边界管理偏好调节该中介过程（见图 1-17）。这表明工作与其他生活界面的交互过程不是非“冲突”即“增益”，而是表现为更为复杂的综合效应。

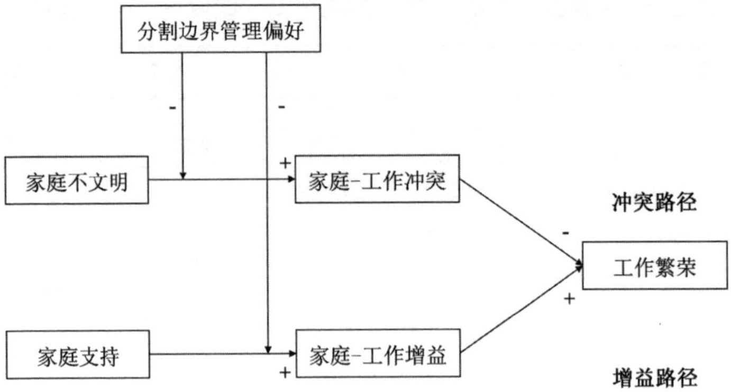

图 1-17　Ren et al.,2021 研究模型图

(二)深化考虑边界间存在的交叉与溢出效应

先前研究表明工作—生活界面的冲突或增益互动可能源于两种效应机制:(1)溢出效应:员工在一个界面的积极或消极经历会影响其在另一个领域相关的想法、感受或行为,实现跨界面传播;(2)交叉效应:员工在一个界面的压力或紧张经历水平会影响其所在界面的其他个体(如伴侣或同事)的压力水平。然而,当前基于溢出和交叉效应开展的工作—生活界面互动的研究往往"浅尝辄止",没有更深入考虑界面效应的传递机制。

对此,布斯等人(Booth et al.,2020)开发了基于资源的溢出—交叉—溢出模型(Resource-Based Spillover-Crossover-Spillover Model; RB-SCSM),揭示了"组织—家庭—组织"间的资源增益的传播过程(见图1-18)。具体而言,当员工感知更多组织对家庭的关怀(Family-supportive organization perceptions)时,这份个人资源的获得将会通过一系列"溢出—交叉—溢出"传递过程最终对员工伴侣的职场关系产生增益影响。相较于传统研究考察单次溢出或交叉效应,抑或仅将"溢出效应结束于对伴侣家庭变量影响",布斯等人的研究更全面深刻地揭示了个体在某一界面资源的获得和损耗如何影响到其伴侣在其他界面的资源得失(Booth et al.,2020)。该成果对未来研究深化考虑边界间存在的交叉与溢出效应机制的理解,进而全面揭示“个体某一界面与关联个体某一界面”如何相互作用提供了启示。

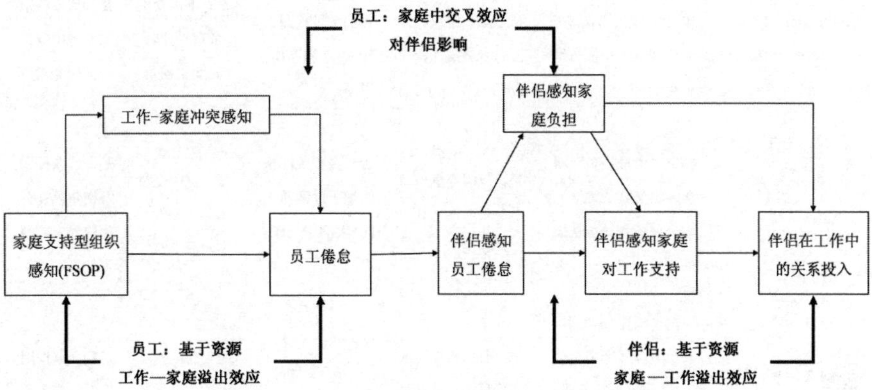

图 1-18 Booth et al.,2020 研究模型图

(三)基于多元与多层次视角思考工作—生活互动

鲍尔等人(Powell et al.,2019)高屋建瓴,系统回顾了部分工作—生活领域的最新理论(见表 1-22),并建议未来相关研究应基于多元与多层次视角更深层思考工作—生活互动模式。这可以包括:(1)多层次框架:研究变量统筹考虑来源于家庭、工作团队、组织、社区、社会层面等多方面因素;(2)决策框架:关注个体在管理界面冲突与实现工作—非工作平衡过程中的认知过程与表现出的主观能动性;(3)职业/时间框架:由于职业本质上是随着时间的推移而展开的工作经历,分析时间视角在工作—生活动力学中的作用对于提高关于工作和生活经验的理解至关重要;(4)多样化视角:将个体、社会文化的多样元素纳入考量,丰富工作—生活理论的建构与生态效度。

表 1-22　工作-生活最新理论综述梳理

文章来源	主要观点	多层次视角	决策视角	时间视角	多元视角
Leslie, King, & Clair, 2019; AMR	提出并定义三种"工作-生活意识形态"概念及其前因变量与结果变量	是，前因变量考察从家庭、组织、社区与社会层面出发	否，主要关注认知加工过程即工作-生活相互作用	是，前因变量考察设计时间变化视角	是，选取性别、家庭规模等作为前因变量
Bear, 2019; AMR	提出"照顾抱负"概念并定义其二维结构、前因变量与结果变量	是，前因变量与调节变量考察从社会层面出发	否，主要关注认知加工过程即工作-生活相互作用	是，前因变量考察生命发展阶段	是，选取性别、性别角色社会化等作为前因变量
Ladge & Little, 2019; AMR	提出"工作-家庭形象"概念并定义三种工作-家庭形象管理策略及对应适应性结果	是，前因变量与调节变量考察从社会层面出发	是，考察个体运用工作-家庭形象管理策略决策过程	是，前因变量考察生命发展阶段	是，选取性别、宗教等作为前因变量
Hirschi, Shockley & Zacher , 2019; AMR	提出四种实现"工作-家庭平衡"策略及其前因变量和结果变量；考察策略选择动态过程	是，多层次考察工作-家庭要求、资源、障碍	是，考察个体运用工作-家庭平衡策略决策过程	是，调节变量考察工作-家庭目标期限	是，选取性别社会角色、刻板印象等作为前因变量
Bourdeau, Ollier-Malaterre & Houlfort , 2019; AMR	提出两种"组织性工作-生活策略"及其前因变量、结果变量与调节变量	是，考察员工-主管二元关系等组织层面变量	是，考察个体运用工作-生活决策及领导评价员工的决策过程	否	是，选取性别等作为调节变量
Crawford, Thompson & Ashfortht , 2019; AMR	提出双职工夫妇及伴侣针对重大生活事件开展意义建构及资源投入决策模型	是，前因变量与调节变量考察从社会层面出发	是，考察应对重大生活事件的决策过程	是，重点关注双职工夫妇的即刻反应	是，选取认同等作为调节变量

第五节　工作压力理论的新进展

沿着布劳斯(Belise,2017)提供的时间框架对工作压力理论发展脉络进行梳理,前几节依次介绍了早期生物医学压力模型、一般心理压力模型、工作压力关联模型、工作—生活压力理论。除这些主流模型外，当今工作压力理论还取得一些新进展，集中体现在本章介绍的非稳态负荷模型与压力自我冒犯理论。这两个综合性模型对前面介绍的理论进行系统性地反思、完善与整合，达到推陈出新的效果。

一、McWeen 的非稳态负荷模型

（一）理论背景

坎农与塞里的成果促进生理应激过程研究取得显著进展，同时这一时期“工作压力与健康”领域的相关理论也蓬勃发展着；然而，极少有理论能将这两个“分离”的领域联系起来——对工作压力和生理健康相关的文献进行有效整合。在此之前，（工作）压力的研究主要接受认知评估模型（如压力交易模型）、JDC 及其衍生模型（如 JDC-S 与 JDR 模型）等理论指导，这些心理压力模型虽然承认心理社会压力源通过影响生理过程对身心健康产生影响，但均未对相关通路机制进行很好的阐述（Ganster & Rosen, 2013）。

受塞里等对 GAS 描述的启发，麦克尤恩等人系统地提出非稳态负荷（Allostatic Load；AL）模型，其作为压力生理学的主要研究视角与综合模型，描述了慢性压力导致心理和身体健康变化的过程和机制，为探索工作压力的生理应激过程提供理论指导（McEwen & Wingfield 2003）。

（二）理论基本内容

先前塞里的模型基于“内稳态平衡（homeostasis）”概念建立沟通压力与生理健康的“桥梁”——身体试图通过一个复杂的反馈机制系统来维持一个稳定的内部环境。但最近的证据表明有机体更多通过效应器系统（effector systems）重新校准，设立新的“应激点”来维持基本体内系统的稳定性。因此内稳态模型不再被视为足以解释应激反应的模型而逐渐被“非稳态”概念替代。AL 模型提出“非稳态”是指各种效应器系统（心血管、神经内分泌等）通过“变化”调整来应对心理压力源（Ganster & Rosen，2013）。

AL 模型的核心观点认为，各种适应系统以复杂和非线性的方式相互作

用,并且通过一个时间序列进行过程作用。对此模型主要通过一个三阶段过程模型(见图 1-19)来描述生理疾病和心理紊乱的发展的时间序列。在这一过程中,每一阶段均有对应的调节介质:急性应激源暴露期间立即产生的激素被称为一级介质(primary mediators);当一级介质被反复或长期慢性激活时会对机体的生理健康产生不利影响——非稳态负荷。此时,一级介质的这种慢性激活导致一组二级介质(secondary mediators)开始调整其正常工作范围或设定点。最终第二阶段非稳态负荷延长产生损害致使进入 AL 模型的第三阶段,产生各种原因的死亡(Ganster et al.,2018)。详细说明见表 1-23。

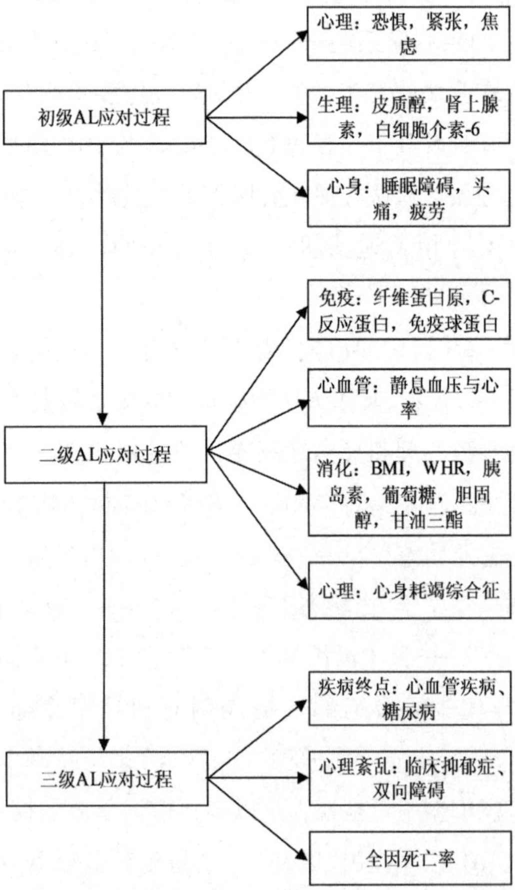

缩写:AL:非稳态负荷;BMI:体重指数;WHR:腰臀比。

图 1-19　压力过程的非稳态负荷模型

在许多方面，AL模型的阶段类似于一般适应综合征，但AL的研究人员采取了更全面和多变量的方法来探索不同阶段的应对过程。此外，AL模型与塞里应激反应模型的另一个重要区别在于其关注中枢神经系统发挥的作用——通过利用先验知识和经验以及环境事件来直接控制生理反应，以预测适应的需要(Ganster et al.,2018)。

表1-23　压力过程的非稳态负荷模型具体机制

应对过程	关键介质	应对机制	应对结果
一级应对过程	一级介质，包括应激激素（如肾上腺素、去甲肾上腺素和皮质醇）和促炎和抗炎细胞因子（如白细胞介素-6）等	通过调节心血管系统、免疫系统和代谢系统（例如，增加心率、向血流中释放葡萄糖）使身体做好应对压力源的准备	在正常功能中，第一阶段非稳态反应迅速，然后在威胁被成功防御或终止后立即关闭，具有保护与适应意义
二级应对过程	二级介质，由代谢系统（葡萄糖、胰岛素、胆固醇）、免疫系统（C反应蛋白、纤维蛋白原、白蛋白）和心血管系统（收缩压和舒张压、心率）中的指标表示	一级介质的慢性激活导致一组二级介质促使其他生物系统开始调整其正常工作范围或设定点	二级介质持续超出正常范围（失调）时，成为生理与心理疾病的关键风险因素
三级应对过程	该阶段研究集中在临床医学领域，不作为本书讨论重点		从第二阶段非稳态负荷延长产生损害，表现为特定的疾病终点、心理障碍，甚至各种原因的死亡

（三）理论模型运用与发展

1.选择合适的工作压力源反映指标

从AL模型角度来看压力反应可知：第一阶段主要描述机体对压力源的即时生理反应，第二、三阶段则是对慢性压力源的长期反应进行描述；因此需要考虑选取评估AL不同阶段的代表性生理指标（组合）。对应地，为获得足够的结构效度，研究者必须确定他们的研究问题代表哪一应对过程；确定特定过程的适当生理标记；最后确定在特定过程中，何时、以何种方式以及以多少次评估感兴趣的生理标记。这些对于以AL为指标探索工作压力与生理、心理健康关系的研究至关重要。

各阶段具体指标的选取可参考甘思特(Ganster et al.,2018)提供的建议。本书强调尽管前人实践已逐步确立了各研究主题相对成熟的指标框架,但研究者仍应保持批判性思维,根据实际选取符合自身研究需要的指标组合。例如,孙等人(2007)在探究中国职工工作压力与非稳态负荷关系时,敏锐意识到从国外借鉴的10项指标多基于"老龄化"背景确立。由此他们基于中国文化背景重新修订,最终纳入13项指标系统开展评估。该研究对中国职业健康领域的学者具有重要启发意义。考虑到目前在中国文化背景下运用AL模型开展的研究仍较少,那么哪些AL指标更适合、更能敏锐捕捉中国员工的压力反应与健康状况?并且这与基于西方职场研究取得的成果有哪些共性与差异?这些问题仍不明晰。总之,基于不同研究主题、不同文化背景的群体,选择合适的工作压力源反映指标开展相关研究仍有许多值得思考的地方。

2. 细分工作压力源与非稳态负荷的关系研究

在AL模型的指导下,早期研究初步揭示了工作压力源与非稳态负荷(如皮质醇觉醒反应、血压水平与代谢风险因素等)间的关系。这些研究因变量效应值较小且与其他研究结果相矛盾而受到诟病。弗伦克等学者(French et al.,2019)在分析这一原因时指出未能细分不同性质的工作压力源,以及未能分离受工作压力源影响最显著的生理系统是导致观察到"工作压力源和生理负荷间微弱关系"的可能原因。

对此,他们基于"挑战—阻碍"压力源框架对压力源进行细分,并进一步考察两种压力源与代谢风险间的差异关系。研究借助美国中年发展全国调查(MIDUS II)的数据,选用8项一般性、脂质和葡萄糖指标组合(体重指数、腰臀比、甘油三酯等)来反映代谢的非稳态负荷。结果显示,虽然工作中的挑战与阻碍性压力源对代谢风险的直接影响并未得到证实,但挑战性压力源可以通过酗酒对代谢风险产生间接影响;而阻碍性压力源则是通过高风险饮食习惯对代谢风险产生作用。

弗伦克等人的研究表明:(1)压力研究对压力源的性质(如对阻碍性与

挑战性区分)细分有助于明晰工作压力更详细的影响机制,从而更好服务于相关干预工作;(2)压力源效应可能因生理系统而异,因此需要关注特定系统而不是总的非稳态负荷指数来获得更深入的见解。

3. AL 模型的“时间纵向性”捕捉

AL 模型蕴含的“时间序列性”要求在开展相关研究时必须要考虑变量的“个体内变化”,由此突显 AL 模型最本源的价值。近期开展的一项为期 6 年的纵向调查研究值得关注。

该研究系统考察组织支持(主管支持与同事支持)给个体生理健康带来的有益影响。关于短期近端指标,研究者不再选取固定、静态的皮质醇分泌水平,而是考察皮质醇分泌的日变化模式;同时研究也对长期远端指标(如 BMI)进行积极关注。结果证实主管支持(而不是同事支持)更能正向预测更为陡峭(更为健康的)的皮质醇分泌的日变化模式与长期 BMI 指标的小幅增加(Gonzalez-Mule & Yuan,2022)。他们的研究支持“工作积极互动(positive social interactions at work)”观点:工作中的积极社会互动可以直接促进生理丰盈,表现为健康的神经内分泌系统功能,进而改善身体健康,而不仅仅发挥对压力的“缓冲”的作用。可见最新的 AL 研究对“时间纵向性”进行更有效的考察。

关于 AL 模型研究的整体框架图见图 1-20。

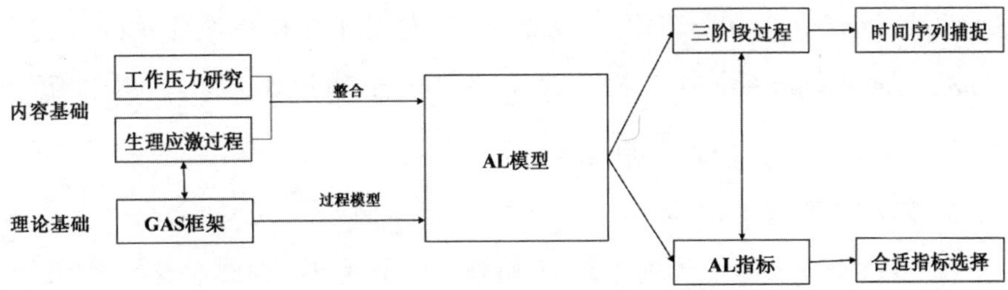

图 1-20　AL 模型研究框架图

二、Semmer 的压力自我冒犯模型

(一)理论背景

当今的工作压力理论多把压力视为“阻碍或威胁重要需求和目标实现”的存在。由于目标是许多工作环境中固有的,所以它在职业压力中应发挥显著作用。然而萨默等人(Semmer et al.,2019)回顾过往理论发现:众多职业健康心理学理论虽然笼统承认了“与压力和幸福相关目标和需求”发挥的重要作用,但这些理论并不单独关注目标的作用,也没有具体阐明哪些目标特别重要。对此,他们聚焦一种对压力体验及幸福健康具有普遍影响的关键需求——个体维护并增强对自己的积极评价,即对自尊的需要,展开探讨。

“维护良好的自我感觉与自尊”在其他心理学领域(如社会心理学)已成为公认的个体核心诉求。但遗憾的是:(1)该目标在职业健康经典理论中(如工作要求—控制模型、角色压力理论、资源保存理论等)并没有得到足够重视;(2)少有的理论概念(如付出—回馈失衡模型)虽然提及与自尊相关的“公平”等概念,但“对自尊的威胁(和提升)并不构成这些理论方法的中心焦点”;(3)同时自尊也会被放置在一个更宏观概念下(如社会支持)进行研究,其发挥的独特作用并没有得到额外强调。针对上述“鸿沟”,萨默等人(Semmer et al.,2019)系统提出并发展了“压力对自我的冒犯”(Stress-as-Offense-to-Self;SOS)理论,作为工作压力理论的一个新进展来探讨“工作压力与个体目标和自尊”的关系。

(二)理论基本内容

SOS 理论首先基于角色理论:人们倾向于重视自己的职业身份,将其视为自我的一部分。可以预见的是,个体对肯定其职业角色的工作经历(如获得欣赏)做出积极反应(如自豪感和自尊感的增加);相反,对其职业角色的威胁(即使是微小的冒犯)往往会引发压力。下面针对 SOS 理论的核心概念进行介绍。

1. 自尊

SOS 理论关注促进或威胁自尊的两个来源:(1)个人的自我评估,影响个人自尊(personal self-esteem);(2)他人对个体的评价,与"社会自尊"(social self-esteem)相关。二者密切相关并相互影响,共同塑造个体的自尊水平。

2. 不合规行为、压力源与任务

针对不同的自尊威胁来源,SOS 理论进一步区分两种压力产生机制:"因不足而产生的压力"(Stress through Insufficiency;SIN)与"因缺乏尊重而产生的压力(Stress as Disrespect;SAD)"。SOS 理论对后者进行详细阐述,提出 SAD 包括三个重要组成部分:(1)不合规行为(illegitimate behaviour):如组织其他成员实施的嘲笑、攻击乃至微妙的不文明行为等行为,反映环境中的人际冲突与他人传递的不尊重信号;(2)不合规任务(illegitimate tasks):代表一种新型压力源,包括不必要的任务(unnecessary tasks)与不合理任务(unreasonable tasks),反映工作设计等组织变量传递的缺乏尊重的信号(见表 1-24);(3)不合规压力源(illegitimate stressors):当个体将压力情境归因于不正当的原因时,便产生此类压力源。

表 1-24　不必要任务与不合理任务比较

	不合规任务	
	不必要任务	不合理任务
概念定义	反映根本不应该存在的任务	反映不属于特定员工角色，应由其他人完成的任务
关键特征	任务毫无意义或不值得浪费时间去努力完成	超出职业角色范畴的工作要求或超出特定角色能力经验的任务
任务举例	1.因机器故障本应打印的资料需要手写; 2.为即将关闭的图书馆进行图书档案归类; 3.撰写无人阅读的文章报告等	1. 要求饭店厨师像服务员进行打杂; 2. 让公司销售新人直接对接重要客户等

3. 欣赏

除了对自尊威胁的关注外,SOS 理论同样关注有利于个体提升自尊的相关资源——这其中"欣赏(appreciation)"概念得到研究者重点关注。欣赏意味着"对一个人的个性、成就和品质的认可,反映了对其作为人的基本尊重、关怀与兴趣"。欣赏不仅仅是社会支持的众多要素之一,更是支持产生积极影响所必需的核心要素,其传达了与"自我"清晰而直接的相关信息,能对个体自尊产生最直接的提升,因此将欣赏作为独立的结构开展研究是有必要的(Stocker et al.,2019)。关于 SOS 理论核心概念的总结可见表 1-25。

表 1-25 SOS 理论核心概念总结

压力对自我冒犯(SOS)理论		
核心需求	个人自尊	社会自尊
威胁机制	自我评估:因不足而产生的压力(SIN)	他人评估:因缺乏尊重而产生的压力(SAD)
压力具体来源	1.不充分或未达到预期标准的绩效表现+内部归因于自身能力不足; 2.不充分或未达到预期标准的道德行为表现等	不尊重信息可能存在于: 1.人际行为(包括微妙的人际冒犯); 2.工作设计(产生不必要的任务等); 3.任务分配与布置(分配不合规任务); 4.具有压力性的环境或事件(如不合规压力源)
促进机制	欣赏为代表的社会支持等变量对自尊进行补充与促进	

(三)理论应用与发展

1. 不合规任务的结果变量及其影响机制

尽管作为较新研究框架提出,SOS 理论已得到较多实证证据支持:

一方面，研究者发现“不合规任务”作为压力源，与工作相关结果变量、心理健康指标、生理健康指标以及恢复变量等密切相关，对应结论也得到纵向研究证据的支持（见 Semmer 等（2019）的综述）。同时，研究者不仅关注伯尔尼不合规任务量表（Bern Illegitimate Tasks Scale，BITS）考察的传统不合规任务范畴，也基于 SOS 框架分析了职场中存在的多样化不合规压力源，如职场打扰等（Stocker et al.，2019）。

另一方面，作为提升自尊的最直接的方法——表达欣赏所发挥的压力缓冲作用也得到初步证实。除此之外，研究者也将个体变量如特质自尊、公平敏感性等，和组织环境变量如角色灵活性等作为不合规任务影响机制的边界条件进行探讨（见 Semmer 等（2019）的综述）。关于不合规任务结果变量及其影响机制可见下图 1-21。

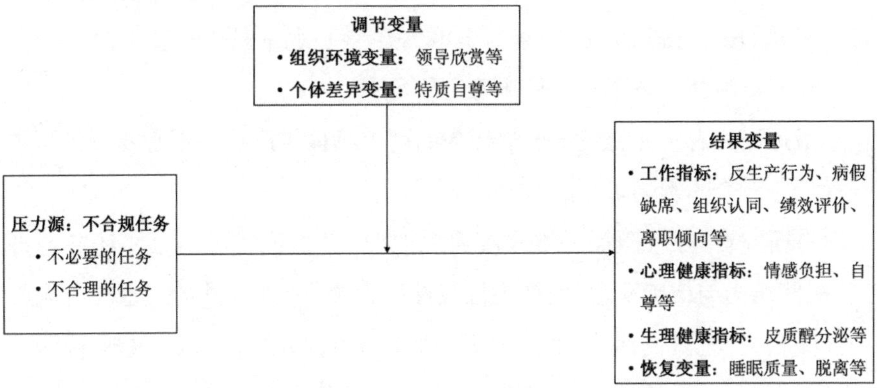

图 1-21　不合规任务结果变量及其影响机制

2. SOS 理论对压力的独特解释

SOS 理论的价值体现需要证明不合规任务与其他压力源相比的独特性：执行不合规任务在概念上不同于经历资源不足，因为外部环境传达的身份威胁信息不依赖于资源。例如，接收不合规任务分配在某种程度上反映对工作缺乏自主性或决策能力。然而，这些任务中有辱人格的社会信息实际上被认为独立于此，并构成不合规任务的独特体验（Semmer et al.，2019）。

进一步地,研究者斐乐与伊顿(Fila & Eatough,2020)统筹考虑 COR、JDR 与 SOS 等理论,认为感知到任务不合规性与感知到要求和资源间不平衡是不同的,因为工作要求压力源通常不会对个体职业身份构成威胁,由此,不合规任务的身份威胁性质被认为是一种独立的压力源,而不是简单等同为“高工作要求”。他们也通过研究证明在控制工作要求、工作控制和工作支持资源的主效应与交互效应下,不合规任务依然对焦虑与抑郁等压力症状具有独特解释作用,这证明了 SOS 理论的独特价值。

不过 SOS 理论与传统职业健康领域理论仍存在关联。例如,JDR 模型提出的资源“缓冲假设”同样适用于不合规任务与压力间的关系。斐乐与伊顿的研究还系统考察了“主管支持、同事支持、工作控制”三种工作资源发挥的作用:单种资源中主管支持可以缓冲不合理任务与抑郁水平间的正向关系;而当员工同时拥有高工作控制与高主管支持资源时,不合理任务和焦虑之间的关系得到了缓冲,这与 JDR 理论核心观点保持一致。

3. 不必要任务与不合理任务的比较研究

最近研究者关注比较不合规任务的两个具体维度——不必要任务与不合理任务对个体影响机制的差异。

有研究者运用“阻碍—挑战压力源框架”分析证实了不必要任务会抑制“时间压力与情感要求”发展为挑战性压力源(分别提升员工亲社会成就与任务相关成就)的潜力(Kronenwett & Rigotti,2019)。然而,史密特等人(Schmitt et al.,2015)的研究发现,是不合理任务而非不必要任务作为时间压力与工作投入关系的边界条件:当员工面对较低水平的不合理任务时,时间压力作为挑战性压力源的潜质才能得到开发。史密特等人的发现也代表一种普遍认知,即研究倾向认为相较于不必要任务,不合理任务对员工更能产生显著影响作用。例如,平德克(Pindek,2019)揭示了不合理任务比不必要任务更能对员工自我价值构成更大的潜在威胁,更能催生更强烈的消极情感。这源于不合理任务更能引发个体的敌意归因偏见(Hostile Attribution Bias,HAB)——将不良事件解释为他人有意为之。

最近,斐乐与伊顿(Fila & Eatough,2020)的研究也证明了不合理任务更具威胁性。在控制相关变量的影响下，不合理任务对焦虑的独特变异解释占 9.9%，对抑郁症状变异解释占 7.3%；对应不必要任务对焦虑独特变异解释仅占 2%，对抑郁症状变异解释仅占 1.4%。同时研究发现，与不合理任务相比，不必要任务和工作资源间的交互作用未被发现，反映了不必要任务对工作环境的敏感度较低。这可能是因为不合理任务是与环境相关的（不合理性来自于任务与组织中特定职业角色不匹配），而不必要任务较少与环境相关（任何人都不应该做的任务不取决于个体的组织角色与环境特征）。这再次说明不合理任务与不必要任务产生作用的影响机制存在一定差异。

（四）理论评述与展望

SOS 理论的独特价值以及与其他职业健康领域理论的关联探索已取得初步成果（见图 1-22）。此外，萨默等（Semmer et al.，2019）指出在未来研究中需要采用更广泛的视角来分析不合规任务这一独特的工作压力源发挥的作用，这可能包括：

1. 文化视角

不合规任务的定义来源于社会规范（“我不应该这样做”），由此，差异不仅存在个体层面上，更可能存在文化层面，这可能导致适用于一种文化下的结果并不适用于另一种文化。未来需要更多跨文化比较研究来弥补这一不足。

2. 角色视角

变量的差异还可能来源于特定职业角色要求的影响，即组织角色会影响对不合规任务压力条件的感知。例如，主管负责分配任务，因此可能会轻视不合规任务的数量；员工的个人视角则聚焦自身，更可能发现更多不合规任务。相关研究初步证实主管和下属都有一个不合规任务的概念，他们的概念重叠但不完全相同；当主管负责的下属人数越少，二者的概念越可能趋同。总之，关注不同组织角色下的不合规任务的异同也具有广阔的前景。

3. 对目标实现失败进行关注

现有研究往往侧重于事先明确设定的目标成功实现后带来的积极影

响。然而,工作中充满了不可预测的事件,意味着目标实现失败的普遍存在。失败同样是威胁个体自尊的重要压力源,对其进一步关注有助于在更宏观层面上构建 SOS 理论的完整性。

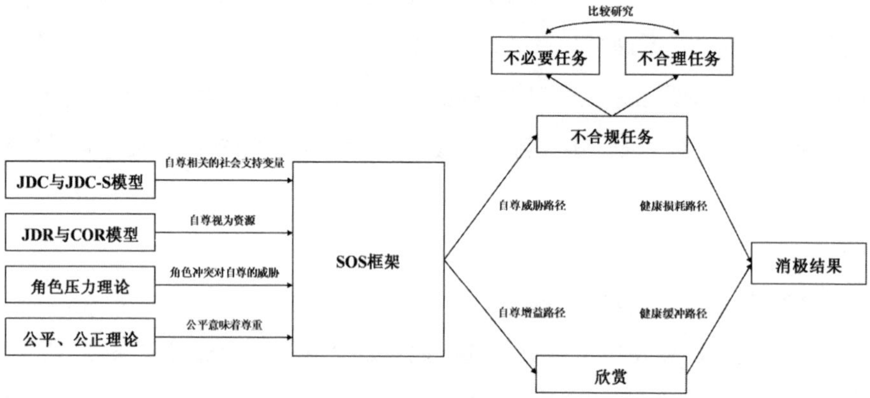

图 1-22　SOS 理论框架图

小　　结

工作压力研究受益于其他学科相关的研究成果,在此基础上,研究者进一步拓展,给压力研究赋予职业健康领域的色彩。本章沿用五个主流的压力研究视角,并在每个角度下秉承由"压力到工作压力"思路进行介绍,以期全面揭示工作压力概念的发展由来。最后通过整合这些概念可以认识到:工作压力是一种复杂现象,为研究者提出了一个充满吸引力的研究方向:它包括一系列的外部压力源、个体认知评价以及二者的交互作用与对应的短期、长期压力结果;同时,这些因素随时间推移不断交互影响发生变化。后续章节以工作压力定义为基础,沿着时间发展脉络,详细介绍了典型的工作压力理论模型,以期呈现学者在探索这具有独特魅力领域已取得的显著成果。

(1)坎农与塞里等研究初步揭示了(工作)压力的生理基础。然而,对于同样重要的压力心理机制,如认知评价过程以及这些心理机制与生理过程的关系方面,压力的早期生物医学模型提供的见解有限。因此,压力生理与心理因素如何交互这一复杂问题为研究者提供一个充满吸引力的研究方向。

(2)作为典型的启发性模型,压力交易模型的研究开创了先河,系统地沟通了压力反应与心理变量间的"连接桥梁",摆脱了压力反应仅能依靠生物医学模型解释的"桎梏";同时,模型本身提出的"压力定义方式、认知评价、应对方式"等核心概念至今仍得到沿用与讨论。未来研究期待进一步开发压力交易模型这座理论"宝藏",将其与更多理论有机结合,以丰富职场压力研究的理论体系。

(3)COR 理论从个体资源的获得和损失角度出发,探讨压力产生的原因和压力情景下的个体行为机制。其核心理论解释机制在与工作压力相关的议题中得到了大量应用。COR 理论也与一些探讨具体心理资源的理论整合来提高理论聚焦度与解释力。但是 COR 理论在干预和临床试验中的适用性还需要更多研究检验;此外,也缺乏从资源流动和动态变化的角度去考察 COR 理论的研究。未来研究可以从这些方向出发,进一步推进 COR 理论的发展。

(4)作为典型的工作关联模型,P-E 匹配理论一方面较一般性压力模型在指导工作压力研究上提供了更深入见解——其更明确地阐释了工作压力机制应关注的具体工作变量,使研究开展更加有据可循。但另一方面与 P-E 匹配理论配套的方法学基础仍相对薄弱,需要在未来实践中实现理论与方法的共同完善、协同并进。

(5)JDC 与 JDC-S 模型的发展实现了经典压力理论的又一次突破:其围绕关键工作特征提出的"压力乘法假设"具有理论启发性,掀起研究者关于"工作要求、工作控制、社会支持"等变量间交互机制的研究"热潮"并影响至今。虽然许多假设尚未形成定论,但可以肯定的是,未来针对具体工作环境,运用 JDC 与 JDC-S 模型视角开展分析并开展相关干预实践指导势必具有广阔前景。

(6)JDR 模型在整合 JDC(JDC-S)、COR 等理论观点的基础上对工作压力进行了更全面地描述,代表了职业健康压力理论的新进步。然而,作为前沿模型的 JDR 理论也有局限性,最关键的便是预测质量问题:许多假设因测量方法(如数据收集依赖主观报告等)或研究设计(如缺乏严格的纵向设计等)等原因得到不一致的模型检验结果。由此,JDR 模型依赖于今后更全面完善的研究进行夯实。与此同时,JDR 模型也需进一步提高自身的现实解释力,就“个体如何运用策略改变工作特征的决策过程”等问题给出更具现实性的解答;对此,将“个人策略”与“个人要求”等概念整合到理论中有助于揭示哪些行为或个人特征有助于员工在特定工作环境中发挥最佳状态,从而为组织开展压力干预工作提供实践指导。

(7)压力的工作、家庭、社会角色相关理论发展由来已久却方兴未艾,其理论活力源于一个包容的研究视角。工作界面如何与其他生活界面交互产生压力或缓冲压力,个体又是如何决策平衡各界面间的要求与资源分配来应对压力等问题,都需要未来研究基于一个多样化、多层次的视角进行解析。在这一过程中,工作—生活相关理论逐步完善并指导开展更深入的实证探索。

(8)AL 作为较新的压力理论把原先相对割裂的“压力生理机制”与“心理健康”两个领域统筹起来。在把这高度整合的模型运用到工作压力领域的研究时,需要根据实际情况选取恰当的 AL 指标——这是一切有益成果成立的前提;同时,伴随着研究的深入,研究者需要更敏锐地捕捉“变量随时间推移发生的个体内变化”(包括潜在的反向因果作用考虑)以及相关变量更具体的作用机制(包括变量的细分考察)。可以预见的是,随着 AL 指标体系与研究方法的日趋完善,工作压力的非稳态负荷的研究所具有的价值将得到进一步体现。

(9)SOS 理论脱胎于经典工作压力理论却有着独特鲜明特色,它格外关注组织中存在的不合规任务对员工自尊构成的威胁,继而催生工作压力。除了常规不合规任务外,需要进一步研究应用 SOS 框架对更微妙的冒犯行为(如组织不文明行为、工作打扰等)进行全面考察以发掘理论潜力;同时,研究揭示不合理任务似乎比不必要任务更具威胁性,需要组织在开展工作设计时对其进行有效的控制，一种理想的状态是赋予员工开展工作塑造的权力，通过自下而上的方式将组织环境中存在的不合理任务控制在个体满意的水平。最后，SOS 还关心对员工自尊的提升，这其中欣赏作为社会支持概念中的核心要素得到强调——无论是情感性支持还是工具性支持，脱离欣赏便不具有积极意义。组织中表达欣赏的方式也具有多样性，乃至倾听员工这种细小的事件也足以向成员传达应有的尊重。重要的是，当今组织需要提高对欣赏的重要性的认识，在提供组织支持时增添欣赏元素使其更具感性温暖。

第二章　工作压力的调节机制

过去40年来,工作压力一直是管理文献中的一个中心话题。工作对个人的健康和福祉起着重要作用。虽然有意义和刺激的工作可能有助于员工的健康和幸福,以及提高创造力和生产率,但过度的工作要求可能会产生压力的感觉,随着时间的推移,这可能会对个人和组织的健康与福祉产生负面影响。与工作压力相关的一些负面影响包括生理疾病、心理健康受损、组织成本增加、工作场所负性人际互动等生理、心理和行为反应。根据罗宾斯(Robbins)的"压力源—压力体验—压力结果"模型,影响压力的过程有两方面:第一,压力源是否被感知为压力和压力的程度;第二,对压力感知的反应性质和严重程度。在这两个过程中,还存在一些重要组织和个体变量扮演重要的调节角色,它们有的影响着"压力源——压力体验"这个环节,有的影响着"压力体验——压力结果"这个环节,还有的变量对这两个环节均存在调节作用。因此,我们并不想孤立地讨论具体变量对具体环节的影响,而是将重点关注这些组织及个体调节变量主要有哪些,以及它们是如何缓解个体应激过程的。

第一节　组织变量的缓冲机制

个人植根于群体之中,而群体反过来又影响着个体。组织是工作压力来源的集成地,能够最大程度地影响个体的压力感知与压力反应。当人们在讨论如何减少工作压力,或探究能否减少工作压力负面影响的时候,组织因素总是被重视的研究变量。研究者通过研究影响员工应激的组织因素，能够有效地对工作进行再设计，从而提高员工的心理健康水平与绩效表现。

以往研究中关于减少压力的组织策略主要有重新设计任务、重新设计工作环境、建立弹性工作时间表、提供社会支持和反馈、建立有凝聚力的团队、鼓励参与管理以及建立公平的雇佣政策等。除了直接消除压力源，例如，工作设计部分，我们将另外一些减压策略归纳为工作资源和组织氛围两个方面，并讨论它们是如何缓冲工作压力带来的应激的。

一、工作资源

两种基于资源的主流工作设计模型——工作要求—资源模型（JDR）和工作需求—支持—控制模型（JDCS）都表明，工作资源可以抵消工作场所的需求，因为它们使员工能够积极地应对这些需求。关于工作资源的研究主要围绕着工作控制和社会支持展开。结果表明，控制与支持和一系列与幸福感相关的结果相关（Hausser et al.，2010），包括较低的身体症状，较少的欺凌经历以及更多的创造力。

丹尼尔斯等人（Daniels et al.，2013）对员工如何选择工作问题解决的策略进行了访谈，结果发现出现了四个与利用工作控制和社会支持资源解决问题有关的主题。它们是：（1）激发社会支持来解决问题；（2）运用工作控制来解决问题；（3）激发社会支持与工作控制之间的相互依赖来解决问题；（4）利用工作资源来调节情绪。其中用于解决问题的社会支持被定义为"与他人讨论问题以解决问题"，工作控制被定义为"改变工作活动的各方面以解决问题"。拥有高水平的社会支持与工作控制的员工，在负面情绪、倦怠、认知失败、主动性思考以及行为方面表现得更好。丹尼尔斯等人的系列研究结果在很大程度上支持了基于工作控制和社会支持资源的工作设计模型的假设。

（一）工作控制

1. 工作控制的内涵和理论

工作控制是 JDCS 模型中的重要变量之一，指个体对工作控制的程度，主要有技能多样性(即要求高技能水平,需要学习新事物,非重复性工作和创造力)和决策权力(即如何工作的自由,提供不同层次的决策,并对发生的事情拥有发言权)两个维度。早期的工作要求—控制模型(JDC)认为工作压力症状的产生来自于工作需求(主要涉及时间压力和角色冲突两方面)与工作控制的联合作用:压力会随着工作需求的增加而增加,但高需求的工作如果伴随高控制,则可以增加员工的学习、激励和个人发展,相反,如果工作控制低就会产生生理和心理问题。因此,JDC认为工作控制可以缓冲高工作需求给身心健康带来的消极作用。这个假设也是后来的研究者们实证应用的焦点。

2. 工作控制对压力的缓冲机制

换句话说,工作控制这种有利的工作资源,可能会影响客观工作需求被视为压力的程度。工作控制不仅为员工在决定如何执行他们的任务方面提供更大程度的自主权和灵活性,从而提高他们的管理能力、应对能力以及根据个人需要、能力和环境调整工作要求的能力,同时还能培养个体的胜任感和成就感。工作控制对工作需求与压力关系的调节效应也得到了许多实证研究的支持。当员工感觉到他们对工作有更多的控制权时,他们往往会感到更加积极,而这种控制资源的前提是组织提供授权。

(二)社会支持

1. 社会支持的内涵和理论

后来的流行病学研究揭示了社会支持对于压力反应的重要性,卡拉塞克(Karasek)将工作相关的社会支持纳入其理论架构,JDC模型扩展成为JDCS模型。JDCS模型所描述的社会支持主要包括来自主管和同事的情感和心理支持。除此之外,下属支持和组织支持也被归为工作场所社会支持的一部分。研究表明,经典的JDC模型所假设的工作控制和工作需求对于工作压力的预测只存在于高社会支持的工作条件下,而同样的高需求、高控制在低工作社会支持的样本组内,工作压力是最高的。这说明,与工作控制的作用类似,社会支持本身可能对压力反应有直接效应,也可能对个人的压力反应具有缓冲或强化效应。

2. 社会支持与压力关系研究

社会支持的缓冲作用主要体现在压力源对工作结果变量的影响上，如工作满意度、工作参与度、工作绩效、离职意图等。也有研究发现，工作场所的工作支持对员工个体的心理和身体健康指标具有积极影响。例如，在倒班工人群体中发现，来自主管的支持与感知到的健康指标相关，包括消化问题、心脏问题、肌肉疼痛、药物使用。类似地，最近研究还报告了社会支持降低了患糖尿病的风险（Toker et al.，2012）。值得注意的是，来自主管的支持与来自同事的支持作用效果并非完全相同。研究发现，主管支持在缓解组织承诺方面有效，而同事支持则对缓解消极情绪有效（袁少锋，高英，2007）。这可能是因为管理者被员工看成是组织的"代理人"，下属会把主管的行为理解为组织意图，从而归功于组织。但普通同事的支持，是与朋友支持更相似的个人行为，可能会补充员工的情感资源，增强员工的团队认同感。

3. 社会支持对压力的缓冲机制

从资源保存理论的视角来看，面对压力源，员工将损失认知、情绪或者人际的资源。此时来自主管和同事的支持无疑是一种积极的外部资源，为员工处理和抵御压力事件提供资源或补偿员工已经流失的资源。具体来说，当个体面对工作压力时，主管和同事可以帮助个体缓解情感压力、分担责任、提供建议、传授技能、给予物质援助等。这些都会作为一种"资源"提供给员工，促使员工采取积极有效的压力应对策略，改善员工的工作体验和情绪反应，从而成功降低工作压力和改善工作态度。

（三）组织支持

1. 组织支持的内涵

除了来自主管和同事的社会支持可以帮助员工应对压力以及减少角色压力源对各种工作结果的负面影响以外，还有一种来自组织的支持也有同样的缓冲效应。组织支持通过测量员工的感知来定义，指的是个体感知组织重视其价值和贡献以及关心其利益的程度。它包括三种类型的社会支持：援助、影响和肯定。但与来自主管和同事的自发性支持不同，员工对组织支持的感知是通过各种组织政策和实践形成的,很大程度上所有员工是同时感知到和感受到相同程度的组织支持,例如,组织培训、服务和福利、人力资本、职能支持等。

2. 组织支持与压力关系研究

感知到的组织支持在直接减少压力感知和减少压力不良后果方面都有很好的结果。研究发现,感知到的组织支持对工作压力有强影响,且组织支持只与阻碍性压力的感知呈负相关,与挑战性压力不相关(Parker et al., 2013)。说明组织支持会减少对负面压力的感知,而不会减少对正面压力的感知。组织支持还可以削弱工作压力对员工的负面情绪、工作态度以工作行为的负面影响,包括工作满意度、离职意向、组织承诺、创新行为、决策偏差。

3. 组织支持对压力的缓冲机制

研究者用"互惠原则"与"社会交换理论"来解释组织支持这种"压力缓冲器"角色。社会交换理论表明,员工为获得经济和社会性报酬而工作,遵循互惠原则:当员工感受到越多来自组织的支持,即当员工感觉到组织对其很关心、支持和认同时,他们对自己在组织中的地位认知更高;作为回报,员工会迸发出高昂的工作热情,工作的内在动机得到提升,表现出更多有益于组织的行为。因此,当组织员工面临工作应激时,组织给予其支持、满足其社会情感需求,一方面能降低应激造成的负面影响;另一方面也能提高员工的自我效能感、内在动机以及工作热情等积极情感,进一步激发积极的态度和行为。

二、组织氛围

虽然与压力直接相关的工作资源一直是研究者们最为关注的压力管理方向,但组织中其他能够影响压力反应的间接积极资源也应该被努力发展。员工对组织氛围的评价在决定压力方面可以起到重要的、直接的作用。有证据表明员工报告或不报告压力相关问题的决定受到组织整体氛围的影响,并且影响着后续的心理健康与福祉。组织氛围作为一种员工对整体

（或特定）组织环境包括各种政策、做法和程序的共同感知，一直以来都被认为对员工的工作态度、工作行为以及组织的绩效方面有着显著的影响。

在关于压力的研究中，研究者主要关注特定组织氛围，如安全氛围、支持氛围、信任氛围、公平氛围等，在特定压力感知或压力反应中的缓冲作用。鉴于来自组织的人际和系统支持已经在工作资源中被讨论，接下来的介绍将不再讨论支持氛围，而是聚焦于其他特定组织氛围，包括安全氛围、公平氛围、信任氛围以及近年来兴起的心理社会安全氛围与压力关系的讨论。

（一）安全氛围

1. 安全氛围的研究背景和内涵

对于许多职业来说，例如户外工作、制造业、农业工作、建筑工作、公共安全、医疗工作等，持续暴露在工作环境中本身就是一种健康和安全威胁的压力源。在这些职业中，他们经常遇到来自化学、物理和生物的风险，遭受到安全事故。然而，同样数量的危险应激源可能会在心理紧张和伤害方面产生不同的个体反应，这取决于一种重要的背景资源——安全氛围。安全氛围指员工感知到的（相对于其他组织目标）安全的优先权，并反映在员工对与安全相关的政策、程序和实践的感知中。具体来说，安全氛围是通过最高管理层在组织内加强安全重视、人力资源管理支持安全实践、为提高组织安全而设计政策、程序和实践、直接主管全力支持安全行为等方面的手段逐步形成的员工对安全的感知。

2. 安全氛围与压力关系研究

安全氛围被认为在职业压力源、心理紧张和伤害之间的关系中起着重要的缓冲作用。一个强有力的组织安全氛围会削弱不安全压力感对安全结果的负面影响，如安全知识、安全依从性、事故和伤害（Jiang & Probst，2016）。对安全实践的研究表明，在安全氛围高的组织中，管理者支持安全比其他问题具有更高的优先级，并且致力于采取积极主动的安全策略。相比之下，安全氛围较低的组织，运营效率可能比安全更重要，员工可能担心受到惩罚而选择不报告安全问题。因此，在面对危险压力源时，安全氛围低的组织成员将会承受更大的压力；安全氛围更高的组织成员由于能够花足够的时间、采取足够的预防措施、从事安全实践或者在有效管理工作需求方面寻求和接受帮助,而不用担心负面影响。

3. 安全氛围对压力的缓冲机制

安全氛围作为一种组织层面的资源,为组织成员提供了对工作环境更好的控制感。资源保存理论指出,那些感觉到资源的人不会等待紧张的发生,而是以提高应对成功的方式积极地定位自己。而积极应对意味着在急性压力环境下提高警觉性,寻求控制行为,以将压力影响降至最低。例如,研究发现,飓风导致的工作压力会增加那些资源感知较少员工的不良反应,包括工作紧张、工作强度、工作不满,但高水平的资源感知可以抵消这些消极影响(Hochwarter et al.,2008)。安全氛围的缓冲效应即是通过工作安全设计、风险培训、管理支持等手段,使员工在面对高风险的工作压力源时能够拥有更多资源,可以以建设性方式积极应对来自工作的健康危害来实现的(Baby et al.,2021)。

(二)公平氛围

1. 公平氛围的研究背景和内涵

近些年来,组织经历着比以前更频繁地外部变化(竞争、裁员、合并、收购等),不确定性和压力在组织生活中变得无处不在。在一项全国性调查中,越来越多的员工承认感到“紧张和压力”,“经常或非常频繁地无法控制生活中重要的事情”(Aumann & Galinsky,2011)。基于此,近20年来,组织公平氛围作为一种被期待能够缓解工作压力的组织社会背景因素,而被研究者所考察。组织公平氛围总体上被定义为,员工对关于结果(如奖惩)应该如何分配,做出此类分配决策(以及其他类型的决策)的程序,以及人们如何受到对待的规则和社会规范的感知。当组织中的人认为他们得到了他们应得的(他们的投入和他们从组织中得到的回报是平衡的——分配公平);规则公平地对待他们(做出的决定遵循公平的规则——程序公平);其他人,特别是他们的主管公平对待他们(主管、同事信任并尊重他们——人际公平)时,他们经常认为组织公平是很高的。

2. 公平氛围与压力关系研究

在压力领域的研究中,组织公平氛围主要被认为能够减轻员工对于工作不安全感的压力感受和压力后果。具体到结构维度上的公平氛围研究,有研究者发现,人际公平能够削弱移民员工由于超负荷工作时间而感受到的压力程度(Avery et al.,2010)。人际公平涉及员工对组织成员所给予待遇的公平感(礼貌和尊重),它比其他两种类型的公平更普遍。对人际公平的看法直接影响到对组织整体公平的信念。当感受到的人际公平较低时,员工更有可能将较长的工作时间解读为虐待或剥削性的;相反,如果员工的人际公平感很高,他们则更可能合理解释过量的工作时间。还有研究者直接考察了整体组织公平氛围在工作不安全感与其结果之间关系的调节作用。结果显示,个体对组织公平的感知调节了工作不安全感与工作满意度和离职意向之间的关系(Sora et al.,2010)。也就是说,组织公平可以帮助员工应对工作不安全的不确定性,减轻工作不安全的负面后果,从而防止工作满意度的降低和离职意愿的恶化。

3. 公平氛围对压力的缓冲机制

研究者们用不确定性管理模型来解释组织公平氛围在压力缓解中的积极效应。不确定性管理模型认为人们用公平来管理他们对不确定性的反应。具体来说,工作的不确定性对员工来说是一种威胁。在这种情况下,员工倾向于寻求确定性和安全感。而获得确定性和安全感的一种方法是通过制定公平判断,例如明确知道薪酬、决策发言权、尊重、待遇等重要工作信息,使不确定事件更容易预测。换句话说,组织公平是减少不确定感的有效手段,即使不确定感的性质与公平待遇的根源完全脱节,公平还是能在很大程度上缓解不适感。最近一篇考察公平可变性的实证研究支持了不确定性管理模型的假设。研究发现,相比那些一直感受到公平待遇和一直感受到不公平待遇的员工,那些不能准确感受到是否能获得公平待遇,即公平可变性高的员工感受到的压力是最高的,并且通过增强的工作压力,公平可变性间接地增加了员工的工作不满、情绪耗竭和反生产行为(Matta et al.,2017)。正如不确定性管理模型对于确定性的强调,知道从一个交互到另一个交互会发生什么,这可能至少会让人感到一些安慰,即使是始终如一的不公平。因此,组织公平氛围的建立的过程中不仅要注意对各个结构的加强,还要注意保持公平实施的稳定性,以更好保障员工的长期福祉和幸福感。

(三)信任氛围

1.信任氛围的内涵

最近还有一些研究表明组织中的信任也被视为一种压力的缓冲资源进行考察(Pavez et al.,2021)。信任是一种心理状态,包括基于对他人意图或行为的积极期望而接受他人脆弱性的意图。个体对组织其他成员行为和组织制度政策的信任感知集合则形成组织中的信任氛围。组织信任氛围可分为组织成员对直接领导的信任、对同事的信任和对企业高层管理者的信任。其中直接领导和同事是员工在组织中的主要接触对象,对他们的信任主要以人际信任为特点。而高层管理者更多的负责企业战略决策和政策的制定,因此,员工对高层管理者的信任主要以组织制度、政策、管理等方面的系统信任为特点。

2.信任氛围与压力关系研究

在与压力相关的信任研究中,以人际信任为特征的上级信任和同事信任是研究者的主要关注点,其信任的内容主要包括上级与同事的工作能力、工作态度、正直、善意、沟通等方面。勒平等人(Lepine et al.,2016)对魅力型领导的研究表明,那些肯定了领导工作能力和品格的员工报告了更多的挑战性压力而非阻碍性压力,并且认为领导有魅力在阻碍性压力与工作表现的关系中起着显著的积极调节作用。来自同事的信任也显示了类似的调节作用,对消防队员进行研究发现,队友信任能够有效减少由于客观体力活动带来的紧张感(Burtscher et al.,2018)。

3.信任氛围对压力的缓冲机制

在职业压力的文献中,一般认为当一个变量使员工更容易理解工作要求时,即员工理解压力源存在的原因及其暴露情况,则这个变量可以起到缓冲作用。基于这一概念,组织信任存在缓冲作用首先是因为其能够影响员工对工作要求的消极感知程度。这一作用机制的一个基本前提是,信任影响着一个人如何解释对方过去和现在的行为,以及这些行为背后的动机。因此,在信任关系中,“过量”的工作要求更可能被理解为合理的或挑战性的,而不会像不信任对方那样进行消极的解读。也就是说,如果员工信任他们的上级或同事,他们应该更有可能积极地解释上级或队友的行动,因为他们有信心,他们的上级和队友将采取有利于团队的行动。相比之下,如果员工不信任他们的同事,他们就不能确定他们的同事的行为对团队是有益的,因为他们怀疑他们的同事的能力或正直。

组织信任的另一种缓冲作用是通过建立心理优势从而间接削弱工作压力的不良影响,包括心理安全感、心理可用性、心理弹性、自豪等。根据资源保存理论,这些心理资源能够在员工面对工作压力时,对损失的资源(例如,情绪、人际关系)进行及时的补充。例如,不少研究发现,过度的信任同样也会给个体带来压力。甚至由于个体想要维护在上级眼中的形象,信任会造成更多的情绪耗竭(Baer et al.,2015)。但这种现象在那些由于被信任而自豪感大增的员工中呈相反方向。在贝尔(Baer)等人的研究中,上级信任通过增加员工的自豪感,缓冲了压力感知和形象维护对情绪耗竭的正面影响。可见,相比信任普遍被认为有利于直接减少压力感知,信任通过增强心理优势实现应激缓冲是更为稳健的作用路径。

(四)心理社会安全氛围

1.心理社会安全氛围的内涵

除了前文提到的三种特定组织氛围,唐纳德(Dollard)还提出了一种心理社会安全氛围用于补充工作压力理论。唐纳德将心理社会安全氛围(Psychosocial Climate)定义为员工对组织是否重视员工工作过程中与心理健康和安全相关的政策、规程和行为实践的共同感知(Dollard & Karasek,2010),包括高层管理者对员工心理健康的支持与承诺、心理健康目标在组织中的重要和优先、组织中关于心理健康问题沟通机制的建立、组织卷入和参与员工心理健康实践四个维度。与主要强调生理健康目标的安全氛围以及强调人际安全的心理安全感不同,心理社会安全氛围主要强调心理健康安全预防,核心是组织高层管理者对员工心理健康目标的重视与承诺,以及对员工工作过程中心理健康与安全的态度和行为实践。

2. 心理社会安全氛围影响压力感知

心理社会安全氛围高的组织提供了信任和尊重的工作环境,其员工认为管理层充分重视他们的福利,将他们的心理健康列为优先事项。并且,心理社会安全氛围还具有安全信号功能,即员工如果遭受到损害心理健康的工作负荷,他们可以放心安全地利用可用资源进行心理风险管理。因此,心理社会安全氛围被视为影响工作压力形成的重要原因,甚至是“原因中的原因”。唐纳德等人的研究证明了这一观点,他们通过一年的纵向跟踪,发现心理社会安全氛围是工作设计(包括工作控制、工作资源)的先决条件,而工作设计一直被视为工作压力的起点。这得益于在高心理社会安全氛围的情况下,管理者会意识到,要求过高的工作对心理健康有害。所以,在政策和程序的指导下,管理者将采取行动,通过适当的资源供应如工作控制、奖励、沟通渠道,使工作要求更易于管理,从而使员工的工作压力和情绪压力得以及时缓解。

3. 心理社会安全氛围影响压力后果

同时,心理社会安全氛围还可以调节工作要求与心理健康问题之间的关系。研究证据表明,心理社会安全氛围能够有效缓解情绪压力带来的情绪耗竭,工作压力带来的疲惫、抑郁和工作参与,以及工作压力病耻感带来的欺凌和倦怠(Klinefelter et al.,2020)。研究者认为这是由于心理社会安全氛围不仅能够提供相关的资源支持,以帮助个体更好地应对工作压力的影响,还能够促进其他资源的增长,包括发展新技能、体验到更多工作控制等,以减少压力不良后果的形成。如前所述,高级管理人员在设定组织氛围基调、建立优先级和分配资源方面发挥着重要作用,而支持心理健康的管理风格会让员工在控制工作时间、工作方法,以及发展自身等方面拥有更多的自由。

4. 心理社会安全氛围的缓冲机制

用JDR模型或许可以更好地理解心理社会安全氛围对压力的作用机

制。JDR 描述了两种影响工作压力的途径。一是认为工作要求会导致精力储备的枯竭,二是工作资源能够激发与工作相关的积极结果,如投入和表现。也就是说,工作需求通过健康侵蚀过程制造压力,工作资源通过激励过程减少压力。心理社会安全氛围在此基础上,同时实现了两种机制。一是通过管理层的政策程序支持,工作需求得到了合理的管理;二是心理社会安全氛围也为员工直接提供了资源,以供员工更好地应对压力。因此,心理社会安全氛围能减少压力感知,也能调节工作压力与压力结果之间的关系。

第二节　个体差异变量的缓冲机制

除了组织因素,还有一些个体相关的因素能够缓解个体对压力的感知并调节工作压力与压力后果之间的关系。一般认为,这些个体因素包括人格特征、认知特征、行为特征以及社会资源几方面。具体来说,这些因素包括:

- 人格:人格能影响个体在压力情境中的心理和行为反应,其体现为对事件具有一般性的偏好趋向。
- 控制:控制是影响个体对压力进行认知评价的关键影响因素,认为压力事件处于控制状态有助于个体正确看待压力,化解压力的不良反应。
- 应对:个体不同的压力应对方式决定了受压力影响的程度,选择正确的应对方式能够很好地处理工作压力带来的不利影响。
- 社会支持:除了组织内的支持,来自组织外部的社会支持也是个体应对压力的积极社会资源,与减少压力感知和减少压力带来的消极后果有关。

一、人格

(一)A 型人格

1. A 型人格的研究背景和内涵

人格研究的一个重要方面是 A/B 型人格风格。A 型人格与 B 型人格是一种行为和情绪的综合体。A 型人格指那些长期表现出时间紧迫、驱动力强、竞争取向、精力旺盛、缺乏耐心和怀有敌意的个体。而B型人格则与之相反,表现为放松、安静、随和。在早期的研究中,A型行为(不耐烦、成就导向、敌对和竞争)被证明与冠心病易感性的增加有关。在对3154名最初无冠心病的男性近9年的随访中,A型患者中有11.2%出现心绞痛或心肌梗死症状,而B型患者中只有5例出现心绞痛或心肌梗死症状。

2. A型人格与压力关系研究

虽然早期研究清楚地揭示了关于A型人格倾向对健康相关结果的不利影响。然而,A型人格倾向在工作领域的作用机制则显得复杂得多,研究结果也是喜忧参半。但总的来说,相较于健康领域,A型人格对于工作领域相关压力的作用机制有着令人欣喜的表现。

一方面,A型人格的整体研究发现,A型人格能够减弱工作相关压力带来的负面影响。有研究探究了A/B型人格在角色模糊以及角色过载的压力与工作满意度、个人生活满意度以及工作投入之间关系的调节作用。结果发现,当组织压力增加时,A型个体的工作满意度不会像B型倾向个体的工作满意度下降那么多(Billing & Steverso,2013)。同样的模式也存在于对工作投入和个人生活满意度的预测中。有关角色压力与心理困扰的研究也得出了类似的结果:整体来说,A型行为倾向会对角色过载与心理困扰的负性关系起到缓冲作用。研究者将这种意外的结果解释为A型人格个体的成就取向,使其更愿意接受工作挑战和处理工作负荷,他们渴望取得成功,并乐于投身工作和花费更多的努力。因此,角色压力更可能被A型人格个体视为积极挑战。

然而,也有研究发现,这种效应受到A型人格不同维度的影响。将A型人格中的驱动力/竞争维度和紧迫/不耐烦两维度分开研究发现,在压力与后果关系中起缓冲作用的是驱动力/竞争维度,而紧迫/不耐烦维度则会加剧压力与后果的负向关系(Hallberg et al.,2007)。具体来说,高驱动力和竞争倾向缓解了角色过载对心理痛苦的负面影响,成就追求与工作投入有关;但高不耐烦倾向则会加剧角色冲突与工作不满意之间的关系,易怒和不耐烦也与工作倦怠的增加有关。

目前,A 型人格对工作领域压力的影响论述主要基于 A 型人格与压力的整体研究结论,即 A 型人格更容易感知压力,同时更容易产生生理疾病。然而,有关工作领域压力的研究显示了令人意外的结果,A 型人格能更好地削弱来自工作领域角色压力的不利影响。但值得注意的是,这些研究主要探讨了角色相关压力,在其他方面(例如人际关系压力)中是否具有相似结果仍需研究者探索。

(二)坚韧

1. 坚韧的内涵与提出

坚韧(Hardiness)是包括控制、投入和挑战三个维度结构的人格变量,科巴萨(Kobasa)和他的同事在 5 年的时间内调查了几百名中高层经理的压力性生活事件、健康状况和个性特征。他们观察到,同样是处于高压力工作环境下,一部分高管已经出现健康问题;而另一部分则很少出现健康问题。经过对比发现,高压力/低疾病的高管在人格因素方面与高压力/高疾病的同事不同,这些人格因素包括:(A)个人对生活中外部事件的控制感(控制);(B)在日常活动中对参与、承诺和目标的深切感受(投入);以及(C)适应环境中意外变化的灵活性(挑战)。科巴萨用"坚韧"的概念来形容这三种人格因素,并认为正是这种表现出对自我更坚定的承诺、对环境充满活力的态度、更有个人意义的感觉、内在的控制点(即,相信生活中的事件是自己行为的函数,而不是机会或命运的函数)帮助高压状态下的高管们缓冲了生病的风险。

2. 坚韧与压力关系研究

除了能够更积极地应对压力以外,坚韧也被证明能够减少对压力的感知。研究发现坚韧与人们对工作压力的总体看法呈负相关(Hystad et al., 2011)。坚韧水平高的员工感知到的实体工作要求(例如,"我在体力极限外工作","我的工作要求我在痛苦的岗位上工作")程度较少。并且,这种坚韧人格对感知压力以及健康受损具有跨时间的稳定性。研究发现,坚韧性高的警察的当下压力、未来压力、当下疾病和未来疾病较少,且坚韧和压力对未来缺勤的交互作用是显著的。这可能是由于坚韧性高的员工更倾向于将工作压力源视为一种积极挑战,并愿意相信自己的掌控能力和愿意投入更多精力来解决问题和减缓压力。因此,坚韧人格一直被视为应对压力的宝贵资源。

(三)负性情感

1. 负面情感的内涵

负面情感指的是个体体验各种负面情绪状态的倾向。这种倾向高的人更容易关注他人及整个外部世界的消极方面,更有可能经历负面情绪,如焦虑、内疚、愤怒、拒绝、悲伤和苦恼,它是一种稳定的情绪特质。负面情感被认为是影响压力源感知、压力反应以及压力不良后果的个体差异变量之一。众多研究一致表明负面情感与工作压力、反生产行为等呈正相关,与工作满意度、健康结果等呈负相关。

2. 负面情感与压力关系研究

负面情感通过多种途径影响压力。例如,早期关于压力与疾病的研究表明,愤怒和敌意负面情绪对人际互动类型压力源的反应性(例如,血压)更强(Fredrickson et al.,2000),同时,这也意味着易怒个体所能获得的社会支持资源较少,处于压力情境中时得到的帮助比较少。具体在工作场景中,斯佩克特等人(Spector et al.,2000)提出负面情感在压力过程中可能存在的六种作用机制:

(1)知觉机制:具有负面情感特质的人倾向于更消极地看待环境中的压力源,同时也倾向于报告更强烈的身心反应;

(2)过度反应机制:高负面情感的人对环境会产生过度反应,从而对压力源产生夸大的紧张反应,造成了负面情感与压力源交互地、协同地影响身心紧张;

(3)选择机制:负面情感与客观的工作条件(如工作自主性、工作复杂度等)相关联,低工作自主性、低工作复杂度工作岗位上的员工常常是高负面情感群体。这种状况可能是面试的选择作用,高负面情感的人面试表现常常不佳,所以得到条件较差的工作;

(4)制造压力源机制:高负面情感的行为带来更多的压力源,尤其是社会性压力源；

（5）情绪机制：压力源影响情绪状态，进一步影响负面情感，这里的负面情感一定程度上是压力过程的不良结果，正是需要关注的焦点；

（6）因果机制：压力源的改变直接影响负面情感，即环境改变个人特质。

3. 负面情感对压力的缓冲机制

其中，知觉机制是被广泛认同的作用机制。不少研究者认为，高负性情感个体经历更多负面情绪以及压力的原因就是他们比低负性情感个体更消极地感知世界。但斯佩克特也强调负面情感在不同的压力情境下的作用机制有可能是不同的。已有研究表明，对于非人际的、量化的压力源，如工作环境、工作负荷所造成的压力，负面情感的"过度反应机制"更多地起作用，即高负面情感特质的人更容易对压力源产生反应，更为敏感；而对于人际的压力源，如不良互动、工作家庭冲突，负面情感的"知觉机制"则更多地起作用（Penney & Spector，2005）。相对客观的压力源测量，态度性的、社会性的压力源测量，则更大程度上受到负面情感的影响。

二、控制

（一）控制感

1. 控制感的内涵和理论

在压力的认知评价理论中，评估自己是否能够应对压力事件是个体产生不同应激反应的重要认知评价过程。这个过程的核心因素便是控制感的获得。控制感是归因的一个重要维度，是指个体主观体验到的通过知觉、思维、判断等内部加工过程确认能够控制事件结果的程度。压力的工作要求—控制理论指出，高工作要求（指工作情境中员工所从事的工作任务的数量和困难程度，如工作负荷、角色冲突等压力源）不一定会带来压力，还要取决于员工是否能够对工作行为施加影响，如决定工作时间和工作方法等，即工作控制的多少。

2. 控制感与压力关系研究

许多研究也证实了控制感是影响压力反应的重要机制之一。例如,科拉和博法(Corah & Boffa,1970)对压力源控制力与主观压力体验之间的关系进行检验发现,提前告知组的被试报告体验到的主观压力显著低于未知组。这是由于压力的可预测性使个体感到他们可以控制压力源,这种知觉到的控制感降低了压力反应。同时,早期的研究发现,控制感也会影响压力对健康和疾病的作用效果。在动物的研究中,分别对两组老鼠进行可控制和不可控制的惊吓。结果发现,惊吓不可控组的老鼠体内的癌细胞生长速度加速(Seligman & Visintainer,1985)。在人类模型中,高工作负荷和低控制也是预测冠心病的显著指标。

3. 控制感对压力的缓冲机制

对于这种调节作用,研究者提出了几种实现途径。首先,控制影响人们的预防行为,控制使人们相信"我可以预防疾病",从而养成健康的生活习惯。其次,高控制使人们能够在得病之后改变自己的行为。例如,即使人们在生病后的健康状况很差,但只要他们相信能够改善自己的健康,他们还是会改变自己的行为。另外,控制还可以直接影响生理指标(例如血压、心率、激素水平),即通过改变生理状况来影响健康。总的来说,不同程度的控制感可能导致不同程度的应激水平,前文提到的人格韧性、负性情绪均涉及控制因素对压力反应以及压力与其他结果关系的影响。除此之外,与控制密切相关的概念还有控制点、自我效能感等(王敏,李淑敏,2017)。

(二)控制点

1. 控制点的内涵

控制点是指个体知觉自身与行为能够控制其生活的普遍期望。那些认为自己能够控制外界,自身成败福祸取决于自身因素的个体被认为是内控制点的,而那些期望外部力量或相信运气影响生活的个体被认为是外控制点的。与控制感相比,控制点是一种与认知风格有关的稳定人格变量;控制感则更多地是事件特征的函数,而不是事件发生者的个体差异的函数。两者没有必然联系,即控制点并不能显著预测个体对负性事件的控制感。

2. 控制点与压力关系研究

一直以来,控制点都被认为是一种很好的压力调节器(Karabay et al.,2016)。内部控制点能够缓解个体对来自角色和组织结构变化的压力感知,与工作压力呈负相关,而外部控制点则加剧了个体对来自组织结构变化的压力感知,同时外部控制点个体报告了更多的心理压力和焦虑。这是因为在事件和结果之间建立了积极的认知和牢固的纽带,所以内控者比外控者更有可能将压力视为一种挑战,从而采取更积极的应对策略,以克服负面的任务经历和工作态度,如工作压力、抑郁、焦虑、倦怠、离职和退出意图、暴动、角色过载、缺勤、角色冲突、角色模糊和工作家庭冲突。

另一方面,与内部控制点相关的正向变量有:社会支持、自我效能感、工作动力。这些正向变量是个体应对压力的积极资源,因此,在面对压力时,内控者能利用更多的资源来缓解压力带来的不良影响,改善员工在压力状态下的工作满意度、情感承诺、工作倦怠、管理有效性。研究一致发现,只有在那些相信自己能够改变结果(即内控者)的员工中,社会支持才能缓冲压力带来的负面后果。

(三)自我效能感

1. 自我效能感的内涵和理论

自我效能感被定义为个体对自身是否完成某一活动、任务所具有的能力的判断。自我效能感是在压力研究领域的一个经常被考虑的相关变量。根据工作需求—资源模型,当人们感觉到繁重的工作需求,并缺乏有效应对这些需求所需的资源时,他们更容易产生心理困扰。因此,基于压力资源视角,自我效能感通常被概念化为一种帮助个人更好地应对苛刻工作的重要个人资源。

2. 自我效能感与压力关系研究

自我效能感,特别是一般自我效能感,常常被作为面对压力情境的调节变量。大部分研究表明,相比自我效能感高的个体,自我效能感低的员工报告了更多的压力反应,包括抑郁、焦虑、失眠、身体不适等众多身体和心理压力(Peng et al.,2015)。例如,研究发现,工作自我效能感在工作时间、工作负荷和任务重要性等工作需求指标对员工心理压力的影响中起到了调节作用。具体表现为:在自我效能感较低的员工中,需求与压力呈正相关,而在高效能员工中则不存在这种关系。同时,自我效能感在工作压力与工作结果之间也存在调节效应(Helms-Lorenz & Maulana,2015),包括工作满意度、组织承诺、工作倦怠。

3. 自我效能感对压力的缓冲机制

关于自我效能感如何发挥其调节作用,压力认知理论提供了很好的理论解释。它认为,自我效能感高的人倾向于将需求评估为挑战,而不是对其福祉的威胁,从而减少压力感知和压力反应。例如,他们可能会把对他人额外的责任,比如被要求监督职责以外的员工,视为个人和职业发展的机会。而这样的挑战评估往往会引发以问题为中心的应对,即个人专注于开发和实施有助于减少或消除压力源的解决方案。关注问题的应对通常被认为有助于在面对慢性压力时保持幸福感,并缓解其他不良后果的形成。例如,研究报告称,自我效能感高的个体使用更具适应性的应对策略,而自我效能感低的人更有可能使用以情绪为中心的应对策略(Cicognani,2011)。

然而,也有研究报告,相比工作控制,自我效能感并不能在压力中发挥稳定的积极作用(Schreurs et al.,2010)。彭(Peng)等人的研究用自我效能感变异性概念解释了这一结果差异。他们认为,大部分研究者测量的是一般自我效能感,其实是被试最近状态下的平均自我效能感。因此,通过区分平均自我效能感和瞬时自我效能感,他们检查了自我效能感变异性在平均自我效能感与压力反应之间关系的作用。结果表明,平均自我效能感低的个体,无论自我效能感变化是否稳定,其压力反应都随工作负荷的增加而显著增加;但在平均自我效能感高的个体中,自我效能感变异性高的个体反而比变异性低(即自我效能感更稳定)的个体能更好地应对工作负荷增加带来的压力。这可能是由于自我效能高的个体本身具有更高的行为动机,而根据动机—绩效理论,随着工作负荷增加,工作变得更加复杂和困难,保持高水平的动机水平反而不利于目标的达成。相反,自我效能感变异性高的个体能够根据任务具体情况,适时调整自身的期望,即使未能成功解决压力问题,也不会产生过激的压力反应。

三、非正式社会支持

1. 非正式社会支持的内涵与测量

非正式社会支持是组织压力研究者关注的另一个重要的个体特征。与前面所介绍的组织内支持不同,非正式社会支持是指家庭(包括配偶、兄弟姐妹和亲戚)、朋友、邻居等给予的无偿帮助。需求支持约束模型(Demand-supports Constraints Model)指出个体的支持和资源受限会导致压力。例如,研究表明,以缺乏支持和信任为特征的职业关系增加了倦怠的风险;相反,当这些与工作有关的关系是积极的并且有高水平的社会支持时,员工就有有效的方法来解决分歧,并且更有可能体验到工作投入(Frogeli et al.,2019)。我们可以用客观手段和主观手段两种维度来刻画非正式社会支持在应激过程中的保护作用。客观手段以客观测量为基础,根据社会网络的大小和联系频率来发挥作用,意味着社会支持的数量;而主观手段则以主观测量为基础,根据感知到的关系重要性来发挥作用,意味着社会支持的质量。

2. 非正式社会支持与压力关系研究

先前的研究表明,主观感受到的社会支持在调节(即缓冲)压力源和应激结果的关系方面是有效的。例如,众多研究表明,主观测量比实际获得的支持更能解释抑郁症和心理健康相关测量的差异(Wang et al.,2020)。例如,主观社会支持能够调节工作压力与工作相关指标之间的负向关系,如工作满意度、工作表现、组织安全感、组织承诺。相比之下,客观量化后的社会支持被发现对健康的影响是直接的,而非通过与压力交互的。例如,研究发现,客观社会支持增加了唤醒、满足感和感觉到的绩效,但没有减少压力或提高任务绩效,与工作压力也没有交互作用(Searle et al.,2001)。

3. 非社会支持对压力的缓冲机制

科恩等人讨论了这两种不同结果的作用过程。他们用主效应假设解释量化指标下的社会支持效益,认为社会支持本身就是有益的,而缺乏社会支持本身就是一种压力源,因此相比高社会支持,低社会支持就是一种造成应激反应的自变量。另外,压力缓冲假设解释了主观社会支持的作用机制。其认为社会支持能够帮助个体应对压力,影响个体对隐性压力的评价,通过个体对压力源进行主观缓冲从而调节压力源与应激之间的联系。这种缓冲效应尤其体现在压力较大的环境中,因为当个体感知到的压力增加时,会通过调动资源来减少或帮助管理感知到的威胁。

最近还有研究探讨了社会支持与应激关系中的性别差异。贝尔曼(Bellman)等人对澳大利亚管理人员进行调查发现,社会支持对男女性的调节作用产生了不同的结果:社会支持对男性的组织承诺有显著的交互作用,而对女性的心理状态有显著的交互作用。王(Wang)等人则发现女性医生的情绪耗竭显著高于男医生,而幸福感显著低于男医生。同时,在女性医生群体中,情绪衰竭对主观幸福感的影响受到来自家庭支持的调节。这可能与男女性对社会支持态度,以及家庭角色分工有关。相比男性,女性可能面临着更多的家庭责任(Pu et al.,2017)。同时,女性情感支持需求更高,接受他人的帮助也更符合社会角色要求,而男性则往往被要求是具有男子气概和领导力,寻求他人的帮助可能被视为没有能力的体现。

总的来说,当个体在生活中出现压力时,如果拥有亲密、有帮助的家庭成员、朋友、同事,则他所报告的负面情绪较低,生活满意度更多,工作表现更好,工作倦怠、躯体与心理健康问题更少。

四、应对方式

1. 应对方式的内涵和理论

应对方式是指个体面对压力事件时所采用的认知调节和行为努力的策略和方法。最早被系统地提出是基于福克曼和拉扎勒斯的压力交互理论。交互理论认为,压力的产生取决于两次评价:在第一次评价中,个体考察事件于自身是否重要,在第二次评价中,个体考察自己是否有能力应对事件。根据两次评价的结果,个体会做出平衡外部压力源与内在需求(例如,保持情绪平稳、维持与他人保持满意的关系）的认知或行为管理努力，即某种应对方式。在福克曼和拉扎勒斯看来，应对是一个变化的过程，它随着情境的变化而变化，并随着时间的变化而变化。

福克曼和拉扎勒斯将应对划分为两种主要的策略形式：以问题为中心和以情绪为中心。以问题为中心的应对包括坚定地面对压力源（试图积极寻找问题的解决方案或改变现状）；以情绪为中心的应对包括通过退缩和逃避（通过幻想或滥用药物）来解决压力情绪。通常情况下，当个体将所面临的情况评价为可以由自己的行为控制时，问题为中心的应对策略占主导，而当个体认为自己无法改变局势时，情绪为中心的应对将占主导。相类似的分类还有罗斯（Roth）和科恩（Cohen）定义的接近应对和逃避应对，以及威廉姆斯（Williams）和库珀（Cooper）提出的支持型应对和控制型应对。接近应对包括正视问题、搜集信息和采取直接行动；相反，逃避应对则将事件的重要性最小化。支持型应对强调从他人那里获得相应的支持或借助兴趣和消遣进行放松；而控制型应对则关注用确定计划、时间管理等理性的方式来解决压力问题。就其定义来看，大致分别属于问题中心应对与情绪中心应对的范畴。

2. 应对方式与压力关系研究

应对的作用体现在两方面：第一，它可以降低压力的紧张度，缩短压力持续时间；第二，它可以减少压力引发不良后果的可能性。所以，那些能减少压力源和消极结果的应对被认为是有效的应对。人们普遍认为，关注问题的应对被认为是一种适应性更强的应对策略。例如，在早期压力与疾病关系的研究中，问题解决式的应对方式与较好的结果（压力减少、悲伤减少）相关，而消极的逃避应对与较差的结果（胃疼、头疼）相关。在压力与工作指标关系的研究中，问题解决式的应对方式也呈现出了积极的缓冲效应。例如，在一项调查职业不安全感的研究中，研究者发现从事积极职业行为（例如，提前的规划）能够增加临时工的控制感，减少职业不安全感、压力以及对工作满意度的负面影响（Koen & Parker，2020）。

3. 应对方式对压力的缓冲机制

一方面,问题中心式应对的有效性得益于个体投入资源来达到重要目标,同时导致压力和负面变化减少;另一方面,情绪中心式的应对以回避为重点,加大了压力的累积和解决难度。最近一项研究为问题中心式应对的积极效应提供了新的视角,即倾向于采取问题中心式应对方式的人会因为尝试更多的解决方案而增强自己对压力源的控制感,改善对压力源的次级评估(Little et al.,2018)。而如前文所述,控制感的获得是减少压力应激的关键要素。因此,关注问题的应对可以有效最小化或中止压力源的负面影响。

第三节　压力调节的最新课题:恢复

近年来,随着工作和私人生活之间的界限日益模糊,例如,长时间工作、在晚上和周末工作、远程办公,这使得找到用于休闲活动、陪伴家人和朋友的时间变得很有挑战性。工作生活中的这些趋势也反映在关于闲暇时间重要性的新兴文献中,越来越多的研究者关注员工在工作中的恢复与精神上的解脱对工作和生活双重压力的增益效果。在接下来的内容中,我们将首先总结国内外关于工作恢复在压力应对中的研究成果,并结合近期研究,在第二部分详细介绍工作恢复是如何有助于缓冲压力反应的。

一、恢复与压力研究概述

(一)恢复的内涵

在职业健康心理学和组织行为学领域,恢复可以视为一个在经历了工作场所应激源后产生的消极状态(如疲劳)的减少与积极状态(如活力)的增加的过程。当个体处于压力状态,就会出现生理与心理上的紧张反应,为了缓解这种紧张反应,恢复正常功能水平,就需要进行恢复。因此,工作恢复的意义在于可以补充那些被消耗了的生理与心理资源。相比生理学领域,恢复更强调主观的心理体验而非客观的生理指标,因此恢复也被称为

“恢复体验”。所谓恢复体验(recovery experiences),是指员工从工作应激中恢复的心理过程,主要包含放松、心理脱离、掌握与控制四个成分。

其中放松是一种与低交感神经激活相关联的心理体验,指个体通过一系列的放松活动如阅读、打游戏、听音乐、散步等,以降低应激水平、减轻负面情绪,并达到较高的积极情绪水平。心理脱离指的是在非工作时间,个体在心理上与工作脱离的状态,表现为专注于家庭活动、不接收工作相关信息、不思考工作相关问题。掌握体验是指个体通过参与和工作无关但具有挑战的活动从而获得掌握新知识或新技能的过程,例如学习各种新技能、寻求自我挑战。控制体验指的是个体在非工作情境下进行完全自主的活动,可以自由选择做某事,自己控制事情的进度、强度等,比如下班后自由安排时间、以自己的方式处理家务事等。

(二)恢复与压力的关系

毫无疑问,一方面恢复需求是在经历工作压力应激后产生的。努力—恢复模型(Effort-Recover of Model;Meijman & Mulder,1998)指出,工作本身需要消耗个人的努力,而努力投入会导致个体的紧张反应,如心率加快、血压升高、疲劳等。为了能够再次以正常水平投入工作,员工需要在工作间隙休息或在其他非工作时间进行恢复。然而,如果工作负荷过高且其他工作资源不足时,个体在紧张反应后,将得不到充分恢复,甚至没有时间进行恢复。当身心系统来不及缓冲,会致负荷反应不断叠加,出现资源耗竭、身心系统适应不良等诸多问题。因此,恢复需求产生于压力应激,同时恢复效果又受到压力特征(工作要求、工作资源)的影响。

另一方面,员工的恢复又影响着压力应对结果。正如恢复定义所描述的那样,恢复本身就是一个伴随着消极状态减少与积极状态增加的过程,而疲劳与低活力也被作为工作恢复的指标。因此,恢复通常被认为可以缓解工作压力带来的疲劳,促进身心健康。此外,恢复还可以增加积极的心理状态,如幸福感、积极的情感、活力、平静、动机;提高员工的应对能力;以及削弱压力反应产生的消极影响,如工作倦怠、工作投入、工作绩效、满意度。

可见，恢复体验与压力之间并不是简单的因果关系。事实上，恢复体验受工作相关特征的影响，反过来又与员工的一系列结果相关(图 2-1)。

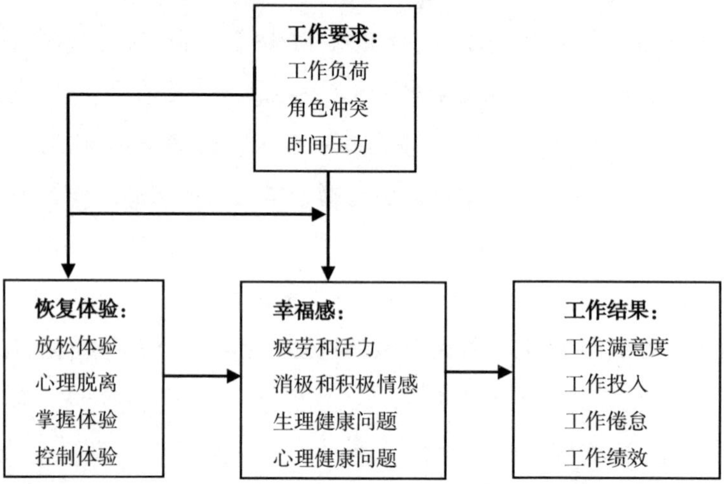

图 2-1　恢复体验与工作压力的相互作用模型

二、恢复的缓冲机制研究

在有关恢复与工作压力的研究中，最令我们感兴趣的是恢复对工作压力反应结果的缓冲作用及其缓冲的机理为何。根据资源保存理论，资源是人类生活中的关键因素，包括那些“个人重视的事物、个人特征、条件或能量”。当资源流失、受到威胁或不能带来新收益的时候，压力就会产生。为了消除压力，员工必须要获取新的资源或恢复流失的资源，这其中情感和精力资源尤为重要。与努力—恢复模型的假设类似，资源保存理论认为工作本身，特别是在压力条件下会消耗情感和精力资源，而恢复是补充这些资源的必要条件。若这些消耗掉的资源不能及时被补充，个体就会调动已有的其他资源用于补充，从而产生消耗螺旋，最终导致情绪耗竭和人格解体等消极结果。

因此，研究者们认为资源，或许就是恢复体验能够有效缓解工作压力不利影响的关键内在机制。本书将通过两篇实证研究展示研究者是如何考察恢复体验在获取资源方面的有效性的。这些资源既包括生理资源，也包括心理资源。

（一）研究1：放松对生理资源的促进

该研究考察晚上下班后在心理上体验到的放松对恢复过程的重要性。研究认为，前一天晚上的放松水平能够影响员工在第二天早上醒来的精力状态（Parker et al.，2020）。

1. 理论假设

晚上的下班时间可以作为一个重要的喘息时间，是员工在一天的工作压力之后放松的机会。因此，放松被定位为员工福祉的保护因素，并被视为一种“能源”。事实上，放松的好处不仅仅局限于员工的福祉，也有助于工作投入，甚至能产生交叉效益，使合作伙伴的福祉受益。因此，帮助员工找到下班后放松、醒来时心情积极且充满活力的方法，对雇主和员工都有很多好处。

工作后的放松是一种恢复体验，其特征是低激活和积极的影响。它可以来自特定的休闲活动和有意的放松练习。文献综述描述的常见放松活动包括：冥想、瑜伽、呼吸练习、听音乐、洗热水澡、在自然环境中散步和渐进式肌肉放松。然而，迄今为止的研究表明，个人为了获得放松而进行的具体活动对恢复的重要性不如放松的主观体验。的确，放松活动本身只是一种心理分离，是通过感觉放松的心理状态间接影响恢复，而非真正体验到恢复。因此，不同于以往研究的限制，该研究关注工作时间后恢复过程的心理放松体验。

研究表明，在下班时间拥有放松的机会有助于睡前放松，因为放松提供了最佳的环境来恢复一个人的精力资源，为第二天的工作做准备。这种恢复过程可以通过许多机制实现。例如，放松体验可以帮助减少心理生理压力唤起，从而减少当晚的非稳态压力。除此之外，与非工作时间的其他体验相比，放松本身也有恢复个人资源的潜在能力，因为涉及放松的休闲活动通常也是消耗资源很少的活动。还有证据表明，放松可以提高睡眠质量，这有助于个体心理功能的恢复。然而，值得注意的是，即使在控制睡眠质量的情况下,下班后的放松也能改善醒来时的状态。因此,该研究假设,当员工在工作之余体验放松,会让他们在第二天醒来时更加精力充沛。

2. 数据收集

帕克(Parker)等人用一份招聘新闻来招募参与者。参与者需要连续五个工作日(周一早上到周六早上)完成相应时间的日记("起床"和"晚上")。"晚上"日记在每晚 8 点左右发送,要求参与者在上床睡觉前 30 分钟内完成。内容是关于他们当晚主观放松体验的四项测量,例如,"今晚,我放松了一下"。回答的选项范围从非常不同意(1)到非常同意(7)。测量的内部一致性是 $\alpha=0.95$。"起床"日记在每天凌晨 4 点发送,要求参与者在醒后 30 分钟内完成。内容是关于高唤醒积极情绪的四项测量,其中包括:热情、兴高采烈、兴奋和欣快。参与者报告了每个项目在多大程度上最能描述他们今天早上的感觉,范围从完全没有(1)到非常(5)。测量的内部一致性是 $\alpha=0.78$。

有 72 名参与者的数据被保留下来进行分析,他们来自不同的职业、组织和行业,但都是在办公室工作,约 61%为女性,平均年龄 43.13 岁($SD=10.60$),平均每周工作 40 小时($SD=4.85$),平均任期 5.37 年($SD=7.17$)。大多数人(86%)拥有高等学历。

参与报告中最常见的放松活动是"看电影/电视"(53.5%),其次是"阅读/上网"(25.7%)、"瑜伽"(4.9%)、"冥想/呼吸练习"(4.5%),其他较不常见的活动依次为:"非特定的放松活动"、"游戏"、"听音乐/播客"、"打盹"、"洗澡"、"绘画"和"祈祷"。晚上没有放松活动的被试占 53.8%,晚上有多个放松活动的被试占 12.6%,晚上至少有一个放松活动的被试占 33.5%。

3. 结果分析

由于数据的性质(即嵌套在个体内部的观察),所以假设的效应在多层次中介(MLM)路径模型中的水平内和水平间建立模型(Mplus 8)。首先构建数据文件,使每行($n=360$)包括:当天晚上的放松,以及第二天早上的能量。表 2-1 报告了相关性、描述性统计和个体内相关系数(ICC)。为了准确预测晚上放松与第二天的精力水平的关系，该研究还对性别、年龄、晚上在家继续工作情况、晚上花在家务上的时间如做家务、花在体育活动上的时间如运动，以及前一天的工作压力事件和精力水平做了控制。

Parker 等人对晚上放松活动的次数与自我报告的放松体验进行了方差分析检验。结果显示，放松活动的次数存在显著的组间差异，$F(2322)=8.539$，$p<0.001$，$\eta^2=0.05$。相比于至少有一个放松活动（$M=5.23$；$SD=1.32$），$p=0.005$，95% CI[−0.96，−0.14]，以及有两个或两个以上的放松活动（$M=5.52$；$SD=1.10$），$p=0.002$，95% CI[−1.43，−0.24]，没有放松活动的晚上的放松体验明显更低（$M=4.68$；$SD=1.54$），“一次”与“两次或两次以上”活动之间无显著差异，$p=0.809$，95% CI[−0.91，0.34]。回归分析表明，晚间放松与次日早晨精力呈正相关，$b=0.06$，$SE=0.030$，95% CI[0.002，0.120]，$p=0.042$。

表 2-1　相关性和描述性统计

变量	$M_{人}$	$SD_{人}$	$M_{天}$	$SD_{天}$	ICC	2	3	4	5	6	7
个体间											
1. 性别	1.61	0.49				0.06	0.28	−0.32	−0.13	−0.10	−0.17
2. 年龄	43.13	10.60				–	−0.12	−0.25	−0.10	−0.06	0.02
个体内											
3. 晚上做家务	49.10	45.99	50.06	45.78	0.418	–	–	0.35	0.39	−0.28	0.02
4. 晚上做体育活动	23.02	48.03	23.73	47.81	0.447	–	−0.19	–	0.42	0.17	0.10
5. 晚上工作	32.23	57.09	32.20	56.82	0.435	–	−0.04	0.11	–	−0.35	0.22
6. 晚上放松	4.90	1.53	4.89	1.53	0.419	–	−0.08	−0.02	−0.37	–	0.16
7. 次日精力	1.61	0.62	1.61	0.62	0.476	–	−0.22	−0.05	−0.04	0.16	–

注：ICC 为组内相关系数。个体间的相关在对角线上，个体内的相关在对角线下。

4. 研究启示

该研究的结果证明，在工作日晚上进行低强度放松活动（不包括运动等高强度消耗精力的体育活动)的次数与次日早晨的精力水平呈正相关。这说明,员工在经历了一天的工作压力事件后,进行低强度的放松活动有助于他们情感和认知的恢复过程。并且这种效益延伸到了次日的精力状态,帮助员工在第二天工作前拥有正常水平的能量。帕克等人的研究结果启示,下班后进行的低强度的放松活动,最重要的是能在这些放松活动中感受到放松体验,这是缓解压力反应的重要措施之一。这种缓解效益是通过其恢复个体的生理资源——精力来实现的。

(二)研究2:放松对心理资源的促进

该研究考察员工晚上下班后进行的非工作恢复体验(掌握、控制、放松、脱离),与第二天工作中的积极行为之间的关系及其中的心理机制(积极情绪、角色广度效能感、控制欲)(Ouyang et al.,2019)。

1. 理论假设

为了维持和补充工作所需的资源,个人需要休息。人们在工作日结束时,通常会从事自己喜欢的活动来缓解压力,例如,通过阅读书籍或练习新的爱好来放松自己、或从事一些分散工作注意力的活动,如烹饪或去健身房。这些活动及其相关体验被证明很可能与一个人的睡眠质量、第二天早上醒来的感觉、甚至第二天在工作中如何行动有关。然而,却少有研究考察脱离工作的恢复体验是如何塑造这些积极结果的,例如工作中的主动性行为。

员工主动性行为是指员工那些为了控制情况或在工作场所创造变化而自发做出的、面向未来的行为。这种行为是组织非常希望的,因为它有助于组织在竞争、动态和快速变化的工作环境中取得良好的绩效。研究表明,主动性行为对员工和组织都有积极的影响,包括更高的绩效评估、职业成功和更有效的组织绩效。因此,了解如何促进这种行为在工作中的可持续性是很重要的。

恢复文献中的大多数研究都是从资源的角度来理解恢复的功能。但是,仅仅依靠资源的视角会限制我们的理解,因为资源的可用性并不会自动暗示员工会更加积极主动这一点。相反,该研究认为,对主动性行为的影响取决于由恢复体验产生的动机结果。早期研究考察了工作投入作为恢复（一般积极恢复）和个人主动性之间关系的动机机制，从而将恢复、动机和主动性联系起来。然而，早期研究并没有考虑到不同的恢复体验如何通过对动机的不同影响造成主动性行为的差异。在欧阳（Ouyang）等人的研究中，资源保存理论被用来考虑恢复体验如何预测主动性行为。他们结合资源保存理论和主动性动机理论，提出不同的恢复体验是否与主动性行为相关，取决于它们对主动动机的不同影响（有能力做、有理由做还是有动力做）。

假设1：晚上的掌握与控制体验与次日高激活的积极情感（激励动机）、角色广度效能（能做动机）、控制欲（理由动机）呈正相关。

根据资源保存理论，欧阳等人推测，掌握体验（在非工作领域的学习或挑战机会）可以通过三种方式帮助员工充电和获取更多的资源。第一，掌握体验涉及探索可能性和学习新技能，这将激活生理、认知或心理过程。这种激活会将积极情绪提升到一个高度激活的水平。第二，当员工从事掌握体验时，他们倾向于认为自己是有效的和有能力的，并积极尝试解决问题。在工作中，这种倾向提高了员工的角色广度自我效能感，即在工作规定之外进行主动活动的感知能力。第三，掌握活动会带来熟练感和成就感，表明员工在非工作时间能够控制新的、困难的或具有挑战性的情况。这可能会促使员工在工作中产生控制欲，因此他们可能会努力展示自己的能力，并对工作施加影响。相似的，控制体验也促进了这三种心理资源。因为控制体验满足了自主性的需要，这些感觉反过来激励个体并产生激活的积极状态（例如，快乐，享受，感觉活着）。此外，控制体验水平高的个体更有动力、更有可能采取积极主动的行动方式，这加强了他们行动的有效性，并增强了他们对自己能力的积极信念，即加强角色广度效能。最后，有研究表明在非工作时间的控制体验会刺激个人在工作中的控制欲望，以维持所期望的自主、能力和成就的感觉。

假设 2:高激活的积极情绪、角色广度效能和控制欲与次日的主动性行为呈正相关,并在掌握和控制恢复体验与次日的主动性行为之间起中介作用。

支持此假设的理由是:(1)高激活的积极情绪通过提高个体的精力和动机状态,进而提高个体积极投入资源或努力的意愿。因此,高激活的积极情绪预示着高水平的能量,并作为一种驱动力,从而激励员工采取需要更积极努力的主动行动;(2)角色广度自我效能高的员工通常认为自己是能干的,这有助于增强员工实现主动性目标的持久性,并增强他们克服障碍的意愿;(3)控制欲代表了员工期望在工作中对问题施加控制的程度。这种愿望与前摄行为的关键特征是一致的,即控制情况和实施改变导向的行为。因此,对控制的渴望作为一种显著的内在力量,在工作中驱动着主动性行为。由于掌握和控制恢复体验促进了高激活的积极情绪、角色广度效能和控制欲的增加,该研究认为,掌握和控制恢复体验可能通过这些积极动机对次日的主动性行为产生积极影响。

假设 3:放松和脱离恢复体验只与较低激活水平的积极情绪有关。

这是因为,欧阳等人认为放松和脱离恢复体验对主动动机缺乏显著影响,因此不太可能与第二天的主动行为相关。但鉴于放松恢复体验如冥想、渐进式肌肉放松等,实质是交感神经激活和能量消耗减少,以及脱离恢复体验如离开公司、关闭邮箱等,是停止、远离或消除工作需求,因此它们对低激活状态的愉悦情绪很重要。

2. 数据收集

为了招募参与者,他们联系了几家 IT 和电信组织,并在获得组织高层管理人员的同意后,发送电子邮件邀请员工们参加。邀请函中包含了研究目的的简要说明和如何完成调查的说明。在这些邮件中,我们还为在研究过程中完成所有问卷的参与者提供 300 元人民币的奖励(每天 3 次×10 个工作日）。

在开始每日调查之前，我们要求参与者完成一项综合调查，评估他们的性格和人口特征。然后，在一般调查一周后，我们连续十个工作日每天向他们发送三份调查。具体来说，我们在早上九点发送第一个"早晨调查"，员工需要在收到链接后的一个小时内完成。在这个调查中，员工评估了他们在工作日开始时的感受和状态，包括低激活和高激活的积极情感（激励动机）、角色广度自我效能（能做动机）和控制欲（理由动机）。我们在下午四点半发送第二个"下班调查"。这个调查评估了员工在当天工作中的主动性行为，员工需要在收到链接后的一个小时内完成。在晚上九点发送第三个"晚间调查"，测量员工的恢复体验，并要求他们在睡觉前完成调查。具体见表2–2。我们排除了晚上11点59分之后的回答。

表2–2　变量调查时间和信度

调查点	调查变量	样　题	信度
晚间调查	掌握体验	"今晚，我学会了新东西"	α=0.82
	控制体验	"今晚，我自己决定如何度过我的时间"	α=0.89
	放松体验	"今晚，我用这段时间放松了"	α=0.93
	脱离体验	"今晚，我忘记了工作"	α=0.90
早间调查	低激活积极情绪	"我感到平静"	α=0.82
	低激活积极情绪	"我感到兴奋"	α=0.90
	角色广度效能	"我有自信为我的工作领域设计新的程序"	α=0.79
	控制欲	"我能控制任务的多样性"	α=0.77
下班调查	主动性行为	"今天我启动了更好的方法来完成我的核心任务"	α=0.87

最终，183名员工提供了总共1597天的有效日水平数据，其中最大值为1960（196×10），响应率为81.5%。在下一步中，我们将早上的数据与当天的工作日结束数据和前一天的晚上数据进行匹配，这个组合代表了一个完整的日级数据点。最终样本中只包括提供了至少三个完整的每日数据点

的受访者。因此,我们最终的数据集包括来自 183 名员工的 1240 个匹配的每日回复。这 183 名全职员工来自中国的一系列 IT 和电信组织,包括工程师、数据分析师和人力资源专家。在这 183 名参与者中,46. 4%是女性,86. 8%拥有至少大学学位。平均年龄 26. 1 岁(SD=5. 02)。参与者的平均组织任期为 1. 1 年(SD=1. 96),平均工作时间为每周 45. 9 小时(SD=12. 30)。

3. 结果分析

研究控制了员工的主动性人格、消极情感,及员工前一天的主动性行为。组内相关系数分析表明,每日测量的构念在一天的水平上显示出相当大的差异,从 34%到 64%不等。因此,使用内部建模进行数据分析是合适的。表 2-3 给出了研究变量的平均值、标准差和相关性。欧阳等人还进行了个体内验证性因子分析,模型对数据拟合良好,$\chi^2(1035) = 1821.76$,CFI=0. 92,RMSEA=0. 06。

表 2-3　研究变量的相关、平均值和标准差

变量	M	SD	1	2	3	4	5	6	7	8	9
1. 放松	4. 40	1. 39	-	0. 75***	0. 05*	0. 53***	0. 28***	0. 08**	0. 12***	0. 01	-0. 00
2. 脱离	3. 98	1. 56	0. 81***	-	-0. 09***	0. 38***	0. 20***	0. 01	0. 03	-0. 06*	-0. 07**
3. 掌握	3. 58	1. 27	0. 03	-0. 12	-	0. 25***	0. 14***	0. 28***	0. 31***	0. 23***	0. 37***
4. 控制	4. 79	1. 29	0. 59***	0. 38***	0. 26***	-	0. 15***	0. 14***	0. 30***	0. 18***	0. 18***
5. 低积极情绪	3. 92	0. 91	0. 37***	0. 29***	0. 22**	0. 16*	-	0. 34***	0. 18***	0. 07**	0. 12***
6. 高积极情绪	4. 08	1. 05	0. 05	-0. 05	0. 43***	0. 14	0. 31***	-	0. 51***	0. 40***	0. 42***
7. 角色广度效能	4. 33	1. 10	0. 13	0. 01	0. 44***	0. 38***	0. 17*	0. 58***	-	0. 60***	0. 51***
8. 控制欲	4. 09	1. 07	-0. 09	-0. 16*	0. 37***	0. 20**	0. 03	0. 51***	0. 73***	-	0. 42***
9. 主动行为	3. 37	1. 22	-0. 03	-0. 15*	0. 58***	0. 27***	0. 16*	0. 59***	0. 72***	0. 60***	-

注:均值和标准差均为个体级数据。对角线以下为被试间的相关性(N=183);对角线之上为个被试内的相关性(N=1240)。* $p<0.05$ ** 、$p<0.01$ *** 、$p<0.001$。

图 2-2 显示了主要变量之间的路径分析结果,可以看出,前一晚掌握体验与次日早晨更高水平的高激活积极情绪($\gamma=0.06, p<0.05$)、角色广度效能($\gamma=0.07, p<0.05$)显著相关,但对控制欲影响不显著($\gamma=0.04$, ns)。

前一晚控制体验与次日早晨更高水平的角色广度效能($\gamma=0.09, p<0.01$)、控制欲($\gamma=0.08, p<0.01$)显著相关,但对高激活的积极情绪影响不显著($\gamma=0.03$, ns)。次日早晨高激活的积极情绪($\gamma=0.08, p<0.01$)、角色广度效能($\gamma=0.09, p<0.01$)和控制欲($\gamma=0.11, p<0.01$)都与当天的主动性行为显著相关。假设1部分得到验证。对假设的中介效应进行检验,结果显示前晚的掌握程度通过高激活积极情绪影响第二天主动性行为的间接效应显著,效应量为0.005,95% CI=[0.001,0.014]。前晚的掌握程度通过角色广度效能影响第二天主动性行为的间接效应显著,效应量为0.006,95% CI=[0.002,0.014]。前晚的控制程度通过角色广度效能影响第二天主动性行为的间接效应显著,效应量为0.008,95% CI=[0.003,0.015]。前晚的控制程度通过控制欲影响第二天主动性行为的间接效应显著,效应量为0.009,95% CI=[0.003,0.018]。假设2部分得到验证。

此外,该研究还检查了晚上下班后放松与脱离体验对早晨低激活积极情绪的影响。结果显示,放松体验与低激活积极情绪呈显著正相关($\gamma=0.11, p<0.01$),脱离体验的二次方与低激活积极情绪显著相关($\gamma=-0.03, p<0.01$),假设3得到验证。当脱离体验较低(-1SD)时,回归曲线的简单斜率显著为正值($\beta=0.16, p<0.01$);当脱离体验较高(+1SD)时,简单斜率不显著($\beta=0.07$, *ns*),见图2-3。进一步对早晨低激活积极情绪与日常主动性行为的关系进行检验,结果显示相关不显著($\gamma=0.01$, *ns*)。

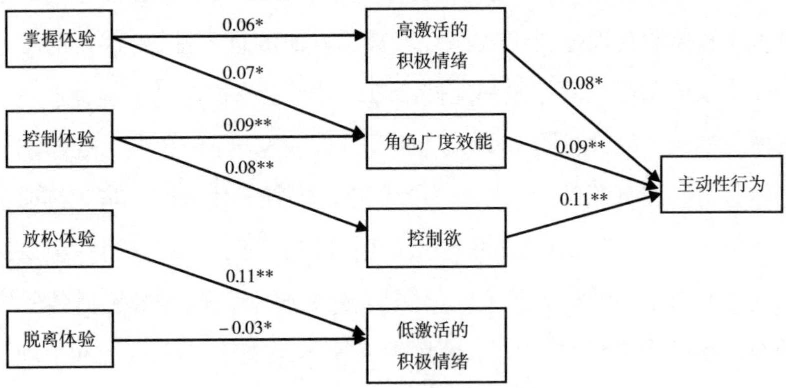

图2-2　研究假设检验结果

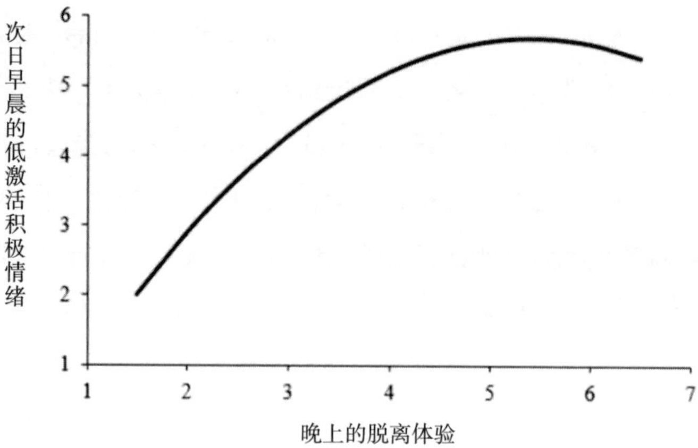

图 2-3　脱离体验与低激活积极情绪的关系

4. 研究启示

该研究结果表明,员工在下班后进行的恢复体验能够有效地促进次日的心理资源获得,进而影响当天在工作中的积极行为。具体来说,员工在工作前的动机状态——高激活积极情绪、角色广度效能感、控制欲,中介了前一天晚上的掌握和控制体验与第二天主动性行为间的关系。但不同的恢复体验影响主动性行为的机制是独特而不同的。与主动性的恢复体验(掌握、控制)相比,放松和脱离两种低动机强度的恢复体验只与低激活的积极情绪有关,且这种积极影响并未迁移至工作中的主动性行为上。

正如海明威指出,明智地安排健康的休息是必要的。欧阳等人的研究支持了恢复体验在促进员工获得心理资源方面的重要性,更重要的是员工晚上过得如何还可以间接预测他们第二天是否会积极主动。但并非所有的恢复体验都与主动性行为有关。具体而言,那些具有高水平动机的掌握和控制体验对心理资源和主动性行为的促进是更加有优势的。员工高激活的积极情绪、对自己能够胜任角色数量的信心以及对工作的控制欲望是这两种恢复体验与主动性行为关系中的关键转换机制,而放松与脱离体验则仅与低激活积极情绪相关。因此,欧阳等人呼吁,考虑到心理资源和主动性行为的重要性,员工应该利用好非工作时间(下班后、周末)来进行更多的掌握和控制体验,以从一天的工作烦恼中恢复过来。例如,掌握体验可以包括培养一个新爱好,做志愿者,或学习一项新技能。另外,控制感能够增强个人的信心,员工可以尽可能地自主决定晚上的安排。同时管理者也可以利用这些经验来提高员工的主动性,例如,组织可以提供研讨会,教育员工如何恢复,并增进他们对如何利用业余时间和工作积极性之间关系的理解。

小　结

本章集中讨论了在压力应激过程中(包括对压力源的压力体验、压力体验造成的压力结果两个阶段)能够有效缓冲由压力带来的不利影响的组织和个体调节因素。它们包括工作资源、组织氛围、人格、控制、应对、社会支持以及最近备受关注的恢复体验。总结本章所讨论的主题,"资源"和"控制"是众多调节因素背后主要的两个核心机制。这些资源包括:组织提供的物理(组织支持)和社会支持(主管同事支持、组织氛围),个体的生理(恢复体验)、心理(人格、情绪)以及社会资源(家人朋友支持)。控制则主要通过主观体验到的控制感发挥作用,高水平的控制感增强了人们的行为动机。需要说明的是,部分主观感受到的控制感可以来源于丰富的组织(例如,决策自主)或个人资源(例如,技能多样性),但并非所有资源(例如,生理资源)都是通过控制感影响压力后果。在管理实践中,面对不可避免的工作压力源,组织领导者应重视组织资源的提供和员工个人资源的发展,帮助员工在面对工作压力时能够进行积极的资源评估,以获得更多的控制感和行为动机,进而缓解不良压力源可能带来的不利影响。

第三章　工作压力的中介机制

尽管关于压力的研究已经不胜枚举，然而相较于人们对如何缓冲工作压力的关注，关于工作压力如何产生不良后果的中介机制研究显著不足。自 1917 年以来，世界大战、经济萧条、大规模生产、女性劳动力等社会趋势促进了人们对压力及其后果的关注。“事故”、“安全”、“健康”、“角色压力”、“表现”、“满意度”是 1996 年以前人们研究压力的高频词条。对调节变量的研究，如社会支持、人格、自尊、控制点等，也早在这之前就有了众多理论进展。

相比之下，工作压力的中介研究则起步比较晚。1996 年，情感事件理论的提出是一个重要的里程碑（Weiss & Cropanzano，1996）。情感事件理论（Affective Events Theory，AET）旨在探讨组织成员在工作中经历的情感事件、情感反应与其态度及行为的关系，认为积极和消极情感在工作环境和事件与员工的态度行为之间扮演着重要角色。除此之外，资源理论是另一种解释工作压力及其后果的重要理论进展。其常被作为研究工作压力和福祉的理论框架。特别是，2001 年德梅鲁蒂（Demerouti）等人提出了专门针对工作场所的工作要求—资源模型，该文更是成为了自 1996 年以来被引用最多的文章。

实际上，虽然关于压力的中介研究并未像调节研究那样广泛而深厚，但仍然是有迹可循的。归纳现有的一些中介研究来看，情感（例如，消极情绪、幸福感）与资源（例如，心理资本、应对）是两条主要的作用路径。它们受不同的压力源影响的程度不同，并且产生的后果方向也存在差异。例如，研究表明，相较于任务相关压力源，社会相关压力源对情感的影响程度更大(Meier & Cho,2018)；而相较于负性情感对满意度的显著影响，资源减少的主要后果体现为耗竭和倦怠(Bakker & Vries,2021)。同时它们又是相互重叠、相互联系的。因为，即便是单纯的工作压力，也会引起员工的情感反应而不仅仅是资源减少，更何况良好的状态情感本身就是一种资源，同样也会引起资源耗竭和工作倦怠。

然而，目前关于工作压力中介的研究仍然是较为分散而未成体系的，为了方便读者清晰地理解，在接下来的内容中，本书试图从情感和资源两个角度出发，梳理已有的中介变量及其作用机制，并在最后一节详细介绍压力中介的最新研究。

第一节　基于情感的中介机制

一、消极情绪

(一)消极情绪的内涵与理论

情绪(emotion)是情感事件理论认为的两种情感反应之一，另一种是心境(mood)。与心境不同，情绪强度较高，持续时间较短，通常由具体事件引发。如受到同事的排挤，会产生强烈的愤怒、悲伤等情绪反应。情绪包含积极和消极情绪两种，消极情绪是主观苦恼和不满的一个普遍维度，包括愤怒、焦虑、内疚、悲伤、厌恶、恐惧等一系列情绪。情感事件理论认为情绪的产生包含四个部分，首先，情绪来自于事件体验，而非直接的认知特征；其次，个体对体验进行认知评价才会意识到情绪的愉快或不愉快；再次，情绪伴随着各种各样的生理变化；最后，情绪体验包括一种行动准备，其通过增加警觉来准备应对环境。根据情感事件理论的描述，消极情绪的产生来自于日常工作场所中经历的麻烦或压力事件，通过个体的认知评价，判定事件与自己的目标、价值冲突，或自己没有足够的资源来处理这一事件，阻碍自身发展，进而发生生理变化和行动警觉。因此，鉴于情绪是受事件影响的基本体验,且增加个体的行动动机,情感事件理论认为消极情绪反应是工作压力事件影响工作态度、工作行为的关键机制。

(二)工作压力与负性情绪

综合关于工作压力与情绪的研究,有四类压力源被广泛讨论(Chen et al.,2018;Schulz et al.,2019)。第一种是关于工作本身,研究议题集中在工作量、工作自主性、工作约束、时间压力;第二种是关于工作角色,主要涉及角色模糊和角色冲突两类;另外两种主题是有关负性人际互动,一种关注组织内部,包括职场不文明行为、职场骚扰、人际冲突、不公平事件,另一种关注组织外部,包括顾客不当行为、客户虐待等。

随压力源而来的是情绪反应,压力源—情绪模型表明,当员工认为工作的某个方面对他或她的目标(如健康、自尊)构成威胁时,员工会经历消极情绪。愤怒(敌意、恼怒、沮丧)、焦虑(紧张、恐惧)、悲伤(抑郁、难过、失望、受伤)、厌恶(冒犯、讨厌)以及内疚(羞愧、负罪、后悔)是在压力研究中的五组核心消极情绪。不同的消极情绪可能来自不同的工作压力源,例如,愤怒和厌恶系列的消极情绪常常与不公平事件、人际虐待等社会性压力源相关,但由工作量引发的消极情绪则不太可能与愤怒敌意相关。来自工作方面的压力源,例如工作量、角色模糊/角色冲突、工作自主性被证明可以显著预测更多的焦虑、紧张、抑郁。然而,这种压力源与消极情绪的搭配并不是固定的,事实上工作相关压力(工作约束、角色冲突)也与愤怒相关,人际冲突也会引起焦虑。

情绪的认知—动机关系模型很好地解释了压力源与消极情绪这种看似固定又充满变化的关系。作为拉扎勒斯和福克曼早期工作的扩展,其核心观点认为人们一直在监控他们身处的环境,不断地感知和解释刺激和信息,这是一个评价过程,体现了我们对目标实现的动机,也是定义情绪体验的基础。情绪的认知—动机关系模型解释了形成愤怒、内疚、焦虑/恐惧、悲伤、厌恶五种消极情绪后的评价归因机制。第一种问责制认为,愤怒还是内疚取决于个体将事件的原因归咎于他人还是自己。例如,如果一个人把遭受无礼归咎于自己的过错,那么他就会感到内疚;如果他归咎于同事的排挤,那么他就会感到愤怒。第二种问题/情绪聚焦制认为，焦虑/恐惧情绪是对事件低情绪应对聚焦的表现，而悲伤情绪则是对事件低问题应对聚焦以及消极期望未来的表现。厌恶则是一种偏向他人责任和低情绪应对聚焦、更普遍存在的消极情绪。这就不难解释，为什么同一种压力源，会有产生不同的消极情绪。因为这取决于人们如何评价面对的压力源。另外，归因可能发生在任何阶段，这导致情绪是流动变化的。例如，研究发现角色冲突既与更高的焦虑相关，也与更高的愤怒相关，可能是因为焦虑是个体在感觉到应对无力的最初反应，一旦个体开始将这种压力状态归因于组织的管理失败，则会感受到愤怒。

（三）消极情绪与负性行为

如前文所描述的，情感体验还具备行为动机。情感本身就是一种警觉的生理反应，以提醒个体准备好采取行动应对环境。因此，由工作压力产生的消极情绪会带来怎样的负性行为一直是研究者的关注焦点。情感在工作事件与态度行为间起中介作用，这是情感事件理论的一个核心假设。情感事件理论认为情感影响行为存在两条路径（图 3-1）：一是通过影响员工的工作态度（如工作满意度、组织承诺等）间接影响行为，二是直接影响员工的行为。

对态度对象（工作）的消极情绪会导致对该对象的消极态度。一份经常引发负面情绪的工作，特别是当这些情绪被归因于同事、主管或高层管理人员时，很可能导致工作不满。这一方面说明了消极情绪与消极态度的高度相关性，另一方面说明这种不满的态度与情绪一样，很少受到意志控制，难以抑制。当然，情境是重要的，因为在某些工作中，消极情绪可能被在职者视为工作固有的，因此不太可能导致不满。例如，警务人员因遭遇施暴者而产生负面情绪，并不一定会改变他们的工作态度。与消极态度和工作不满相关的是辞职意向。一个引发频繁消极情绪的工作很可能会诱发离职意图和其他离职认知，比如增加离职的预期效用，而这通常与消极情绪引发的工作不满有关。

行为应激也可能发生在消极情绪反应中，尤其是当消极情绪体验十分强烈时,例如,对同事或主管的刻意冷漠、不公平感到的愤怒和敌意,人们可能表现地十分冲动以得到一种情绪补偿。从组织视角来看,反生产行为是一种典型代表。反生产行为(Counter-Productive Work Behavior,CWB)是一种旨在伤害组织和个人的行为,例如毁坏公司的财产。在很多情况下,员工如果不能在经历消极情绪后做出有效的应对,如采取积极的问题中心应对策略,则很有可能转而对组织造成伤害——一种减少消极情绪的应对方式。另外一种是离职行为,如前文所说,对工作的不满会加重员工离职的意图。若压力不能得到缓解,随着消极情绪的不断累积,员工则很有可能会选择离职这种退出的形式使自己从中解脱。

从个体视角来看,由工作压力引发的消极情绪还可能导致对他人和对自己的伤害行为,例如报复他人、暴饮暴食。最为常见的报复行为是指受害者根据冒犯者的动机,对后果的严重程度进行评估后,以攻击行为惩罚或伤害他人的现象。这类负性行为常见于工作场所的不良人际互动压力,如不文明行为、职场虐待、职场不公平等。报复可以减少员工遭受的来自他人的痛苦,通过反击,个人可以化解消极情绪,重新控制局面并重塑尊严。最近有研究者考察了工作相关压力源、负面情绪和饮食行为之间的关系,结果发现当被试在早上经历更高水平的工作需求或更多顾客虐待时,他们在晚上摄入的不健康食物种类更多,健康食物种类更少,而消极情绪中介了这一正向关系(Liu et al.,2017)。该研究认为,在面对工作压力源时,员工产生负面情绪是一种自我调节失败的征兆,其连锁效应是对健康行为的调节失败。

总的来说,在职业压力—情绪模型中,研究者关注那些对降低员工和组织幸福感有影响的行为。这些行为包括对健康有不利影响的行为,如暴饮暴食或药物滥用,以及反生产行为,如对其他员工的攻击/敌意、破坏、盗窃和退出。

二、积极情感

(一)积极情感的内涵与理论

与消极情绪对应的是积极情绪——主观愉悦和激活的一个普遍维度。

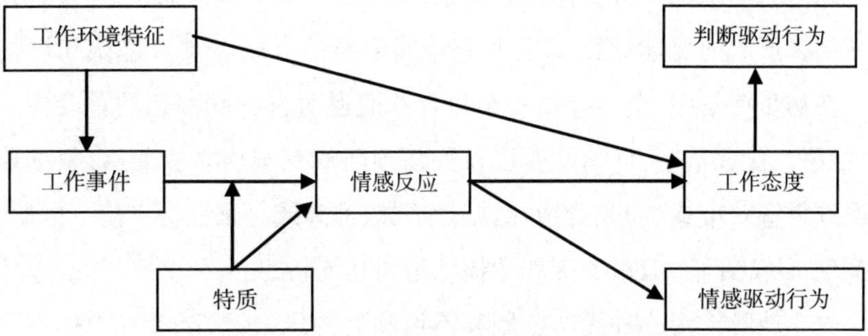

图 3-1 情感事件理论宏观结构示意图(段锦云等,2011)

而积极情感是以积极情绪为主基调的,包括快乐、兴奋、兴趣、满意、自信、自豪、幸福、爱等一系列基本或复杂情绪。积极情感被视为幸福感的重要指标。正如扩展与建构理论所描述那样,积极的情感可以扩展个体的思想和行动。工作中的积极情感常与长期幸福感和积极的组织功能有联系。同样,尽管不如消极情绪研究那样多,积极情感反应也是介导工作压力和工作压力结果的重要路径。那些自主性强、有上级支持、能够参与决策制定、有发言权的工作环境常会让员工有快乐、幸福、自豪等积极的情感反应。具体到不同的工作压力,研究者们关注了不同的积极情感,这些积极情感涉及情感幸福感、情感承诺。

(二)积极情感的中介研究

1. 工作不安全感与情感幸福

情感幸福是总体幸福感的其中一个维度,其关注个体情绪状态,包括积极情感和消极情感(由于幸福感整体是一种积极情感,因此我们仍然将其纳入了考虑),例如,“在过去的几周里,由于完成了某项工作而感到愉快”。相对的,另一种是认知幸福,关注的是个体对生活的评价态度,例如满意度。有研究调查了两种幸福感在工作不安全感这种压力源与离职意图之间的中介作用。结果发现,幸福感部分中介了工作不安全感对离职意向的影响;有趣的是,认知幸福感中介了作不安全感对离职意向横截面效应,而纵向效应仅由情感幸福感部分中介(Stiglbauer et al.,2012)。这说明认知评价能显著影响个体当下的态度,情感反应则具有累积性和长期效果。

以压力的认知评价理论作为框架,斯蒂格鲍尔(Stiglbauer)等人解释了这一结果形成的可能原因。压力交互理论的一个核心要素是认知评估过程。在初步评估中,个体评估一个特定的遭遇对自身幸福感的重要性。然后,在第二次评估中,评估能否以及如何预防或克服伤害。最后,根据评估情况选择应对方式,如改变情况、接受情况、逃离或寻求社会支持。因此,压力遭遇、认知评估、应对反应和幸福感是相互关联的。

失业威胁作为一种无法控制和不可预见的压力源,是造成工作不安全感这种压力感知的主要因素。由于失业意味着经济来源的切断,与个体生活质量息息相关,加之此种压力不可预见,因此个体幸福感会受到强烈的威胁。许多文献描述了工作不安全感和各种总体幸福感指标之间的负面关系。在133项关于工作不安全感的研究的元分析中,研究者发现工作不安全感和幸福感之间估计的真实相关系数为0.28,工作不安全感不仅在短期水平上会导致幸福感下降,而且随着时间的推移也会导致幸福感下降(Cheng & Chan,2008)。

与幸福感降低一样,离职意向的增加也是工作不安全感的一个有据可查的结果。例如,在同样的元分析研究中,工作不安全感与长期内离职意愿的增加有关。离职是一种逃离的应对方式,在遭遇工作相关的压力时,若个体评估自身资源(例如情绪、物质)不足又缺乏能力应对,则很有可能选择远离压力源(或远离负性情绪)的应对方式。情绪状态指标(如幸福感)与离职之间的存在显著关系,包括积极情绪与离职意向之间存在显著的负相关关系,情绪衰竭可以预测实际的离职行为。这说明,实际上幸福感的降低(或情绪的损失)是先于离职意向的。因此,工作不安全感与离职意向之间的部分关系可以用幸福感降低来解释。

2. 职场不文明行为与情感承诺

在工作情境中,情感承诺指的是员工对组织的积极情感依恋,其强调的是一种员工对雇主的义务、认同以及依恋的社会交换关系。员工对组织的情感承诺程度越高意味着员工与组织之间的交换质量越高。鉴于情感承诺的社会交换属性,研究者将情感承诺这种积极情感应用在解释工作场所人际压力的后果上。泰勒(Taylor et al.,2012)等人利用190名在职者及其主管的配对数据,发现来自工作场所的不文明行为会引发员工的情感承诺下降,从而导致员工减少其组织公民行为,即不文明行为对组织公民行为的影响通过情感承诺传递。

社会交换理论认为个人对雇佣组织的情感依恋是其感知到的人际待遇的函数,只要互惠的规范不被违反,个人就会对他们的雇佣组织保持情感依恋。当员工经历工作场所不文明行为时,个人会要求组织监管工作场所的无礼行为。如果组织忽视了这种“小打小闹”,员工会认为不文明行为得到了组织的允许或纵容,或者在某些情况下甚至是鼓励的。尤其是当实施不文明行为的是管理者时,员工会将管理者的行为归因于组织的意志,并将不文明行为视为一种消极的互惠行为。在这种情况下,情感承诺意识会受到侵蚀。

另外,当员工经历负面的社会交换的关系时,其也不太可能愿意主动为高质量关系投入努力,员工的组织公民行为可能会受到负面影响。同时,这种不平衡的人际关系造成了员工的情感承诺下降,根据(员工态度会直接影响工作表现的)工作场所行为模型,情感态度的变差也会导致员工的公民表现变得糟糕。考虑到情感承诺不仅体现在对组织的积极情感依恋上,还体现在工作相关问题的内在化和是否愿意“走得更远”上。因此,遭受组织内负面人际互动的员工,更有可能产生背离组织的意愿,从而参与更少的组织公民行为。

第二节　基于资源的中介机制

一、心理资本

(一)心理资本的内涵与理论

心理资本是组织和个体的重要资源,指“个体在成长和发展过程中表现出来的一种积极心理状态”,它包含自我效能、乐观、韧性和希望等四种状态式心理资源能力,可以被测量、开发和有效管理。其中,自我效能是一种积极的信念,认为自己有能力完成具有挑战性的任务;希望被定义为一种积极的激励状态,能够产生毅力朝着目标和成功前进;韧性是指一种从失败和逆境中反弹并获得成功的积极心理能力;乐观则指对成功进行自我归因的积极解释风格。

从资源理论的视角来看,心理资本作为一种积极的心理资源,自然也是个体应对工作压力的重要资源。如第二章所介绍的,以往不少研究都涉及心理资本部分维度在缓解工作压力感知与工作压力后果过程中的重要性,如自我效能。也有研究者认为,作为一种更高层级的构念,心理资本整体也可以缓冲工作压力源的不良反应(Zheng et al.,2016)。然而,心理资本是可以改变和开发的能力,因此极有可能会受到各种工作场所因素的影响。例如,有研究表明心理资本与压力症状和工作压力(工作量、职业发展、人际关系和工作—家庭平衡)呈显著负相关(Newman et al.,2014)。

也就是说,根据资源理论和心理资本的相关理论,研究者认为:心理资本一方面能够通过“能量补充过程”弥补工作压力造成的心理资源消耗,以缓解个体的压力反应;另一方面,作为一种状态类的心理资源,心理资本也会因持续的压力状态而被耗损。因此,心理资本在工作压力源与压力反应之间可能同时起着调节与中介作用。

(二)心理资本的中介研究

1. 心理资本整体的中介机制

作为一种状态类的心理资源,心理资本会受到工作压力的影响,因为持续的应激状态会消耗个体的心理能量,导致其心理资本的下降。同时,心理资本向来被认为对工作结果有着普遍积极的影响。例如,卢桑斯(Luthans,2010)等人发现,由于心理资本水平高的个体会有更加积极的期望,对自己的能力更有信心,愿意付出更多努力,所以其报告的工作绩效和工作满意度也更高。一项汇总了51个独立样本的元分析表明,高水平的心理资本会正向影响员工积极的态度、行为和绩效(Avey et al.,2011)。

鉴于工作压力是心理资本的前置因素,工作压力和心理资本又都影响着工作结果,研究者们对心理资本在工作压力影响过程中的中介作用进行了验证。王等人(Wang et al.,2012)通过对中国1332名护士进行调查发现,不管员工经历工作影响家庭的冲突还是反向的冲突,心理资本都在冲突与后续的工作倦怠中起着中介作用。类似的,张阔等人扩展了工作压力源的种类,调查了任务要求、角色冲突、人际关系、职业发展、组织氛围、工作家庭冲突、工作负荷七种压力源对生理反应、心理反应、人际反应和工作反应四种压力反应的影响以及心理资本在其中的作用。结果证明,无论哪种关系,心理资本都在其中起中介作用而非调节作用(张阔等,2014)。

具体到心理资本的每个维度的变化,研究表明,心理资本的效能、希望、韧性和乐观均会在工作压力与影响结果之间起部分中介作用(Mensah & Amponsah-Tawiah,2016)。根据心理资本的不同维度,中介的结果变量可能不同。例如,在张阔等人的研究中,自我效能、希望、乐观是对自己克服困难能力的积极预期,因此能较好地预测工作倦怠中的"低成就感"维度;而韧性意味着生命力和坚强程度,因此这个维度影响着"情绪衰竭"和"消极疏离"。

总的来说,不论是哪种工作压力源,其对心理资本的影响是方向一致的。基于资源理论,员工在面对工作压力源时,若不能及时进行新资源补充,则会引起其他资源的螺旋损耗,心理资本就是其中心理资源损耗的一种典型代表。作为一种心理资源,心理资本本身是可以缓解不良压力产生的不利影响的。但当心理资本被损耗时,其不仅失去了"能量补充"功能,甚至还会加重资源损耗的螺旋,引起后续更多的消极反应,例如耗竭。

2. 自我效能维度的中介机制

自我效能是心理资本几个维度中最常被关注的变量。在工作环境中,自我效能体现为一种职业效能感,职业效能感是在一般自我效能概念基础上发展起来的。班杜拉(Bandura)将自我效能感定义为"个体对自身是否完成某一活动、任务所具有的能力的判断"。作为个体对从事特定职业能力的信念,职业效能感的形成是个体在综合各种职业信息基础上对自身职业能力深入评估的结果。以往大部分关于工作压力与自我效能的研究都关注自我效能在工作压力形成过程中的缓冲作用。只有少数关于高校教师的研究发现自我效能也能作为中介因素,解释工作压力结果的形成。例如,于等人(Yu et al.,2014)发现高强度的工作压力会导致教师自我效能感的下降从而引起工作倦怠。

在将自我效能视为压力调节因素的研究中,研究者主要将其定义为一种特质性的、相对稳定的心理资源。然而,个体的直接经验、社会说服和心理状态等因素也会导致自我效能产生状态变化。例如,个体在特定职业内的连续成功、他人切合实际的规劝和积极的情绪状态都有助于提升个体的职业自我效能;同理,个体如果经常遭遇压力或威胁事件,他的自我效能同样会受到威胁。克拉森的研究支持了这一观点,其研究结果表明若教师感知到的工作量过多,没有足够的时间完成过多的发展任务,例如帮助学生深入了解学术概念、帮助学生进行批判性思考、培养学生的创造力,教师的效能感则会大大降低。

而根据班杜拉的效能理论,效能感会影响人们对活动的选择及对困难的态度。效能水平高者倾向于选择富有挑战性的任务,并在困难面前坚持自己的行为,集中努力,创造条件实现目标。而效能感低的人在应付环境时,更多考虑自己的不足,把困难看得比实际上更难以克服,因而更加消极地应对。因此,当教师认为自己不能在所在的组织很好地展示自己的能力时,可能就会对教师工作产生不满意或倦怠。

二、应对方式

(一)应对方式的内涵与理论

应对方式,又称“应对策略”,指个体面临压力时为减轻其负面影响而做出的认知和行为的努力。如第二章所描述的那样,根据压力交互模型,个体会对刺激进行相关性与控制能力两种认知评估,那些与个体自身福祉呈负相关,且不容易被控制的刺激则被评估为压力事件。为了防止、消除或削弱压力事件可能产生的不良影响,个体会采取努力进行应对,这些努力既可以是行动导向的，也可以是心理层面的；既可能是健康的，也可能是不健康的；既可能有效，也可能无效。

当前应对方式有两个重要的理论：特质论和过程论。在这两个理论指导下，研究者们围绕压力与应对展开了两种方向的研究。首先，基于特质论，研究者们认为个体采用的应对方式与自身特征有关，同样的刺激对不同的个体造成的压力程度是不同的，应对方式在不同个体身上具有跨时间和情境的稳定性。由此推测，应对方式可能在工作压力和工作结果中起着调节作用，即第二章所介绍的积极应对的缓冲机制。其次，基于过程论，研究者们认为应对是一个动态变化的过程，会随着压力强度和类型的变化而变化，压力和应对方式存在交互作用，应对方式会随压力强度或压力类型的变化而变化，而不同的应对方式又产生了不同的工作后果，即应对方式也可能在工作压力与工作结果之间起着中介作用。

（二）应对方式的中介研究

1. 工作压力与应对方式

拉扎勒斯与福克曼认为主要存在以问题为中心和以情绪为中心两种应对方式。以问题为中心的应对方式，即通过解决问题来消除压力源的策略，通常被认为是积极的应对方式，因为这种方式会增强个体对事件的控制感，假设情况可以被改变，以减少压力感知及其不利后果。然而，正如应对定义所诠释的那样，应对努力并不总是健康和建设性的。压力的一个有用定义是我们对超出我们应对能力的情况的心理和生理反应。尤其是面对那些被归因为不可控的压力事件，个体认为自身能力无法解决问题，因此通常采用回避型的应对方式，特别是那些短期和不可控的情况。然而，当压力持续存在时，早期的逃避可能会使他们陷入更大的困境。例如，回避导向的应对可能会抢占更有效的应对努力，从而引起破坏性行为（例如药物滥用）或诱导与压力相关的想法和情绪（Taylor & Stanton，2007）。

应对在人际互动压力中的中介作用研究是典型的例子。职场欺凌和职场不文明行为研究表明，逃避是员工最常见的应对机制，大多数人都属于回避型反应（Cortina & Magley，2009）。回避行为可能以多种形式表现出来，例如,最小化事件的严重性,与冒犯者保持距离,甚至离职。尽管个体回避行为的含义可能不同,但其潜在目标是通过在个体和情绪来源之间创造距离来避免与压力相关的负面情绪。

2. 应对方式的中介机制

压力的资源保存模型表明,当个体被迫应对不需要的社会遭遇时,他们的资源就会超负荷。个体可以通过缓解欺凌的情绪或身体影响(降低需求),或寻求社会支持(增加资源)来应对。当他们的应对反应无法重新平衡需求和资源时,就可能发生倦怠和紧张。回避行为虽然暂时减少了与冒犯者的接触,减少了负面情绪的发生频率,但始终没有向冒犯者传递正确的信号(告知冒犯者自身的感受与需求),没有解决存在的问题。此种情况下,职场欺凌和职场不文明行为极容易复现(Hershcovis et al.,2018),受害者会反复遭受情绪资源消耗。由于间接和被动的应对形式不能从根本上提供满足需求所需的资源,所以受害者将经历更大的压力和紧张,例如,情绪资源严重流失、报复行为、焦虑、抑郁、耗竭等身心压力症状,以及最不被组织期望的离职行为。

由此可见,相较于那些能够在压力过程中起到缓冲作用的积极应对方式,消极的应对方式是加剧压力与不良后果关系的催化剂。那些被感知为阻碍性压力的事件很容易引起个体的回避应对,这意味着个体没有采取过多的努力来增加应对压力的额外资源。而当个体缺乏足够的应对手段时,个体资源则会进一步损失,加剧不利工作结果的形成。

三、工作倦怠

(一)工作倦怠的内涵与理论

最后,与资源密切相关的一个压力中介机制是工作倦怠。工作倦怠被描述为一种情绪衰竭、人格解体和个人成就感降低的综合征。其中,情绪耗竭是指由于工作的情绪需求而过度劳累的感觉;人格解体是指对工作表现出冷漠和愤世嫉俗的态度;个人成就的降低是指一个人评价自己不能够很好地完成工作。从概念上讲,情绪耗竭与职业压力研究中传统压力反应非常相似，如疲劳、与工作相关的抑郁、身心不适和焦虑；人格解体则与一种特定的退缩或心理距离相关，在工作中表现为对工作和工作角色的疏远、脱离和愤世嫉俗；个人成就感降低（或者更一般的说法，职业效能感的降低）与自我消极评价相关。相比情绪耗竭与人格解体，个人成就是最弱的倦怠维度，并且被许多概念都涉及，例如，心理资本，自尊等。

工作倦怠，尤其是情绪耗竭和人格解体，被认为与典型的工作压力源（例如，工作量、角色问题）以及压力的态度和行为结果（例如，离职意图、旷工）有关。德梅鲁蒂等人（Demeroutiet et al.，2001）提出工作需求资源模型来描述倦怠发展的两个过程。在第一个过程中，工作的苛刻方面，即极端的工作要求例如工作负荷，时间压力、轮班工作、物理环境等，导致持续的过度劳累，最终导致疲惫。在第二个过程中，资源例如工作控制、上级支持、积极反馈、奖励、工作安全等的缺乏，使工作需求的满足复杂化，进而导致退缩行为。这种退缩的长期后果是从工作中离开。因此，工作倦怠，以情绪耗竭和人格解体为核心维度，通常被认为是一种引发压力后果的中介路径。

（二）工作倦怠的中介研究

1. 工作压力与工作倦怠

工作倦怠的中介研究大都以资源保存和自我损耗（Self-depletion）作为理论框架。资源保存理论的主要原则是个体尽其所能获得、保留、保护和培养他们所珍视的内外部资源，这些资源包括物质资源、社会条件、个人特征和能量资源。而导致心理压力的负面工作经历会威胁资源或导致资源枯竭，因为员工需要持续的认知或情感努力来处理这些压力。例如，关于工作场所负性互动的研究表明，不文明的经历会消耗个人的能量资源（Zhou et al.，2015），因为受害者会经历更多负面情绪，投入更多的认知资源来分析施害者的行为，并耗费更多的时间和精力；同时还会破坏员工的其他资源，如社会关系、尊严、尊重和骄傲。

倦怠则是持续工作压力下的一种资源耗竭的体现。由于反复的资源损失而没有得到充分恢复，所以个体在经历资源损失或资源损失威胁时更加容易体验倦怠。一方面,个体感到疲惫不堪,个人的情感和物质资源消耗殆尽;另一方面,个体与工作保持距离,对工作持消极态度,继续从事该职业的意愿下降。

2. 工作倦怠的中介机制

根据资源保存理论,处于倦怠的个体倾向于采取防御姿态,这表现为员工减少了那些额外的资源投入,例如,绩效动机减少甚至考虑离开以避免资源的进一步损失。有研究发现那些经历工作场所人际冲突的新来者资源损耗更多,更不愿意主动实施与奖惩无关的帮助行为(Lan et al.,2020)。同样的,还有积极建言行为的减少。另外,研究还表明工作倦怠在不文明行为经历与离职行为间起中介作用,经历更高程度无礼行为的参与者报告说,他们的工作倦怠程度更高,随后离职意向也更强(Rahim & Cosby,2016)。

除此之外,根据自我损耗理论,个体自我监管能力是有限的,由于工作倦怠是资源损耗的结果,这意味着个体自我调节的能力也被削弱了,因此个体随后的行为表现也会更加自动化。这将表现为在压力情境下员工不良行为的增多。例如谢泼德等人(Shepherd et al.,2018)在惩教人员样本中发现,工作中的情感需求通过员工倦怠对饮酒行为产生间接影响。情感要求高的工作需要员工不断自我调节,包括自我努力控制情绪和改变行为。然而,当个人一整天都在处理工作要求时,他们的自我调节能力就会降低,从而导致自我损耗和潜在的倦怠,因此对于酒精使用等需要自我调节的行为约束则会下降。类似的,周及其同事研究了护士群体经历工作压力后的倦怠反应,发现经历更多倦怠体验的护士处理家庭需求的能力更差,更容易发生工作家庭冲突(Zhou,Meier,& Spector,2019)。

总之,无论是资源保存理论还是自我损耗理论,都说明了资源是倦怠发挥中介作用的关键因素。由压力引起的资源连续损失导致了工作倦怠的形成,个体表现为疲惫与疏离,不再愿意增加资源投入,离开工作的意愿度增加,甚至表现出更多不良行为。

第三节　基于动机和态度的中介机制度

一、工作动机

（一）工作动机的内涵与理论

传统的动机观点认为，动机是个体在从事某行为时所具有的动力，能够对行为的结果进行预测，动力越多越有可能导致所期望的行为结果。自我决定理论（Self-determination theory，SDT），将动机做了质的区分，并将动机分为自主动机和受控动机两大类。受控动机，顾名思义指的是个体出于内部（内疚）或外部（他人的要求）因素而从事某行为的动机，例如员工为了金钱付出体力或脑力劳动；相反，自主动机是指将努力投入到行为中的动机是内在的（有意志感和个人选择感），或者已经内化的（没有内部或外部压力）程度，例如员工出于纯粹的兴趣和自我实现而工作。员工在工作中付出的努力不仅是出于功能目的，也是满足他们基本心理需求，因此员工在工作中的行为表现既被受控动机影响也受到自主动机的影响。

（二）工作压力与工作动机

相比受控动机，自主动机是人们普遍期待的工作动机，因为它更能驱动个体为了达到目标而努力，在面临困境时使个体更具韧性。在组织中，自主动机也被认为更具优越性，因为即使是在乏味、无聊的工作情境中，自主工作动机也能导致更高的工作满意度和幸福感。然而，也正是因为自主工作动机能够显著的预测和影响个体的行为表现，所以一旦自我动机遭受损失，组织所面临的后果也更加严重。因此，在工作压力的机制研究中，自主工作动机往往被视作压力效应的延伸，导致了随后个人工作表现的变化。

高度自主动机的工作指那些员工的身份、个人兴趣以及价值观与工作相关的活动之间具有一致性、意义感，能使员工出于选择和意志而工作。更具体地说，自主工作动机高的员工可以在工作中付出努力的同时获得乐趣，并对工作活动产生真正的兴趣;或者即使不那么感兴趣,但是在工作活动中能发现个人意义和价值。鉴于自主工作动机的内涵,工作的特征(包括工作本身和工作环境)影响着员工自主工作动机的程度,相比那些让员工感到舒服、具有选择意志的工作状态,消磨员工兴趣与意义感的工作状态,即工作压力,可能不利于唤起员工自主工作动机。

(三)工作动机的中介研究

1. 工作动机的直接中介机制

研究者考察了自主工作动机在解释阻碍和挑战需求与积极情感和工作投入关系中的作用,研究结果支持了这一观点(Vujcic, Oerlemans, & Bakker,2017)。他们认为挑战性需求培养了员工的自主工作动机,而阻碍性需求降低了员工的自主工作动机。一方面,根据挑战—障碍压力源框架(Crawford, Lepine, & Rich,2010),挑战性压力源,如工作量和复杂任务,虽然需要员工更多的努力和精力,但它往往可以调动员工的责任感和胜负欲,激励员工更好地表现。因此,挑战性压力可以增强员工感受到的工作趣味和意义感,有助于增加员工的自主动机。相反,阻碍性压力源,如矛盾的任务分配、工作不安全感和人际冲突,除了引起压力与紧张以外与收获完全无关。所以,当员工面临阻碍性压力源时,他们很可能会将这些压力源视为阻碍个人理想工作或目标实现的麻烦,难以找到满足感、意义和价值观,因此自主工作动机会降低。武伊契奇(Vujcic)等人的研究结果部分证明了他们的研究假设:那些遭遇了更多阻碍性需求的教师同时报告了更少的自主工作动机,但那些报告了更多挑战性需求的教师并没有显著地报告更高的自主工作动机,不过好在结果也表明挑战性需求并没有降低员工的自主工作动机。

另一方面,自主工作动机能够增加幸福感,因为它会促进投入努力,并满足基本的心理需求,特别是能力和自主性。自主工作动机水平普遍较高(与较低)的员工对工作组织更忠诚,而且报告的工作麻烦也更少。然而,如武伊契奇等人发现的那样,阻碍性的工作要求是员工利益和价值观的潜在威胁和障碍,这将降低员工的自主工作动机。这意味着员工工作时将会感到被动而不是自主,这反过来便会降低他们投入工作的意愿。武伊契奇等人的中介假设检验也证明了这一点:自主工作动机在阻碍性需求与工作投入与积极情感之间起着完全中介作用,即自主工作动机的降低不仅仅是阻碍性需求的一个消极结果,并且还损害了随后的积极情绪和工作投入。

2. 工作动机的链路中介机制

除直接研究工作动机的中介作用以外,还有研究考察了工作动机的链式中介作用。即,工作动机可能并不是压力的直接后果,而是压力引发的连锁反应。如同石子扔进水池时产生的涟漪,工作压力产生的第一圈涟漪激起了工作动机降低,而工作动机的降低又激起了后续的工作行为。在上一节,我们介绍了工作压力如何消耗员工的认知、情感和社会资源,造成员工资源耗竭和工作倦怠,以及工作倦怠是如何减少积极行为和增加消极行为的。然而有研究认为,以往倦怠与行为表现的研究缺乏更细致的思考(Halbesleben & Bowler,2007)。很明显,情绪耗竭不太可能对员工的行为表现(不论是角色内还是角色外的)产生直接影响,而应该通过更直接的行为前置因素来中介,即工作动机。

在资源保存理论中,动机是一种能量资源;事实上,资源保存理论特别将工作时间和完成任务的动机列为核心资源清单的一部分。其指出,资源与其说是以其内在价值来表现,不如说是以其有助于获得其他类型资源的价值来体现,工作动机则是这种可以获得其他价值的资源。然而,当员工经历倦怠时,实际上是经历资源的流失,根据资源保存理论的核心观点,此时员工倾向于采取措施以保护他们的资源。员工寻求保护资源的一种方式可能是通过投入较少的精力,即减少主动努力动机资源,以与最初导致情绪衰竭的情况保持距离。已有研究结果证实了这一观点:动机在情绪衰竭和工作表现,包括角色内绩效和角色外组织公民行为之间起着中介作用,参与者似乎有针对性地减少投入动机以应对情绪耗竭,并以减少工作努力和助人行为来保存资源(Halbesleben & Bowler,2007)。

二、工作态度

(一)工作态度的内涵与理论

工作态度,一种对工作相关目标所持有的心理倾向,被认为是对工作环境特征与个人期望进行对比评估形成的情感或行为意志结果,常包含工作满意度和组织承诺两种。具体来说,有关工作态度的认知判断取向认为,工作态度的形成来自于个体对环境特征(包含社会信息、物理环境、薪资水平,发展机会等)与自身标准(如价值观、目标、需求、期望)的匹配(图3-2)。当这种匹配过程是顺利契合的,个体则会产生比较积极的工作态度,例如高满意度、高组织承诺;反之,若这种匹配差异过大则会产生消极的工作态度,表现为满意度和组织承诺降低。由此可见工作态度结构包含三种成分,对事件的认知判断、随后的情绪体验,以及受情绪影响的行为意志。

其中,研究者尤其关注工作态度的行为意志结构。在职业健康相关的研究中,工作满意度和组织承诺常常被设定为变量关系的终点,这说明人们对于工作态度的影响重要性具有较高的共识,以至于期望直接考察其变化。如人们认可的那样,工作态度对行为具有指导和促进功能:良好的工作态度促进员工投入,而恶劣的工作态度会导致员工行为偏离。因此,考虑到工作态度受工作环境特征影响,而又影响着个体随后的行为,所以在考察压力的作用机制研究中,工作态度是一种重要的中介变量。

(二)工作态度的中介研究

1. 满意度与组织承诺的中介作用

工作满意度和组织承诺是将工作态度因素作为中介压力与压力后果研究的典型代表。满意度指的是对工作的认知或情感评价,或多或少是积极或消极的。组织承诺则指的是对组织的心理依附与参与度的相对强弱。在描述消极情绪机制小节中,情感事件理论就暗示了工作满意度和组织承诺作为工作态度在预测行为中的重要性。如前文所介绍的那样,情绪反应能引起员工对组织的满意和承诺情况,进而引发判断驱动型行为,这与工作态度的情感体验以及行为意志结构高度契合。

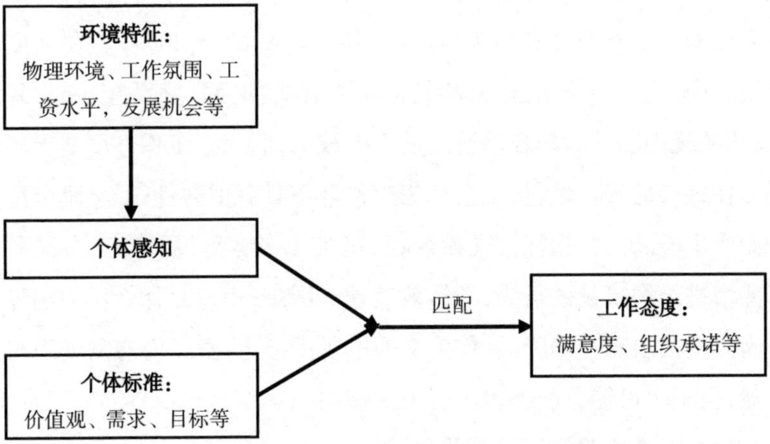

图 3-2　工作态度的认知判断

具体到研究中，离职意图和工作表现是最常被考察的工作满意度结果。有研究考察了工作不安全感作为压力源对短期后果与长期后果的影响，对四个国家的被试报告结果分析发现，作为短期后果的工作满意度和组织承诺在不安全感与长期后果离职倾向之间起着完全中介作用(Chirumbolo & Hellgren，2003)。该研究认为，失业是一种强大的压力因子，促使人们采取一系列应对策略来减少资源的进一步流失，特别是如今在新冠肺炎病毒大流行失业几率增大的背景下。从这个角度来看，更少的承诺，更少的工作满意度和更明显的离开组织的意图是心理上远离压力情境的策略。这其中，压力因素与短期后果(工作满意度和组织承诺)联系最紧密，而长期后果(离职倾向)则是由短期后果累积扩散影响而成的。相类似的，关于组织人际关系冲突的研究表明，来自组织的不文明行为互动压力使被害者感到不公平或羞辱。因此，这种工作场所的骚扰会引起受害者的不舒服和痛苦，进而导致对同事和与事件相关的工作方面的普遍不快和不满。从长远来看，这种对工作和同事的负面情绪和不满会降低员工留在工作岗位上的动力，增加离开组织的想法，即离职意图。

另外，在影响工作表现上(包括角色内工作绩效和角色外组织公民行为两方面)，工作满意度和组织承诺也是时常被考虑的中介因素。例如，研究调查了员工对非法的、自私自利的政治活动的认知(即政治感知)如何影响个人层面的工作态度和行为(Chang,Rosen,& Levy,2009)。在高度政治化的组织中,奖励与关系、权力和其他不太客观的因素联系在一起,其结果是,成功的规则随着参与政治游戏的人的权力而变化,工作环境变得不可以预测。在这样的环境下,员工会认为工作环境具有威胁性,对奖励分配的不公平而产生不满。根据社会交换理论,员工也会觉得没有那么多义务来表现那些增进组织福祉的行为,即绩效表现。同理,不论是什么压力源导致的工作满意度与组织承诺降低,作为交换的其中一方,员工没有从组织得到目标收益,也不太可能会额外付出努力回馈组织。

2. 工作态度作为链路中介结构

从工作态度的中介研究延伸出的另一个重要问题是,在压力中介机制的全景图中,工作态度的中介方式说明了什么?如工作动机小节描述的那样,除直接研究工作动机的中介作用以外,还有研究考察了工作动机的链式中介作用,工作态度也是如此。在那些以工作满意度为结果变量的压力作用机制研究中,中介变量可能是消极情绪、积极情绪、疲劳、自我效能感(Avey et al.,2011;Newman et al.,2014),而工作满意度又链接了个体的行为表现。因此,工作态度和工作动机的变化可能都不是压力的直接近端后果,而是压力引发的反应链中的一环,受到其他近端后果的影响,同时影响着其他更远端的后果。

可以明确的是,工作压力源的压力反应是众多的,包括个人层面的生理反应、心理反应、行为反应,以及组织层面的后果。但有理由相信,这些压力反应和后果不太可能是同时发生的,而是一些压力反应会先于另一些。例如,研究表明,焦虑、满意度和情感承诺是离职意向和绩效的先行因素;前文描述的工作倦怠是影响工作动机的前置因素(Halbesleben & Bowler,2007);波德萨科夫(Podsakoff et al.,2007)和勒平(Lepine,2005)使用工作满意度和情感承诺的中介链来解释阻碍压力源对离职和任务绩效的影响。这些文献为我们的压力反应链猜想提供了关于压力源反应因果顺序的见解。

总结众多文献,我们整理出一个可能存在的压力反应链框架模型(见

图 3-3)。具体来说,我们将:(1)工作压力源作为反应链的起点,由近到远;(2)个体首先产生生理、认知、情绪反应;(3)继而产生影响行为的意志反应;(4)接下来产生行为反应;(5)最后组织结果受到员工行为表现的影响产生变化。该压力反应链框架试图将基于情感和基于资源的视角整合,实现压力众多中介机制的串联。这似乎比较好理解,因为组织(管理者)最关注的组织相关结果(离职缺勤、工作绩效、组织公民行为、营收增长)由员工工作表现决定,而不论是基于情感的作用机制还是基于资源的作用机制,都会影响员工工作表现的源头:工作态度和工作动机。

第四节　压力中介的最新课题:脱离

许多员工报告说,他们承受着来自工作场所的压力,并且这些工作压力干扰了他们的家庭生活。同恢复体验的研究背景一致,在工作生活界限日益模糊的社会趋势下,员工能否在下班时间从工作中脱离出来是能否有效阻止工作压力向工作之外领域蔓延的关键环节,因此工作脱离也成为了研究者关注的新主题。结合近期研究,本节将概述工作脱离与压力的关系,并从两个角度介绍两篇实证,以说明工作脱离在传递工作压力的负面效应中的中介作用。

一、脱离与压力研究概述

(一)脱离的内涵

广义的脱离既包括物理环境的隔离,如下班后离开公司、不把办公电脑带回家等,也包括心理状态的隔离,如不接受工作相关信息、不思考工作相关问题等。然而即使具备相同的物理脱离条件,但心理层面与工作脱离才是个体能否成功摆脱工作困扰的根本因素。因此,狭义的脱离侧重关注心理层面的脱离情况。根据压力源分离模型(Stressors-Detachment Model),心理脱离是恢复体验的一个维度,指的是在非工作时间,个体在心理上与工作脱离的状态。

从定义上来说,心理脱离是一种结果状态,强调个体成功从工作领域脱离出来的情况。而从过程的视角来看,脱离则涉及另一个认知概念:反刍(Rumination)。工作反刍是一种持续性认知,是对一个或多个工作经历进行认知表征的重复或慢性激活。根据持续性认知理论,持续性认知可能带来有益的结果,也可能不会带来有益的结果,主要取决于所思考内容的价值和反思时的心境。因此,倘若个体在非工作时间仍然沉浸于或不断回想消极的工作经历,即进行消极的工作反刍,则很可能会加重消极工作经历的影响。

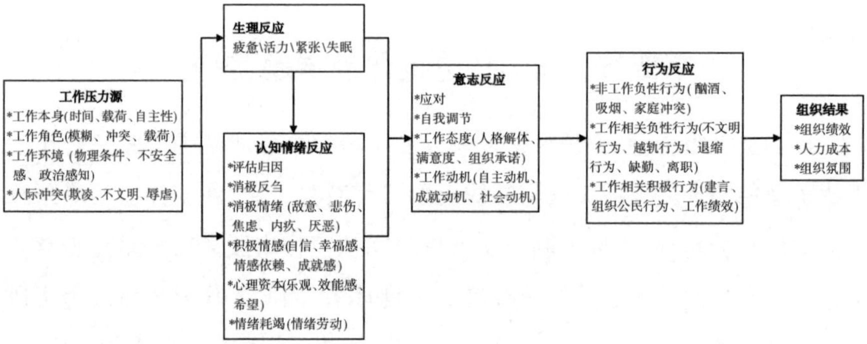

图 3-3　工作压力的反应链框架

(二)脱离与压力的关系

事实证明,来自关注脱离结果和脱离过程的研究均表明,工作环境的压力源的确会影响到员工的脱离,进一步损害员工的福祉与幸福感(Demsky et al.,2019)。从资源的角度考虑,工作压力源减少了心理脱离的可能性,这意味着员工可能不能及时从资源损失的状态中恢复过来。具体来说,面对更高水平工作压力的员工可能会体验到更强的负面激活,比如生理压力反应增强,而高水平的激活状态可能促使个人在下班时间仍然从事工作任务,也可能促进令人不快的担忧和沉思状态。这些因素使得人们很难在非工作时间从心理上脱离工作,导致资源(例如,生理资源、认知资源、情绪资源)持续流失,补充资源的机会减少。根据压力源分离模型的核心假设,缺乏脱离可能最终导致幸福感水平下降。

与恢复体验中的心理脱离不同,这里关注的脱离是一种压力情境下的客观反应而非主观体验。例如,面对阻碍性工作压力时,个体认为它会阻碍自己的职业生涯发展,所以极有可能会过于关注压力的消极面,从而引起认知偏差并反复思考压力所带来的威胁,不断进行消极工作反刍而无法脱离,进而导致失眠和心率不稳定。并且这种脱离困难在许多工作压力源情境中都存在,包括工作载荷、工作时间、角色模糊、职场不文明行为。因此,有理由认为,脱离是工作压力产生其影响效应的机制路径之一,即脱离是压力源与压力后果关系中的中介因子。接下来我们通过两个近期相关实证研究来详细说明脱离的中介机制如何起作用。

二、脱离的中介机制研究

(一)研究1:消极反刍的增加

该研究考察了消极工作反刍在解释工作场所不文明行为和员工失眠症状关系中的作用。研究者认为,工作场所的不文明行为会促使员工进行更多的消极工作反刍,从而降低睡眠质量(Demsky et al.,2019)。

1.理论假设

不文明行为是工作场所常见的人际冲突压力源,大多数员工都报告自己在工作场所中经历过不文明行为。工作场所不文明行为会影响员工和组织的一系列结果,包括降低工作满意度、心理健康、身体健康和情感承诺,以及增加离职意愿、压力、工作—家庭冲突和反生产行为。因此,解释工作场所不文明行为为什么会导致有害后果有助于对组织中的不文明行为进行干预。而在因变量的选择上,德姆斯基(Demsky)及其同事选择了睡眠作为了该研究的关注点。因为睡眠不仅对于员工的生理健康至关重要,并且关乎员工在工作中的信息解读和行为表现。

被德姆斯基等人关注的中介变量是消极的工作反刍。反刍是衡量持续认知的一种方式,表现为个体很难停止思考过去的事件,比如工作场所不文明行为的受害者在工作日结束很长时间内持续思考不文明行为经历。根据压力的持续性认知模型,持续的认知指的是一个人在多大程度上持续回忆过去的经历,其是压力与紧张,特别是躯体症状和最终疾病联系在一起的一种机制。因此,反刍可以解释压力因素与紧张或其他长期结果影响之间的联系,即暴露在压力源下与反刍增强有关,而反刍反过来又与紧张结果的增加相关。例如,消极的工作反刍会减缓皮质醇和心血管的恢复,并且可以解释在醒着和睡觉时应激源和心脏活动之间的关系。

工作场所不文明行为违反了社会文明规范,可能会让受害者质疑自己在组织中的地位,并在很长一段时间后沉浸在这一经历。例如,在最近的一项实验操作中,经历了团队成员的无礼行为的受害者会报告更多的自责,进而导致更多的反省,尤其是在没有目击者的情况。因此,根据压力的持续化认知模型,德姆斯基等人假设工作场所的不文明行为是一种工作压力源,可能会在工作结束后激活对工作相关事件的长时间或重复思考,即消极的工作反刍。

假设 1:来自同事和主管的无礼行为与消极工作反刍呈正相关

消极的工作反刍意味着在一天的工作结束后无法“放下”工作事件。因此,长时间沉思在工作中可能会削弱一个人在晚上睡好觉的能力,导致个体睡眠质量下降,包括失眠和入睡时间延长。之前的研究表明,持续的认知,如担忧,在一般工作压力与睡眠质量之间起中介作用。与无礼行为相似的工作欺凌研究也发现,反省可以解释欺凌与睡眠受损之间的关系(。考虑到在工作后进行消极的工作反刍可能会调用与工作需求类似的心理生理系统,因此,德姆斯基等人认为消极的工作反刍阻碍了有效恢复的发生,即失眠症状增加。

假设 2:消极的工作反刍与失眠症状呈正相关

作为一种工作压力源,不文明行为是导致个体失眠症状增加的根本原因,同时,结合假设 1 和假设 2,德姆斯基等人认为,消极工作反刍可能是工作场所不文明行为与失眠症状之间的中介机制(图3–4)。

假设3:来自同事和主管的无礼行为和失眠症状呈正相关

假设4:来自同事和主管的无礼行为和失眠症状之间的联系将通过消极的工作反刍来中介

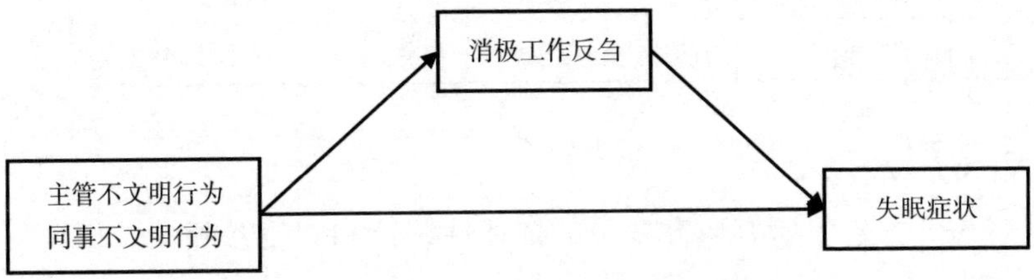

图3–4　消极工作反刍的中介假设模型

2. 数据收集

德姆斯基及其同事通过电子邮件招募了699名林业局的员工参与研究。参与者的平均年龄为48岁(SD=10.84),平均任职时长16.67年(SD=10.12),平均每周工作5天(SD=0.42),每周工作41.77小时(SD=10.30),女性占样本的49.2%,而男性占47.2%,3.6%受访者未透露性别。共有41%的参与者将他们目前的工作归类为主管,而59%的人从事的是非主管职位。参与者受雇于林业局的各种职位,包括娱乐、资源管理(野生动物和木材)、野地火灾预防、商业运营规划和公共事务。

所有的变量均通过成熟的量表收集(表3–1),并要求被试报告过去六个月出现每种情况的频率。其中工作场所不文明行为量表包含14项,7项涉及主管不文明行为,另外7项涉及同事不文明行为;消极工作反刍涉及5项情感体验反刍;失眠症状涉及4项失眠描述。另外研究还控制了家中儿童数量,工作时间以及饮酒次数,因为研究表明这三个变量都与睡眠水平有关。

表 3-1　变量的评分和信度

变量角色	调查变量	样　题	评分	信度
自变量	主管不文明行为	"你的主管贬低你或者低水平评价你"	1=从不;5=总是	α=0.93
	同事不文明行为	"你的同事贬低你或者低水平评价你"		α=0.93
中介变量	消极工作反刍	"你在不工作的时候会被与工作有关的问题困扰吗"	1=从不;5=总是	α=0.96
因变量	失眠症状	"晚上醒了好几次"	1=每月≤1次;5=每天	α=0.78
控制变量	饮酒频率	"过去六个月你多久喝一次酒"	1=从不;4=总是	——

3. 结果分析

表 3-2 报告了所有研究变量的描述性统计和双变量相关。相关分析结果表明,不文明行为、消极工作反刍与睡眠症状两两正相关。

表 3-2　变量的均值,平均数与相关性

变量	*M*	*SD*	1	2	3	4	5	6
1. 家中儿童数量	0.56	0.99						
2. 每周工作时间	41.77	10.30	0.05					
3. 酒精使用	3.50	1.74	−0.12**	−0.03				
4. 主管不文明行为	1.95	0.94	0.05	0.14**	0.03			
5. 同事不文明行为	1.85	0.83	0.04	0.10*	0.01	0.41**		
6. 消极工作反刍	2.76	1.12	0.05	0.14**	0.08	0.41**	0.29**	
7. 睡眠症状	2.65	0.98	0.11*	0.01	0.00	0.15**	0.18**	0.37**

使用 SPSS22.0 普通最小二乘回归模型检验假设 1、2、3。主效应结果显示(1)主管不文明行为($\beta=0.48$,$t=10.12$,$p<0.001$,$\Delta R^2=0.16$)和同事不文明行为($\beta=0.38$,$t=6.83$,$p<0.001$,$\Delta R^2=0.08$)与消极工作反刍呈显著正相关,支持假设 1;(2)消极工作反刍与失眠症状显著正相关($\beta=0.33$,

$t=9.38$，$p<0.001$，$\Delta R^2=0.15$)，支持假设 2；(3)主管不文明行为($\beta=0.16$，$t=3.53$，$p<0.001$，$\Delta R^2=0.02$)和同事不文明行为($\beta=0.21$，$t=4.23$，$p<0.001$，$\Delta R^2=0.03$)都与失眠症状显著正相关，支持假设 3。

假设 4 通过 process 宏插件的模型 4 进行检验，中介检验结果显示，主管的无礼行为通过消极工作反刍间接地与失眠症状相关(效应 = 0.156，$SE=0.025$，95%置信区间[0.112，0.209])。同事不文明行为与失眠症状之间的间接关联也有类似的结果(效应 = 0.119，$SE=0.022$，95%置信区间[0.080，0.167])，支持假设 4。

4. 研究启示

该研究的结果说明工作场所的无礼行为经历增加了个体的消极工作反刍，随后，这种消极的反刍导致了更多的失眠症状。因此，消极工作反刍是解释工作场所无礼行为与失眠症状增加之间联系的一种中介机制，进一步支持了压力的持续性认知模型。同时这也扩展了职业健康心理学中关于压力作用机制的研究范围，证明了消极反刍是工作压力对睡眠产生消极作用的重要路径。因此，为了促进员工以更好的状态进行工作，管理者除了创造文明、尊重、参与的工作环境氛围，尽量减少工作场所的不文明行为以外，还需要重视对员工认知技巧的培养并尊重员工选择的脱离方式(例如，不回复非紧急工作信息)。

(二)研究 2：心理脱离的减少

该研究探讨了链接工作压力与家庭的一种资源机制，即工作心理脱离，认为不能从工作压力事件中精神分离出来是造成员工回到家中对伴侣进行更多贬低行为的重要原因(Meier & Cho，2018)。

1. 理论假设

员工的工作压力对他们私人生活的有害影响已经有了许多的实证。一个解释工作压力源对私人生活影响的重要框架是溢出—交叉模型。该模型假设来自工作领域的压力在个体内转移到家庭领域(即溢出)，然后通过社会互动在个体间传递，从而影响家庭成员的幸福感(即交叉)。为了解释工作和家庭之间的联系，大多数研究都考察了基于情感的机制。例如，工作中的工作量和负面社交通过负面情绪预测婚姻愤怒和退缩。同样,工作量被证明可以预测工作和家庭中的情绪,这与家庭中的社会行为有关。综上所述,现有的文献为基于情感的机制提供了充分的证据,表明工作压力源通过引发特定的情感状态来塑造员工在家庭领域的行为。

然而,有研究者提出工作压力源不仅可以通过加剧负面情绪(基于情感的机制)来触发工作中的反社会行为,也可以通过资源耗竭(基于资源的机制)来实现。在此基础上,该研究提出,除了工作压力引起的负面情绪外,缺乏调节冲动和反社会行为的资源可能解释了为什么压力过大的员工在家庭环境中表现得咄咄逼人。目前的研究选择了心理脱离作为资源耗竭的关键因素,以间接测试资源的作用。对工作心理脱离是指人们在下班期间精神上与工作分离的状态,这种状态可以让员工补充必要的资源,以遏制自己的功能失调行为。因此,该研究将脱离定义为一种基于资源的机制,通过这种机制,工作压力源可以影响员工在家中的行为。

为了有助于在工作和家庭之间增强资源机制的概括性,目前的研究还选择了两种性质不同的压力源,一个是与任务相关的工作负荷,另一个是与社交相关的工作场所不文明行为。由于压力性质不同,他们对员工的影响也有可能是多样的。因此,选择两种性质的压力源有助于更好地说明工作与家庭关系的中介因素作用的普遍性。

高工作负荷是一种与任务相关的压力源,与数量需求有关(例如时间压力)。人们很难在闲暇时间从心理上脱离工作,因为他们的工作负荷太大,而且不太可能在工作截止日期前完成工作。由于工作负荷大,员工在一天结束时还存在未完成的工作,就会觉得很难脱离工作,因为未完成的任务往往会加强人们在精神上继续工作的意愿。繁重的工作负荷也可能导致员工在下班时间工作,要么完成未完成的任务,要么为下一个工作日做准备。根据这些假设,可以推测,高工作负荷与心理脱离减少有关。

工作场所不文明行为是一种社会应激源,其特点是强度低于工作场所的攻击行为和模糊的伤害意图,包括以居高临下的语气说话,发表贬损的言论,忽视或排斥同事等。暴露在工作场所的无礼不文明行为被认为会引起员工的认知反应，其社交性质和模棱两可性质可能会使在心理上脱离工作变得特别困难，例如对事件进行反思，或者完成因无礼行为导致的时间浪费或无法集中精力而没有完成的工作任务。因此，该研究提出了以下假设：

假设 1a：工作负荷与心理疏离呈负相关

假设 1b：工作场所的无礼行为与工作中的心理疏离呈负相关

另外，该研究提出对伴侣的社会贬低作为一种由工作压力源引起的家庭行为反应，是指对伴侣表达负面评价或批评的行为。梅尔等人认为缺乏脱离在工作压力源和对伴侣的社会贬低之间起中介作用。原因在于，在下班时间不能脱离工作会剥夺员工补充资源的机会，事实上会进一步损失与自我控制相关的重要资源。随着这些资源的枯竭，人们的行为更加冲动和反社会。因为关注和考虑伴侣的观点需要花费资源，而敌对和自私的行为则不需要，所以不能脱离工作而资源耗尽的员工更有可能对他们的伴侣做出敌对行为。因此，有理由推测失败的心理脱离在工作压力源与社会贬低之间起中介作用，即：

假设 2：对工作的心理脱离与对伴侣的社会贬低行为呈负相关

假设 3a：对工作的心理脱离部分地中介了工作载荷对伴侣社会贬低行为的影响

假设 3b：对工作的心理脱离部分地中介了工作场所不文明行为对伴侣社会贬低行为的影响

2. 数据收集

该研究使用了一项基于网络的纵向调查数据，其包括五次每隔 2 个月进行的评估。参与者是在瑞士一所大学的硕士研究生的帮助下招募的，他们在互联网上和向身边的人广泛地宣传这项研究。最终样本包括 470 名来自不同工作岗位且有伴侣的员工，51%是女性，平均年龄为 33.5 岁（*SD*=

10.9),8%的人只完成了义务教育年限(9 年),52%的人完成了中学教育(12 年),15%的人获得了学士学位,25%的人获得了硕士或博士学位,70%的参与者全职工作,周平均工作时间 39 小时($SD=6.0$),任期 0.1—35.0 年($M=5.2$;$SD=5.8$)。每段时间的参与人数为 470 人,373 人,340 人,289 人和 272 人。

所有的变量均通过自我报告的形式收集,被试被要求报告过去 30 天的情况,测量工具包括工作量量表 4 项,不文明行为量表 7 项,心理脱离量表 4 项,对伴侣的社会破坏行为 6 项。样题、评分、信度情况见表 3-3。

表 3-3　变量的评分和信度

变量角色	调查变量	样　题	评分	信度(t1)
自变量	工作量	“你多长时间被催促一次”	1=从不;5=非常常见	α=0.81
	不文明行为	“你说话时被打断的频率有多高”	1=从不;7=经常	α=0.87
中介变量	心理脱离	“在闲暇时间,我忘了工作”	1=不同意;5=完全同意	α=0.92
因变量	社会贬低行为	“当我下班回家时,我有时会对我的伴侣做出令人不快或愤怒的行为”	1=从不;5=总是	α=0.90

3. 结果分析

为了调查被试流失的潜在影响,将完成了 5 个时间点评估的数据与少于五次评估的数据进行研究变量的差异测试,结果显示任何变量都没有显著的差异。表 3-4 报告了研究变量在五个时间点的描述性统计结果与相关分析结果,所有相关系数在 0.1 及以上的变量之间均呈显著相关。

表 3-4　变量的均值,平均数与相关性

变量	*M*	*SD*	1	2	3	4	5	6	7	8	9	10
1. 工作量 1	3.12	0.86										
2. 工作量 2	3.09	0.87	0.66									
3. 工作量 3	2.96	0.88	0.57	0.68								
4. 工作量 4	2.94	0.91	0.58	0.73	0.75							

续表

变量	*M*	*SD*	1	2	3	4	5	6	7	8	9	10
5. 工作量5	2.97	0.92	0.51	0.62	0.60	0.69						
6. 不文明行为1	1.83	0.81	0.23	0.10	0.09	0.17	0.06					
7. 不文明行为2	1.71	0.70	0.09	0.12	0.09	0.18	0.12	0.61				
8. 不文明行为3	1.69	0.67	0.13	0.17	0.15	0.13	0.11	0.58	0.67			
9. 不文明行为4	1.64	0.68	0.09	0.14	0.13	0.15	0.12	0.60	0.69	0.71		
10. 不文明行为5	1.64	0.79	0.06	0.09	0.13	0.12	0.13	0.51	0.59	0.60	0.72	
11. 心理脱离1	3.49	0.97	-0.29	-0.22	-0.19	-0.25	-0.19	-0.22	-0.22	-0.25	-0.19	-0.20
12. 心理脱离2	3.57	0.95	-0.27	-0.27	-0.25	-0.34	-0.21	-0.17	-0.24	-0.17	-0.18	-0.15
13. 心理脱离3	3.54	0.97	-0.18	-0.23	-0.29	-0.29	-0.23	-0.15	-0.20	-0.18	-0.14	-0.15
14. 心理脱离4	3.60	0.99	-0.26	-0.35	-0.36	-0.46	-0.36	-0.22	-0.28	-0.23	-0.25	-0.25
15. 心理脱离5	3.56	1.04	-0.14	-0.20	-0.23	-0.37	-0.33	-0.17	-0.28	-0.21	-0.26	-0.26
16. 社会贬低行为1	1.95	0.82	0.82	0.19	0.1	0.23	0.09	0.33	0.23	0.22	0.22	0.21
17. 社会贬低行为2	1.83	0.75	0.75	0.21	0.17	0.19	0.12	0.29	0.38	0.28	0.35	0.28
18. 社会贬低行为3	1.86	0.67	0.67	0.21	0.28	0.33	0.14	0.27	0.35	0.35	0.33	0.31
19. 社会贬低行为4	1.78	0.77	0.77	0.22	0.26	0.32	0.13	0.21	0.33	0.33	0.40	0.31
20. 社会贬低行为5	1.79	0.79	0.79	0.20	0.25	0.31	0.31	0.31	0.29	0.33	0.39	0.46

续表3-4　变量的均值，平均数与相关性

变量	11	12	13	14	15	16	17	18	19			
12. 心理脱离2	0.62											

续表

变量	11	12	13	14	15	16	17	18	19			
13. 心理脱离3	0.52	0.65										
14. 心理脱离4	0.50	0.65	0.63									
15. 心理脱离5	0.55	0.59	0.63	0.65								
16. 社会贬低行为1	-0.42	-0.32	-0.25	-0.22	-0.23							
17. 社会贬低行为2	-0.29	-0.39	-0.27	-0.30	-0.19	0.64						
18. 社会贬低行为3	-0.35	-0.34	-0.40	-0.40	-0.32	0.60	0.65					
19. 社会贬低行为4	-0.32	-0.31	-0.31	-0.414	-0.38	0.57	0.59	0.74				
20. 社会贬低行为5	-0.33	-0.30	-0.32	-0.43	-0.52	0.49	0.49	0.61	0.68			

注:表中 $r \geq |0.11|$,其 $p<0.05$。

所有结构方程模型的分析采用 Mplus 7 程序。为了处理缺失值,我们使用全信息最大似然估计将模型直接拟合到原始数据,与传统的处理缺失数据的方法(如按列或成对删除)相比,这样偏差更少和结果更可靠。同时,将测量概念视为潜在变量,由其题项打包成三个项目作为每个概念的结构指标。

在进行假设模型的分析之前,我们检验了潜在变量随时间变化的测量不变性以及每个压力源在三种约束下的交叉滞后模型拟合度(见表 3-5)。测量不变性包括两种模型:(1)我们自由地估计了从时间 1 到时间 5 测量工作量、工作场所不文明行为、心理脱离和社会贬低行为 20 个潜在变量的因素负荷;(2)指定每个指标的因子载荷在时间上相等。结果表明,测量模型拟合良好,$\Delta CFI<0.002$,可以视为各潜在变量的指标载荷在不同时间段保持一致。交叉滞后模型拟合包括三种模型:(1)所有的结构系数都被自由估计;(2)指定变量间的自相关系数在各个时间间隔内相等;(3)除了指

定自相关一致以外，还指定交叉滞后模型的各路径系数在时间上相等。结果表明，测量模型拟合良好，$\Delta CFI \leqslant 0.002$，模型差异可以忽略，即可以视为交叉滞后模型的自相关系数保持不变，且交叉滞后模型的各路径系数在不同时间段保持一致。

表 3-5　模型拟合情况

模型	χ^2	*df*	*CFI*	*TLI*	*RMSEA*［90%*CI*］
测量模型					
1. 自由载荷	1,846.83*	1400	0.98	0.97	0.026［0.023,0.029］
2. 纵向时间相等	1,882.06*	1432	0.98	0.97	0.026［0.023,0.029］
工作量的结构模型					
3a. 自由结构系数	1,288.52*	828	0.97	0.96	0.035［0.031,0.038］
4a. 纵向约束稳定系数	1,309.55*	837	0.97	0.96	0.035［0.031,0.038］
5a. 纵向约束稳定和交叉滞后系数	1,343.43*	855	0.97	0.96	0.035［0.031,0.038］
不文明行为的结构模型					
3b. 自由结构系数	1,310.60*	828	0.97	0.96	0.036［0.032,0.039］
4b. 纵向约束稳定系数	1,352.04*	837	0.96	0.96	0.036［0.033,0.040］
5b. 纵向约束稳定和交叉滞后系数	1,371.81*	855	0.96	0.96	0.036［0.032,0.039］

注：CFI＝比较拟合指数；TLI＝Tucker－Lewis 指数；RMSEA＝近似均方根误差；CI＝置信区间。* $p<0.05$。CFI/TLI$\geqslant$0.95，RMSEA$\leqslant$0.06，则表示拟合良好，$\Delta CFI>0.002$ 则表示模型拟合发生了显著变化。

对交叉滞后结构方程模型进行检验，结果如图 3-5 所示：(1)工作量对心理脱离有负面滞后影响($\beta=-0.07, p=0.01$)假设 1a 得到支持；(2)然而，不文明行为对心理脱离没有滞后的影响($\beta=[-0.04,-0.05], p=0.09$)，未支持假设 1b；(3)但工作场所不文明行为对社会贬低有直接滞后的影响($\beta=[0.10,0.11], p=0.02$)，假设 2 得到支持；(4)在工作量模型($\beta=[-0.05,-0.06], p=0.03$)和不文明行为模型($\beta=-0.06, p=0.02$)中，心理脱离对社会贬低行为都有负向滞后效应。

最后,研究更详细地测试了所提出的间接效应,考虑到 Mplus 仅为非标准化效应提供经偏差校正的 Bootstrap CI,因此输出了非标准化结果。由于存在多次评估,研究者分别选择了 8 个月(从时间 1 的工作压力源到时间 5 的贬低行为),6 个月(从时间 1 的工作压力源到时间 4 的贬低行为),4 个月(从时间 1 的工作压力源到时间 3 的贬低行为)作为时间间隔进行间接效应分析。结果显示,不论是哪个时间段,心理脱离都中介了工作量与贬低行为的关系(SE8 = 0.012,95% CI8 = [0.002,0.032];SE6 = 0.009,95% CI6 = [0.001,0.023];SE4 = 0.004,95% CI4 = [0.001,0.011]),但并未中介不文明行为与贬低行为的关系(SE8 = 0.009,95% CI8 = [-0.001,0.029];SE6 = 0.006,95% CI6 = [-0.001,0.021];SE4 = 0.003,95% CI4 = [-0.001,0.010])。

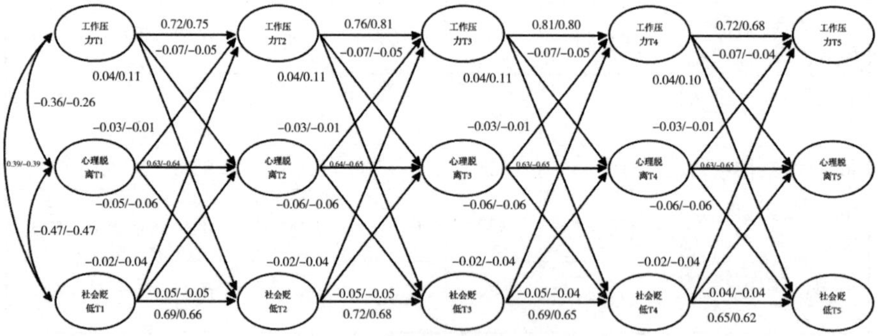

图 3-5　交叉滞后检验结果

(标准化系数,斜杠前为工作量,后为不文明行为,加粗系数 $p<0.05$)

4. 研究启示

本研究的目的是扩大我们对工作压力源如何导致家庭功能失调行为的理解,因此考察了不良心理脱离作为一种基于资源的机制在两个工作压力源(工作负荷和工作场所不文明)与对伴侣的社会贬低之间关系中所起的中介作用。从结果上来看,工作负荷稳定地预示着成功脱离的可能性减小,而这反过来又稳定地预示了对伴侣的社会贬低会增加。在纵向数据的检验中,这些效应的时间顺序与预期一致,且没有观察到逆转效应。更重要的是,随着间隔时间的增加,这种滞后效应越加明显。但工作场所不文明行为对心理脱离没有显著的负面滞后影响,无论是8个月还是4个月。

虽然与研究1的结果有所出入——可能是由于相比正向结果的预测(是否成功心理脱离),工作场所不文明行为更能预测负性变化(是否进行消极反刍)——但与研究1一致的是,两个研究都证明了脱离在工作压力源与压力后果之间的重要性。这具有重要的现实意义。一方面,从消极反刍的增加路径可以得到的启示是员工要意识到这种消极反刍的存在及其危害性,并有意识地调节自己的认知,进行一些正念、专注力训练。另一方面,从心理脱离的减少路径可以发现资源补充的重要性,正是由于脱离是员工进行资源补充的前提,如同在调节机制一章中所介绍的那样,员工应该主动制造脱离的状态,以保证恢复的进行,从而减缓工作压力源的影响。同时组织可以通过提供专注力和恢复培训,鼓励员工在工作日结束时制订工作计划来促进员工的恢复。

小　　结

本章围绕着工作压力的中介机制,搭建了以情感和资源为主体框架的工作场所压力源双通道作用路径。基于情感的作用路径主要包括消极情绪的增加和积极情感的减少,基于资源的作用路径则主要包括心理资本和工作脱离的减少、不良应对方式以及工作倦怠(主要是情绪耗竭)的增加。它们大多属于由工作压力源引起的一级心理反应,包括认知的和情绪的。除此之外,我们还梳理出了一条链接一级心理反应与行为反应的二级反应通路,主要包含工作态度与工作动机两种,我们称之为意志反应。意志反应表现为在阻碍性的工作压力源下,员工的生理、认知和情绪反应促使了其意志反应的降低,进而导致员工工作努力减少以及自动化行为增加,最终影响的是组织的绩效以及个体的健康福祉。

但本章所讨论的中介机制主要围绕阻碍性压力源展开,认为阻碍性压力源目前仍然是组织管理中的主要压力类别,以及其后果影响更为人们所重视。基于这一背景,本章的讨论内容仍然强调了资源在应对工作压力反应中的重要性。特别的是,本章还强调了情感反应(尤其是消极情绪)似乎是压力识别中的特别标识。组织者不应该将员工的消极情绪或抱怨吐槽视为简单的个人表现,而应该意识到其背后反映的是目前工作中的隐患。这种隐患具有累积性并表现出可观的长期效应,极有可能影响员工的工作态度和动机,从而影响其行为,如工作投入的减少,绩效表现的下降以及负性行为的增加。

第四章　工作压力与健康

本章首先评价了压力是否会引起疾病，然后探讨了隐藏在这个联系之后的机制的慢性和急性模型。接着从生理、行为、心理的角度探讨了工作压力和疾病的关系，分别概述了工作压力与生理疾病、工作压力与心理疾病的相关研究（包含现有研究关注和探究的生理、心理、行为的中介机制和有效的调节机制），试图为其间复杂的关系拨开云雾。最后，本章还列举了几个具体的研究案例供学习者参考。

第一节　工作压力会引发疾病吗

工作压力长久以来一直被职业健康心理学家关注的重要原因之一就是它潜在地影响个体健康。不合理的工作压力不仅危害了员工的生理健康，也危害了员工的心理健康，这严重影响了员工的工作、生活质量，并会进一步影响员工的寿命。因而，工作压力与生理健康、心理健康之间的关系及其潜在的机制值得研究者关注和探讨。

大量研究证明了工作压力与生理疾病之间的关联，尤其是心血管疾病，它是研究者普遍关注的重点。例如，煤矿工人、铁路工人、公务员、教师具有相对较高水平的工作压力和冠心病的发病率。以煤矿工人为例，他们存在高付出和投入，低回报和社会支持的特点，由于长期处于高风险、昏暗狭小的工作环境，以及工作场所存在噪声、粉尘等危害因素，他们的工作资源与工作要求难以匹配。煤矿工人的工作状态若不能及时有效地调整，极易出现工作压力及身心疲惫。并且,横向和纵向研究都表明,压力较大的职业与患心血管疾病风险、免疫力下降等生理健康后果存在关联(Sara et al.,2018)。

研究还证明了工作压力与心理健康之间的关联,主要聚焦于焦虑和抑郁这两种心理健康问题。例如,医务人员因工作时间长、工作强度大且作息时间有失规律等因素,不可避免地产生焦虑、抑郁等心理问题,心理健康水平骤减,普遍处于亚健康状态(杨柳等,2020)。压力与抑郁发生、抑郁复发之间的因果关系已经被研究证明,与工作相关的压力已被证明与抑郁症的许多症状高度相关,包括失眠、注意力下降、疲劳、能量损失和无价值感。

一、工作压力如何引起疾病

(一)工作压力引发疾病的机制

工作压力引起疾病的机制不外乎三种:心理、生理和行为,如图 4-1 所示。工作压力会引发个体消极的情绪和认知反应,例如,工作压力会抑制认知情绪调节,增强消极的工作反刍,从而使个体更容易受到工作压力的消极影响,造成不良的心理或生理健康后果。工作压力也会引起短期的(如血压升高)和长期的(如动脉粥样硬化)生理反应,造成急性或慢性的生理疾病,严重的甚至诱发死亡(如心梗导致的猝死)。工作压力还会影响个体的行为变化,例如,吸烟、饮酒、久坐、运动减少等,从而导致肥胖等不良健康后果(Tomiyama,2019)。

值得注意的是,工作压力对个体健康的影响是一个十分复杂的过程。心理反应、生理反应和行为反应可能不是直接作用于疾病,而是彼此之间相互影响,综合影响了疾病的发生。心理反应会影响生理和行为,生理反应会影响心理和行为,行为反应又会影响心理和生理。例如,吸烟能够暂时缓解员工的工作压力,提升血压和心率,长期会导致个体对香烟的依赖,并增加患肺癌、肺气肿等疾病的风险(Parker et al.,2017)。

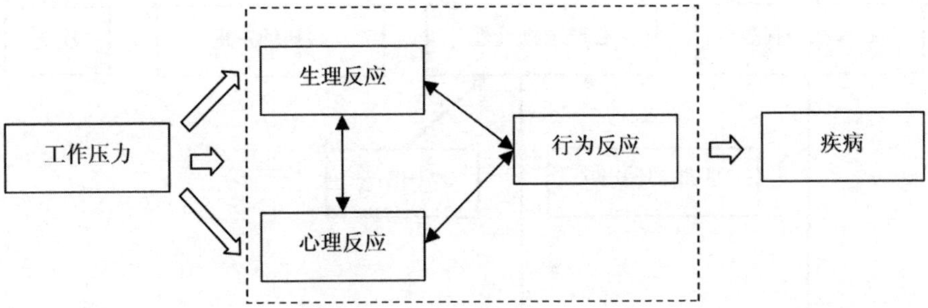

图 4-1　压力引起疾病的机制

(二)工作压力引起疾病的过程

约翰斯顿(Johnston)指出压力通过两种相互联系的机制引发疾病,并提出了压力疾病联系模型,其中包括慢性过程和急性过程(见图 4-2)。

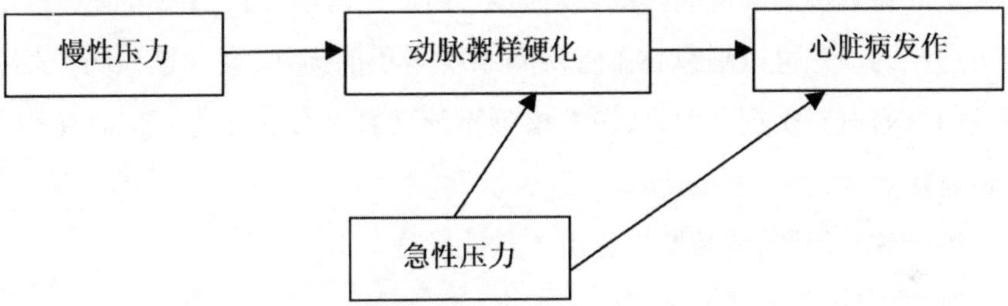

图 4-2　慢性压力和急性压力—疾病联系模型

1. 慢性过程

有关压力和疾病之间联系的最普遍的观点认为,压力导致疾病是由于其延长了生理、行为和心理因素之间的相互作用。例如,慢性的工作压力可能会引发生理变化和行为变化,这些变化的长期存在会导致心血管系统受损。尤其是,慢性压力与动脉粥样硬化相联系,这是一个使动脉遭受损伤的缓慢过程,会导致心脏血液供应受到限制。对那些有特殊基因倾向的个体来说,这种损伤可能会更大。工作压力与心血管疾病之间的许多研究发现支持了这种慢性过程(Sara et al.,2018)。这种取向与利瓦伊(Levi)的"压力—体质"疾病模型相似。该模型见图 4-3。

然而,纯粹的压力—疾病关系的慢性模型也存在许多问题。例如:(1)

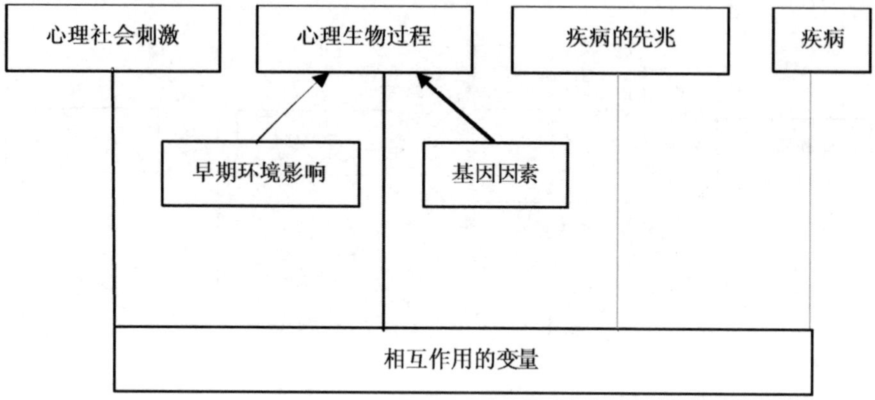

图 4-3　压力—体质模型

运动能防止压力造成的损耗,比起那些较少运动的个体,那些运动较多的个体死于心血管疾病的可能性更低。但是,运动也可能直接引发心脏病;(2)压力造成的损耗可以解释心血管疾病系统累积的损伤,这些累积的损伤会逐渐引发心血管疾病。但是,慢性模型不能解释为什么压力可以直接引发心血管疾病。

鉴于这些问题,约翰斯顿提出了急性模型。

2. 急性过程

心脏病很有可能在运动后、生气后、早晨起床时以及心率和血压变化时发作。这些急性事件,会导致突发的血管破裂和血栓形成,引发突发的心脏病,这反映了压力和疾病关系的急性模型。因而,虽然运动从长远角度能够保护个体的健康,却在急性事件中对存在心脏病风险的人而言是危险的。

压力的急性过程也表现在心理疾病上。例如,需要面对频发事故、灾难、死亡的急诊护士以及需要应对较多病患暴力行为的精神科护士患创伤后应激障碍的几率相对较高,护士的健康状况、应对方式和护龄在其间发挥一定的作用。

但是,急性与慢性过程不是相互孤立的,它们本质上是相互联系的。频繁发生的急性压力就是慢性压力,在某些经历过慢性压力的人群中,急性压力可能更容易引发冠心病,急性压力也可能导致心血管系统的损耗。此外,慢性和急性压力强调了压力在引发行为和生理变化时的中心地位。接下来,我们将逐一讨论工作压力引发的行为变化、生理变化和心理变化,以及由此引发的生理疾病和心理疾病后果及相关研究。

二、工作压力、生理变化与疾病

从广义上讲,当我们经历压力时,会激活两个系统:(1)交感—肾上腺—髓质(SAM)系统;(2)下丘脑—垂体—肾上腺(HPA)轴。当一个人突然受到威胁或感到害怕时,大脑(杏仁核,然后是下丘脑)会立即激活自主神经系统(ANS),向肾上腺发送信息,触发去甲肾上腺素的释放,进而激活内脏器官,这就是对威胁的基本自主神经交感反应。与此同时,肾上腺髓质会释放肾上腺素,肾上腺素会迅速通过血液运输,以进一步准备身体做出反应。该系统被称为SAM系统反应。在几秒钟内,肾上腺素和去甲肾上腺素使整个身体处于警戒状态,即所谓的“战或逃”反应。从而导致呼吸加快,心脏跳动更迅速有力,眼睛扩大以允许更多光线进入,并且消化系统活动减少,以允许更多的血液流向肌肉。这个效应既迅速又强烈(O'Connor et al.,2021)。

除了SAM反应,当一个人在他们的环境中经历他们认为有压力的事件时,下丘脑释放一种被称为促肾上腺皮质激素释放因子(CRF)的肽类激素。一旦释放,CRF被血液运输给脑垂体,会触发脑垂体前叶释放促肾上腺皮质激素(ACTH;Naish et al.,2019)。随后,ACTH通过循环系统到达肾上腺皮质,在那里它刺激糖皮质激素皮质醇的产生,即所谓的压力激素。皮质醇的核心功能之一是增加能量储存,增加蛋白质和脂肪的调动以及减少炎症。因此,当一个人承受压力时,皮质醇的激增会触发以糖原的形式储存在肌肉和肝脏中的多余能量的释放,然后将其分解成葡萄糖,供肌肉和大脑利用(McEwen,2019)。此外,皮质醇通过影响基因组和非基因组细胞和分子机制在调节昼夜节律方面发挥关键作用。与压力有关的生理变化示意图如图4-4所示。

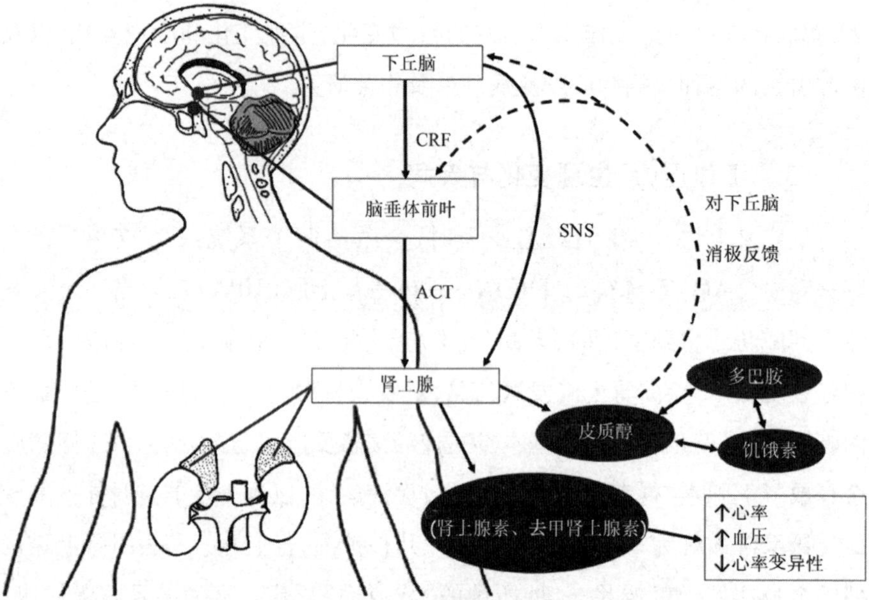

图 4-4　与压力相关的生理变化

(ACTH:促肾上腺皮质激素;CRF:促肾上腺皮质激素释放因子;SNS:交感神经系统)

(1)SAM 激活,持续分泌肾上腺素和去甲肾上腺素会导致:

- 血凝块形成
- 血压升高
- 心率加快
- 不规则的心跳
- 脂肪堆积
- 斑块形成
- 免疫抑制

这些变化可能会增加心脏病、肾病的发病几率并使机体容易受到感染。

(2)HPA 激活,持续分泌皮质醇会导致:

- 高血压
- 代谢异常

- 睡眠不佳
- 性激素紊乱和生殖系统问题
- 免疫功能下降
- 海马中的神经元受损

这些变化会使感染、消化异常、情绪和精神问题、记忆力和注意力丧失出现的几率增加。

通过慢性和急性压力—疾病关系模型可以更进一步理解这些生理变化。慢性压力更有可能使 HPA 激活并分泌皮质醇，这就导致生理结构和器官持续的损耗与相对缓慢地变化，例如代谢异常、免疫功能下降。急性压力主要通过 SAM 激活使心率和血压发生变化，可能直接引发一些疾病，例如导致动脉粥样硬化、肾病、心脏病发作。

三、工作压力、行为变化与疾病

探究工作压力与疾病之间的关系，不仅要关注与工作压力相关的生理指标的变化（如血液胆固醇升高、血压升高），还应该关注与工作压力相关的行为变化（如吸烟）。工作压力可以影响个体的行为，从而影响生理健康结果。一些行为还可以提升个体的总体健康水平，缓冲工作压力与疾病之间的关系。因而，行为不仅可以作为工作压力与疾病之间的通路，还可以作为工作压力与疾病之间的缓冲机制（如图 4-5 所示）。

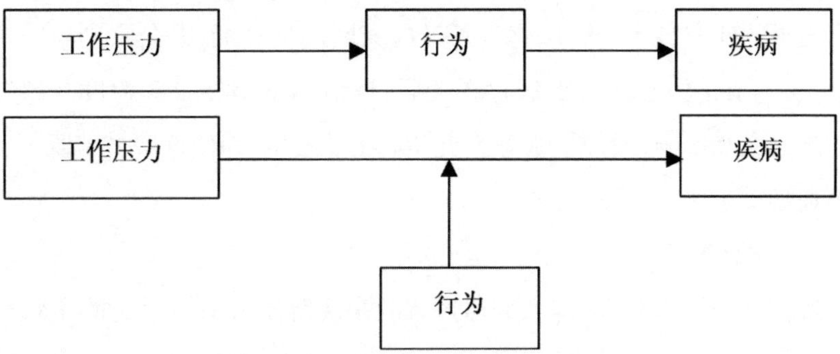

图 4-5 工作压力与行为、疾病的关系

(一)吸烟

吸烟是可预测死亡的主要原因之一。2018 年全国成人烟草流行调查的结果显示,我国≥15 岁人群吸烟率为 26. 6%,其中男性为 50. 5%,女性为 2. 1%。我国每年 100 多万人因烟草失去生命,超过因艾滋病、结核、交通事故以及自杀死亡人数的总和。除死亡外,吸烟是糖尿病、心血管疾病(如亚临床期动脉粥样硬化)、呼吸系统疾病(如慢阻肺)和多种恶性肿瘤疾病(如肺癌)患病和发病的主要原因(中国吸烟危害健康报告,2020)。

大量的研究证明了工作压力与吸烟行为之间的关联。例如,2012 年一项基于 15 项欧洲研究的元分析中发现,高水平的工作压力与吸烟更多相联系:正在抽烟的员工比没有抽烟的员工报告了更多的(11%)工作压力,报告工作压力的员工比没有报告工作压力的员工平均每周多抽 3 根烟。压力还是影响吸烟行为的维持和复发的关键因素,急性和慢性的压力源都与复吸行为相关,且遭受严重心理困扰的吸烟者具有较低的戒烟率。压力诱导被证明会降低抵抗吸烟的能力,并增加吸烟强度(即抽吸次数)和对吸烟的满意度。研究发现压力诱导实验中个体的主观压力反应和神经内分泌的压力反应都能够影响个体的吸烟渴望、吸烟和复吸行为。女性报告了更高的主观压力反应和压力变化,男性则表现出更高的神经内分泌反应(更高的总体和峰值皮质醇反应),且男性更高的神经内分泌反应与他们更大的吸烟强度有关(McClure et al.,2020)。

此外,吸烟的危害不仅作用于吸烟者自身,还危害着环境中其他人的健康。最近的研究显示,环境烟草烟雾(即家庭成员吸烟、办公室同事或主管吸烟)也与员工的心血管疾病存在关联,环境烟草烟雾暴露程度与感知的工作压力交互影响,增加了服务人员高血脂的发生,即使这些员工既不肥胖也不抽烟。

(二)饮酒

遵循减轻压力假说(即人们通过饮酒来缓解压力情境引起的紧张),大量实证研究开始研究工作压力和饮酒之间的关系,并证明了其间存在的潜在关联。例如,横断研究发现工作压力与蓝领和白领工人的酒精使用显著相关。饮酒可以减轻工作压力引起的紧张。具体来说,饮酒可能会降低一个人的自我意识,从而抑制压力体验,也可能会限制一个人的注意力集中在直接的线索上而远离产生压力的线索。此外,情感调节理论认为,有时面临压力的个体渴望快速逃离,因此会迅速转向看似自我毁灭的行为(例如饮酒)以寻求短期缓解。

但大量饮酒不利于个体健康,甚至与冠心病、癌症和肝病等疾病相联系。一些元分析发现,在正常饮酒者(即非酒精滥用者)中,适度饮酒可以预防冠心病,但也会增加多种其他疾病的风险,例如口腔癌、食道癌、喉癌、高血压、肝硬化、慢性胰腺炎。从管理的角度来看,饮酒可能与一些工作场所问题有关。例如,工作绩效问题的发生频率与轻度至中度饮酒者的平均每日酒精使用量呈正相关。随机样本研究发现,员工在饮酒后第二天缺勤的可能性大约是不饮酒的两倍。

(三)饮食

工作压力引发的饮食行为方面的变化更多反映在食量增加和摄入不健康食物方面,由此引发暴食症和肥胖等不良健康后果。个体进食以缓解其与压力相关的负面情绪的现象。个人可以在压力下吃得更多或吃得不同,大多数人倾向于高糖、高脂肪和高热量的可口食物(Tomiyama,2019)。

压力对饮食的影响在儿童时期就有体现。在贫困中长大的特点通常是早年暴露于急性和慢性压力源,会在生命后期带来持久的肥胖风险。压力会改变压力激素,从而导致较少的饱腹感反应、更多的情绪化暴饮暴食,有时甚至导致肥胖。身体脂肪在反馈回路中会改变这些相同压力激素的功能,并产生与情绪调节不佳有关的其他激素,增加了肥胖的风险。

压力引起的饮食行为非常普遍,在美国心理学会的调查中,39%的美国成年人报告称,他们要么暴饮暴食,要么吃不健康的食物来应对压力。其他调查研究也支持一种普遍模式:个人在经历压力后会实施不健康的饮食行为,日常麻烦与高脂肪、高糖零食的摄入增加相关。横断研究表明,员工在高工作量期间报告更高的能量、饱和脂肪和糖摄入量。实验研究和日记研究的调查数据支持了类似的结果,例如,研究发现:被随机分配到不可解决的字谜任务组的被试比分配到可解决的字谜任务组的被试吃更多的高糖、高脂肪食物。

总而言之,压力,尤其是工作压力诱导的饮食行为是压力导致肥胖的主要途径,无论表现为吃得更多还是吃得更不健康。

(四)运动

由于运动对体重的影响以及对冠心病的益处,所以它与健康是相联系的。研究表明压力可能会减少运动,而强调增加运动的压力管理则会改善冠心病的状况。因而,工作压力通过减少运动与疾病相联系。

压力还会破坏个体的活动模式,表现为减少体育活动或增加久坐行为。由于压力,人们可能自愿减少锻炼,花费更多时间久坐不动,或同时发生这两种行为。在这两种行为中,身体活动减少与肥胖的相关证据更为充分,久坐行为与更广泛的疾病相联系,例如肌肉骨骼健康问题、代谢问题(Panahi & Tremblay,2018)。

此外,运动还可以作为工作压力与不良健康后果之间的有效缓冲机制(Hamer,2012)。短期而言,运动可以促进多巴胺分泌,缓解个体因工作压力而产生的消极情绪。长期而言,运动还可以通过提升个体的心肺机能来缓解工作压力对个体健康后果的不良影响,例如降低生理指标对压力的反应性,降低心血管疾病的发生率。

(五)事故

事故是一个常见但却较少被研究的可引起工作场所损伤和死亡的变量。已有研究探讨了压力对事故的影响,相关研究表明经历高水平压力的个体更倾向以一种使自己受伤机会增加的方式行事,增加个体在家庭、工作和驾车中的事故率。

大量研究证明了精神压力(如工作压力)与无意识受伤之间存在联系。根据压力认知理论,不确定性(关于某种情况的不完整信息或知识,或可能的替代方案、其发生的可能性,以及其结果不被被试所知)构成了强大的压力源。有研究者将精神压力区分为生活压力和不确定性压力。他们将不确定性定义为面对模棱两可的情况和有问题的环境时的焦虑,并将生活压力定义为一种更普遍的关注状态。他认为社会变化和异常可能会产生过多的个人不确定性，并发现43%的城市居民在中国社会转型期间感到中度或严重的不确定性。一些研究也为不确定性压力与健康逆境之间的关系提供了经验证据。生活在不确定环境中的人表现出抑郁、认知障碍、心肌梗塞和卒中的高风险。彭等人（Peng et al.，2020）的研究发现，普遍的生活压力仅与交通事故中受伤相关联，而不确定性压力与工作相关的受伤、交通事故中受伤、家庭中受伤和运动受伤均存在关联，尤其与工作相关的受伤关系最大。工作场所的压力构成了人们很大一部分不确定压力的来源，例如，失业的可能性、与领导或同事之间的矛盾等，因此，工作压力能够影响员工在工作场所中，甚至在工作场所外的受伤等事故的发生。

（六）疾病

疾病本身也是一种压力源，尤其是慢性疾病，它是增加员工工作压力的重要因素。这种情况下，生病带来的压力也可能影响个体的健康。这种压力可能会通过个体寻求帮助的可能性、服从治疗和医学建议，以及采用健康的生活方式来影响个体的行为。所以，压力能引起行为变化，这些变化与个体的健康状况相关。

这种关系在年纪较大的员工中具有较强的体现。例如，荷兰研究者在60~65岁员工间的研究显示，心血管疾病、呼吸紊乱、睡眠紊乱、关节炎等慢性疾病与增加的总体工作压力相关，呼吸紊乱、睡眠紊乱和关节炎与增加的身体需要相关，心血管疾病、糖尿病、呼吸紊乱、睡眠紊乱、关节炎与增加的情感需要有关。与不患有慢性疾病的老年员工相比，患有一种慢性疾病的老年员工报告了更高的（26%~51%）总体工作压力、身体需要和情感需要，患有两种及以上慢性疾病的老年员工报告了更高的（2倍）总体工作压力、身体需要和更高的（96%）情感需要。此外，职业地位的晋升虽然能够降低老年员工的身体需要，但是增加了老年员工的总体工作压力和情感需要，总体上增加了老年员工的工作压力（Mutambudzi & Henkens，2020）。

四、工作压力、心理变化与疾病

工作压力与生理或心理疾病相联系的心理机制主要有三种:(1)由工作要求与控制不平衡造成的工作紧张(work strain);(2)付出与回报不平衡(effort reward imbalance)和(3)组织不公正(organizational justice)。这三种机制与疾病相关的过程如图 4-6 所示。

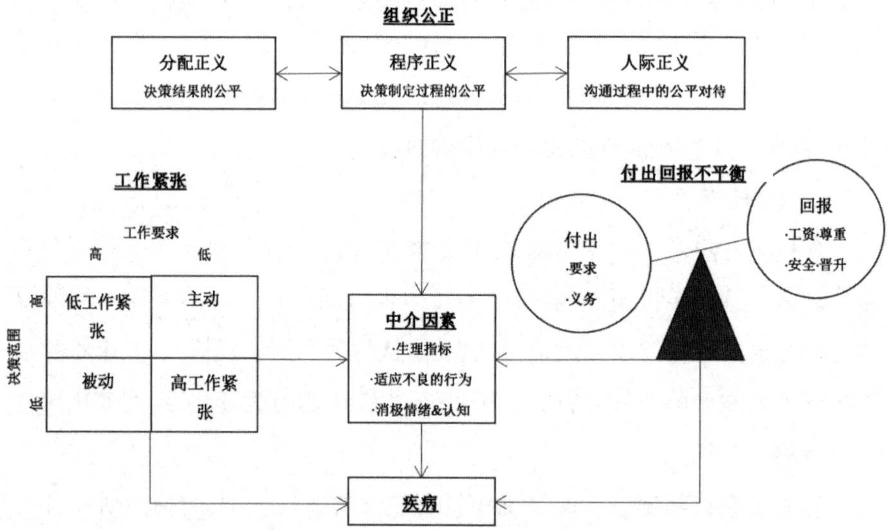

图 4-6 工作压力引发疾病的心理机制

(一)工作要求—控制模型

早期工作压力研究强调与工作有关的因素,如工作负荷、较差的工作关系、对工作控制能力不够和角色模糊的重要性。卡拉塞克(Karasek)将许多这类因素整合进他们的工作要求—控制模型中。根据这一模型,工作压力有两个方面:(1)工作要求,反映影响工作绩效的条件;(2)工作自治权,反映了对速度或者在工作中所做决定的本质的控制。工作要求—控制模型强调控制在压力源与个体健康之间的关键作用,聚焦于工作环境的客观要求与员工决策自由度之间的相互作用。高工作要求与低控制度的组合会导致工作效率降低以及健康风险上升。

毫无疑问,控制的概念在我们理解压力源和压力反应之间的一般关系中起着至关重要的作用。这在动物实验研究和人类心理生理学研究中都得到了令人信服的证明。研究者指出,对控制构念的解释取决于各自研究的特定重点以及它们所嵌入的研究传统。在工作环境中定义控制至少有三种不同的方法:(1)控制作为工作情境的客观特征,反映了工作任务的设计允许控制的机会的程度;(2)控制作为一种主观评估,反映了个人对他或她的工作情况在多大程度上易于控制的判断;(3)控制作为个人对重要结果可控程度的普遍信念。这三个方面往往没有足够明确地加以区分,即使是明确支持控制作为客观工作特征的概念的方法,也倾向于将各种相互关联的现象合并到一个单一的概念方案中。

工作要求—控制模型将其控制概念限制在决策权限和技能自由裁量权方面的客观任务特征。该模型对生理性唤起的变化解释有限,这可能是由于个人应对控制的方式有限。这种应对模式包括改变一个人的愿望水平,改变一个人的工作参与程度,减少所花费的努力量以及在认知或情感层面上保持距离。接触高要求/低控制的工作的个体可能对如何满足工作要求以及如何利用自己的技能缺乏控制,由此定义了一种抑制学习的唤醒状态;反过来,压力引发的学习抑制通过损害信心和自尊进一步增加唤醒。长此以往,由此引发的后果是长期的压力体验、健康的损害和工作投入的下降。

此外,工作要求—控制模型也认同上级和同事支持的重要性,并认为高要求、低控制、低社会支持的工作导致最高的患病风险。不论是涉及同事之间信任的情感性社会支持,还是提供额外资源和帮助的工具性社会支持都可以调节和减轻低控制和高工作要求的影响。卡拉塞克的一项研究将被试分成低社会支持组和高社会支持组,测量他们的决定控制和工作要求。结果表明,高社会支持组被试与低社会支持组相比,有较少的心血管疾病症状,并且,两组中高工作控制和低工作要求都可以预测较少的心血管疾病症状。此后,一系列研究验证并应用了卡拉塞克的模型,并报告了工作压力和引发心血管疾病的危险因素与心血管疾病本身之间的联系。

(二)付出—回报不平衡模型

主流心理压力理论认为,在评估工作对健康的影响时,重要的是要包括人们应对工作压力方式的信息。然而,一些广泛使用的理论模型只关注外在因素。付出—回报不平衡模型与它们不同,因为它明确地结合了研究员工健康的外在因素和内在因素的信息。西格里斯特(Siegrist)最初提出付出—回报不平衡模型用于解释工作压力源与员工身心健康之间的关系。付出—回报不平衡模型的核心思想是,一个人对特定工作的感知或实际努力与一个人在薪水、认可度和职业发展机会方面的实际或感知回报之间的平衡,将影响一个人的健康结果。也就是说,付出—回报不平衡理论认为,个人在工作中的压力反应不仅与任务负荷和角色要求有关,而且与完成任务的付出与回报感受有关。如果工作中投入的时间、精力和情感没有兑现相应回报(付出与回报不平衡),会导致个人出现消极的情绪和行为后果以及心血管疾病死亡等健康后果(Sara et al.,2018)。

通过研究工作中高付出/低回报条件对健康的不利影响,研究者将分析重点从控制转移到回报。西格里斯特认为,工作在成年人生活中的角色定义了自我调节功能(如自尊和自我效能感)与社会机会结构之间的关键联系。特别是,职业地位的可得性与贡献和绩效、获得奖励或尊重以及属于某些重要群体(例如,同事)的经常性选择有关。然而,工作角色对情绪和动机自我调节的这些潜在有益影响取决于社会生活中交换的基本先决条件,即互惠。工作上的付出是作为社会组织交换过程的一部分投入的,整个社会在回报方面做出了贡献。社会回报通过三种传递系统分配给劳动人民:金钱、尊重和地位控制。付出—回报不平衡模型认为,成本和收益之间缺乏互惠性(即高成本/低收益条件),定义了一种情绪困扰状态,具有自主神经激活的特殊倾向和相关压力反应(Siegrist & Li,2016)。

西格里斯特从社会交换的视角指出,付出—回报不平衡作为一种交换失败现象,会引发个体出现持续而强烈的应激反应,并经由特定神经反应系统损害个人健康。例如,大量的研究证明付出—回报不平衡预测了个体的不良心理健康后果,尤其是情绪健康。按照情绪认知评价理论的观点,在面对压力刺激时,个体会先对该刺激的影响进行评估,然后才会引发特定的情绪反应。付出—回报不平衡直接反映了个体对自己与组织互惠关系的评价,判断组织是否对等地履行了付出与回报相匹配的承诺,如果不匹配(低回报),就会导致员工心理契约的破裂,并会削弱员工对工作的可预见性和可掌控感,让员工体验到不安全的工作感受,最终引发员工的焦虑和抑郁(谢倩等,2021)。生理健康方面,研究者发现,相对于高付出而言,低回报是心血管疾病更重要的预测因素。

(三)组织公正模型

对员工而言,组织公正是一个重要话题,可以定义为个人对工作场所公平的看法。在大量的研究中,组织公正感知与工作相关的态度和行为有关,如工作绩效、工作退缩、工作承诺和工作满意度。

组织公正模型的作用理念是,公正是社会组织和个人社会互动的基本价值,而在工作场所长期存在的不公平感会导致工作压力。该模型由 3 个独立的构念组成:(1)分配正义,即与决策结果和资源分配相关的公平性,这些资源可能是有形的,例如薪酬,或无形的,例如表扬;(2)程序正义,它与分配正义相关,因为它与导致结果的过程的公平性有关,例如当个人认为他们在过程中有发言权或这些过程是一致的、准确的且没有偏见时,程序正义就会得到加强;(3)人际正义,它与程序正义相关并与信息正义相关,侧重于向人们解释为什么使用某些程序,并且人际正义反映执行程序的人员以礼貌、尊严和尊重对待人们的程度。

在公正感知引发健康后果的过程中,自我评估和可预测性发挥了重要作用。自我评价是指低组织公正感知会导致对个人地位、价值和自尊的负面评价。组织公正也具有工具价值,因为员工不仅更有可能获得发言权,而且还可以预测工作场所根据哪些规则做出决策。此外,员工使用公正来衡量是否信任组织机构。

低公正感知被认为是一种工作场所压力源,会导致压力和健康问题。低公正感知会引起人们的不可预测能力和无能为力的感受,因此可能会降低个体的自尊和组织中的个人地位评价,从而会引发焦虑。此外,由于组织公正往往是组织所固有的并且不容易被规避，因此常常被认为是一种长期的压力源，因此很可能在很长一段时间内影响各种健康受损指标（Eib et al.,2018）。

低组织公正也通过心理生理机制和行为生活方式机制影响个体的健康后果。长期暴露于低组织公正会通过持续激活身体系统而破坏恢复和健康，还会破坏自我控制，从而增加负面的健康行为，例如饮酒、吸烟或久坐不动的生活方式。实证上，有一些证据表明心理生理学途径可以解释公正如何随着时间的推移与健康相关，健康行为作为公正感知与健康（如：因病缺勤、抑郁症状、自我评价的健康状况）之间的中介变量也得到了支持（Eib et al.,2018）。

值得注意的是，认知过程在身体系统的持续激活中发挥着重要作用。如果一个人对与工作相关的消极想法不脱离，压力源的激活可能会延长。对工作的精神专注是指对未来事件（即担忧和预期压力）的焦虑认知状态和工作背景下的反刍。低组织公正感知通过影响工作的精神专注产生非稳态负荷，从而增加健康受损的风险。研究表明，整体组织公正感与一年后对工作的精神专注有关，而对工作的精神专注在组织公正与心理健康之间起中介作用。低公正感可能会通过长期激活压力反应来影响健康，许多研究都强调了反刍和担忧思想对于组织公正感知与个体恢复之间关联的重要中介作用。

第二节　工作压力与生理疾病的相关研究

工作压力与各种各样的生理健康后果相联系，如肌肉骨骼问题、代谢肥胖问题、心血管疾病、死亡甚至猝死。许多生理疾病都包含复杂的身心和社会因素，涉及生理、心理和行为的诸多方面，是一个复杂而多元的过程。当前，工作压力与生理疾病的相关研究较多聚焦于心血管疾病，这主要是由于心血管疾病有较高的发病率和死亡率，对员工身心健康、生命持续（寿命）、工作生活质量产生了严重的不良影响。此外，心血管疾病由于成因复杂，涉及了身心健康的许多方面,能够较为全面地反映工作压力与生理疾病的研究现状(如图 4-7 所示)。

与上一节压力引发疾病机制的阐述一致,工作压力与生理疾病的形成也涉及生理、心理和行为三种中介机制。此外,还存在一些调节因素可能影响疾病形成过程中的各个环节。本章节将从中介机制和调节因素两个方面列举工作压力与生理疾病的相关研究。

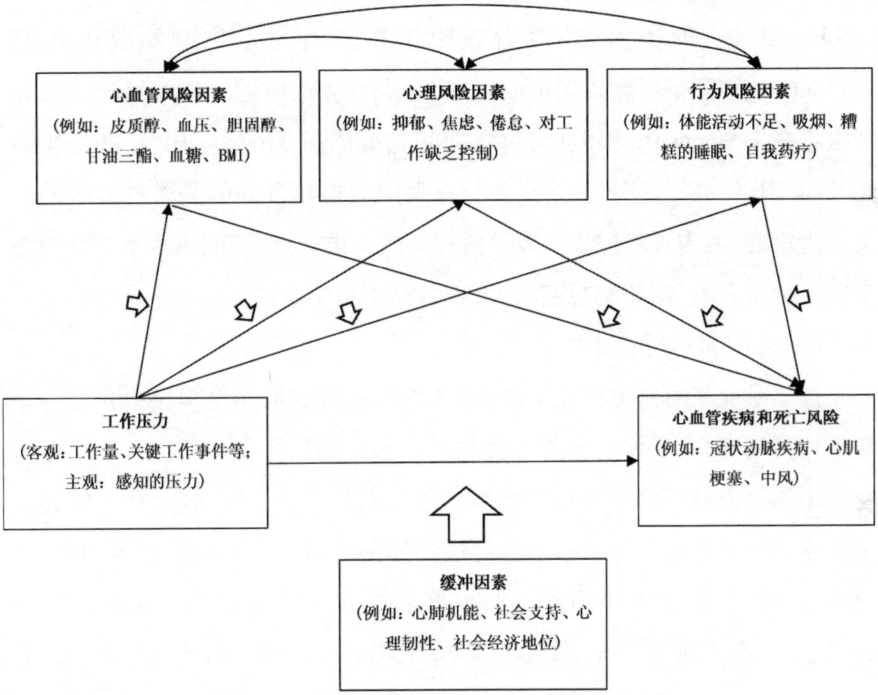

图 4-7　工作压力与生理疾病的相关研究路径图示(以心血管疾病为例)

一、中介机制

(一)生理路径

1. 血压、心率、心率变异性

(1)血压

许多研究和元分析已将血压对工作压力的反应与不良健康结果联系起

来,这些文献非常广泛。例如,一项关于心理压力对血压反应和恢复影响的队列研究的元分析(包含 6 项研究,34000 名被试)发现,与血压反应较小的人相比,11 年后,血压对心理压力的更大反应(即更大的反应和更高的恢复水平)与 21%的血压升高风险相关。因而,研究者认为,心理压力的管理可能是高血压管理的重要组成部分。兰德斯贝吉斯等人(Landesbergis et al.,2013)研究了工作压力与动态血压之间的关联。他们报告了对 22 项横断研究的元分析,结果表明单次工作压力与较高的动态收缩压(SBP)和舒张压(DBP)相关。具体而言,他们表明工作压力与工作时间收缩压高 3.43mm Hg和舒张压高 2.07mm Hg 相关;与在家时收缩压高 2.55mm Hg 和舒张压高 1.90mm Hg 相关;与睡眠期间收缩压高 3.67mm Hg 和舒张压高 2.06mm Hg相关。其中,工作压力与睡眠期间血压升高的关联对健康的意义尤为重要,因为睡眠应该代表一段相对安全的时期,夜间血压不下降与终末器官损伤有关,例如左心室肥大、心肌梗塞和中风。

(2)心率、心率变异性

许多研究表明自主神经系统失衡(以高心率和低迷走神经中介的心率变异性为指标)在工作压力与不良健康结果之间的作用。两项系统综述研究了工作压力对心率变异性的影响。雅尔佐克等人(Jarczok)2013 年的系统综述回顾了工作压力与心率变异性之间的关联,整合 1976 年至 2008 年间发表的代表来自 10 个国家的 8000 多名员工的 19 项研究的结果表明:不利的工作条件通常与心率变异性降低有关。2020 年,雅尔佐克等人(Jarczok et al.,2020)进一步整合 2013 年至 2019 年间发表的 18 项研究,包括超过 29000 名被试,这项研究同样报告了不利的工作条件通常与心率变异性降低有关。由于低水平的迷走神经中介的心率变异性与临床范围内广泛的生物标志物的风险升高有关,这些对工作压力的研究表明这种压力可能对发生多种心脏代谢和炎症疾病的风险具有重要预测意义。

(3)自主神经系统的昼夜节律

目前工作压力与生理健康的一个新兴研究领域集中在自主神经系统活动的昼夜节律变化及其与心理压力的关联。一般而言,夜间或睡眠应代表恢复、相对安全性以及相关的交感神经系统活性相对减少和周围神经系统活性增加的时期。夜间心率和血压升高与死亡率升高有关。例如,研究发现,相对于夜间收缩压或心率降低10%或更高的个体,收缩压没有降低但心率降低的个体死亡率的风险比为1.39,收缩压降低但心率没有降低的个体的风险比为1.46,那些心率和收缩压都没有降低的个体死亡率的风险比为1.9。急性和慢性压力都与夜间心率变异性增高有关。例如,在一项针对健康年轻人的研究中,即将发表的公开演讲的急性压力与演讲前一天晚上心率变异性的夜间增加减弱有关。尤其在老年员工群体中,工作压力与夜间心率变异性增加减弱表现更加明显。此外,许多研究报告了压力、工作压力、敌意和感知歧视以及社会包容、社会支持和血压下降之间的关联,有害的心理因素与较少的血压下降有关,而有益的心理因素与更大的血压下降有关(O'Connor et al.,2021)。

综上,工作压力对自主神经系统功能的影响需要长时间的压力反应来产生有害的健康影响,值得注意的是,这类研究中,在休息或睡眠期间收集的数据可能特别有用。

2. 皮质醇

大量研究探讨了对压力表现出夸张的皮质醇反应的个体可能会增加未来健康不良的风险。近年来,证据趋同地表明,对急性压力源的皮质醇反应增强和减弱都与未来健康风险增加有关。为此,卡罗尔等人(Carroll et al.,2017)提出了一种钝化压力反应性模型,试图将连接夸大和钝化压力反应的证据整合到一个统一的框架中。他们认为,对压力的高度反应对健康的破坏性影响已得到充分证实,尤其是在心血管病理学方面;然而,我们对低反应或钝化反应影响的理解仍处于起步阶段。目前的理论表明存在非线性倒U型关系,因此皮质醇的高水平和低水平可能都是有害的。

在正常生理条件下,皮质醇分泌会随着心理压力的增加而增加,在抑郁和敌意状态以及工作压力下,皮质醇分泌也会增加。虽然皮质醇通常会减少炎症,但过度分泌可能会导致对其产生抗炎特性,使身体容易受到炎症性疾病的影响,例如动脉粥样硬化。2010年,一项横断研究中发现,对压力源的反应增强与冠状动脉钙化(亚临床冠状动脉粥样硬化的标志物)有关。2012 年,一项为期 3 年的前瞻性队列研究发现,随着皮质醇对压力源的反应的标准差变化,发生高血压的几率增加了 59%。队列研究还表明,皮质醇对压力的反应升高也与三年后冠状动脉钙化的发展有关。

除了提高皮质醇反应的工作外,研究表明皮质醇对压力的较小增加或减弱的反应也可能表明当前的健康状况不佳或未来的健康风险。早期对酒精依赖和多种药物滥用者的研究证据表明,对压力的较低皮质醇反应不一定具有保护作用。例如,在语言压力测试后,正常人表现出预期的皮质醇增加,而被诊断为酒精依赖或兴奋剂依赖的患者没有表现出显著的皮质醇增加。因而,低反应(也称为迟钝反应)也可能是 HPA 轴功能失调的标志物。研究还表明,较低的皮质醇压力反应与肥胖、患肥胖症的风险、抑郁和焦虑症状有关。因此,皮质醇对压力的反应低或减弱与高水平的慢性压力和负面身心健康结果的风险增加有关。例如,奥康纳等人(O' Connor et al., 2017)发现,与对照组被试相比,曾有过自杀企图的人在应对急性压力源时表现出低水平的皮质醇。此外,元分析研究发现,早年逆境与对社会压力的皮质醇反应迟钝之间存在密切关联。

3. 肾上腺素和交感神经激活

工作压力还与肾上腺素水平升高和长期交感神经激活有关,这可能会激活血小板和巨噬细胞、上调炎性细胞因子的表达以及与皮质醇一样有助于高血压的发展、葡萄糖不耐受和血脂异常,这些都是代谢综合征的组成部分。代谢综合征被定义为存在以下 5 种成分中的至少 3 种:血压升高、甘油三酯升高、低高密度脂蛋白、空腹血糖升高和中心性肥胖。一些研究证明了工作压力会影响血脂或血糖水平,与代谢综合征存在联系。例如,在一项 43593 名男性和女性组成的法国横断研究中,即使在控制了诸如年龄、社会经济地位、健康相关行为和抑郁症状等协变量之后,以付出—回报不平衡模型为特征的工作压力仍与男性高密度脂蛋白胆固醇水平显著降低以及男性和女性 BMI 较高相关。除此之外,不少横断研究都证明了工作压力以付出—回报不平衡模型为特征,与代谢综合征相关,并且与代谢综合征的 5 种成分都相关,且在年轻男性中表现得最为明显。除了这些横断研究,一些前瞻性研究显示了类似的结果。在一项对 290 名警察进行为期 5 年的随访研究中,即使控制了众多社会人口变量(即年龄、等级、教育、地理出身、婚姻状况、住房、后代的存在、吸烟和睡眠习惯),作者仍然发现,工作需求和工作付出是代谢综合征的独立预测因素(Sara et al.,2018)。

(二)心理路径

1. 情绪

(1)消极情绪

研究表明,消极情绪,特别是愤怒,在心血管疾病的发展中起着重要作用。愤怒是一种在工作场所越来越频繁经历的情绪,在工作压力与健康后果之间发挥潜在的重要作用。大量的研究证明了愤怒在高血压和冠心病中的作用,认为愤怒和敌意在高血压的发展中发挥了重要作用:与低水平的愤怒相比,高水平愤怒的心血管疾病风险从 1.5 增加到 2.6。还有研究者利用状态愤怒和特质愤怒来揭示冠心病的潜在风险,他们发现胶原蛋白诱导的血小板聚集与特质和状态愤怒呈正相关。血小板聚集被认为是急性冠状动脉事件的诱发因素,也是冠心病的危险因素。因而,愤怒可以通过生理学唤醒(例如心率)直接导致心血管疾病症状的增加,或者通过心理社会因素(例如饮食)间接引起心血管症状的增加。

有趣的是,在经历工作压力后,经历愤怒情绪的员工无论压制愤怒还是公开表达愤怒,都会表现出心血管症状的增加,这反映了愤怒情绪在工作压力和心血管疾病之间的重要作用,因而,控制愤怒情绪对于保护员工免遭健康损害具有关键的作用。除了工作压力之外,员工的愤怒还受到年龄、性别、平均年薪和职业性质的影响,例如,商人、专业人员具有更高的愤怒。工作压力通过愤怒影响疾病的机制如图 4-8 所示。

(2)积极情绪

积极情绪的压力缓冲模型假设积极情绪能减少压力及其对身体的不利影响,从而对健康有益。例如,积极情绪可以改变压力和应对评估,降低压力反应性(即变化的程度,如血压升高、对压力的反应),或加速压力恢复。

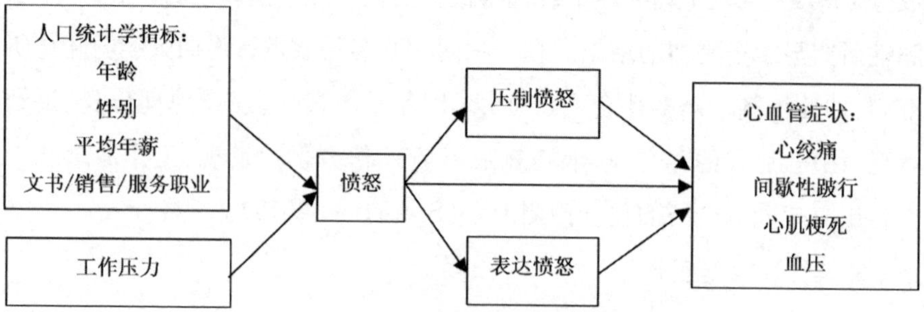

图 4-8　工作压力—愤怒—心血管疾病的机制

这些压力变化是有益的,因为反应性增加和恢复时间延长都会对长期健康产生不利影响。压力缓冲模型与修订后的压力和应对理论及积极情绪的扩展和构建理论一致。修订后的压力和应对理论明确假设,积极情绪提供了脱离与慢性压力相关的痛苦的时间,并有助于激励和维持持续的应对努力。扩展和构建理论将积极情绪解释为进化适应性,因为它引导人们在安全和无生命威胁的时期探索和放松。这些行为导致资源的建立,即使在积极的情绪状态过去之后,也可以在其他情况下调用,特别是在压力时期。因而,积极情绪被认为具有加速从压力中恢复的逆转效应。虽然目前较少有健康结果实证研究检验这种效应,但越来越多的证据表明它在死亡率等结果中的重要性。

压力缓冲模型做出了两个广泛的预测:第一个以调节为特征,第二个以中介为特征。首先,积极情绪通过削弱压力和健康行为与生理之间的联系,来调节压力与健康行为与生理功能之间的联系。其次,积极情绪本身可以减少压力的发生(即降低经历压力的可能性、减少反应性、加速从压力中恢复),从而导致更理想的健康行为和生理功能。在这个预测中,压力直接或间接通过积极情绪累积的资源中介积极情绪与健康相关变量之间的关联(Pressman et al.,2019)。积极情绪对生理健康的影响机制如图 4-9 所示。

2. 认知

(1)归因

为什么有些人可能将某些工作场所人际冲突(例如,工作场所不文明

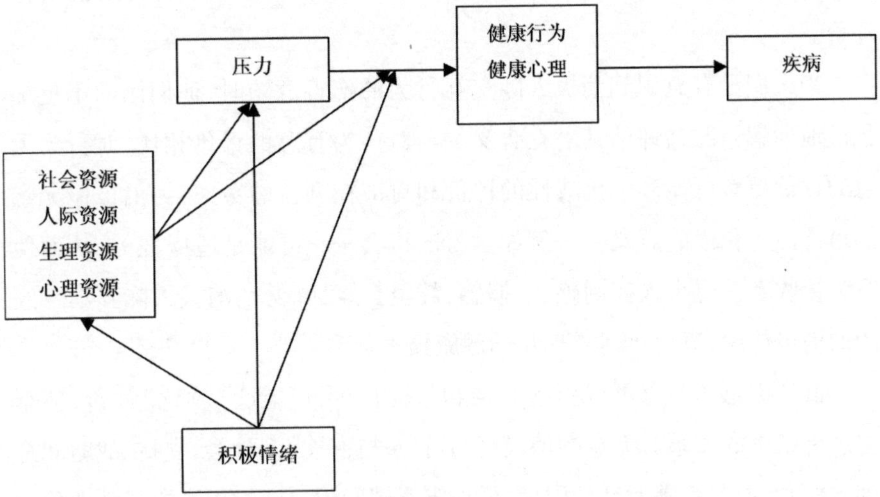

图 4-9　积极情绪影响生理健康的机制

行为)评价为负面事件,而另一些人则将其视为成长机会?研究者提出是因果归因塑造了评价。基于归因理论,人们努力回答“为什么会发生这件事?”,因为人们一直渴望了解自己的环境和体验控制,尤其是在不愉快的事件之后。在评估工作场所人际经历过程中,两个归因方面发挥着重要作用:感知的煽动者的伤害意图和感知的煽动者的控制(Marchiondo et al.,2018)。具体的作用路径如图 4-10 所示。

①煽动者高伤害意图归因强化员工对工作场所人际经历的阻碍性评价。

感知的伤害意图可能是影响受害者工作场所虐待经历的最重要因素之一,与其他归因方面相比,感知的意图归因会激起最强烈的愤怒和伤害感。感知的伤害意图归因通过创造人际距离(疏离)和减少原谅来破坏人际关系。当员工受到粗鲁对待时(例如不被给予必要的信息),感知意图是关键。根据归因理论和评价理论,如果信息的缺乏是由于有意排除或阻碍某人的表现,那么评价将是高度负面的。因此,受害者越是将消极的组织人际交互经历归因于煽动者的伤害意图,他们对该事件的负性评价就越强,从而引发更为消极的个人健康后果。

②煽动者低伤害意图归因强化员工对工作场所人际经历的挑战性评价。

当人们没有意识到消极人际交互行为的伤害意图时,他们倾向于更加积极地理解情况并评估其潜在含义。与对行为有意的评价相比,对行为无意的评价更有可能产生挑战性的评价和对潜在利益的考虑,为消极但无意的事件注入积极的意义——例如学习的机会——可能是适应性的,从而使行为接收者获得个人控制感、掌握感、甚至自尊,降低在消极人际互动中经历的消极体验,避免个体进一步的健康损害。

低伤害意图归因可以引起共情和帮助行为,可能会"软化"评价,甚至促进更亲密的关系。无意的消极行为可以被评估为亲社会、支持、战略和合理,这会增加关系满意度。因而,低伤害意图归因会通过促进挑战性评价而可能使当事人受益。例如,主管可能会严厉地要求团队成员,如果当事人不认为这种情况是故意伤害,他们更有可能推断出这种行为是善意的(例如,旨在提高绩效),从而将遭遇视为推动自己和成长的机会。人们面对不同压力事件会有不同的归因、评价和意义建构,从而引发不同的后果,这种归因不同于稳定的、一般倾向性的归因风格。

③煽动者高控制归因强化了煽动者高伤害意图归因。

感知的煽动者控制指的是:事件的原因是否在煽动者内部,而不是在另一个人内部或由于环境力量,它进一步揭示了归因对于受害者对人际经历意义建构的重要性。感知控制归因不是对行为评价的直接预测因子,而是通过预测其他归因(即伤害意图归因)间接作用于评价。也就是说,感知控制归因(包括对煽动者能力和后果信息的评估)是推断煽动者负性行为的意图(恶意或其他)的先决条件。因而,煽动者对自己行为的控制会导致行为目标获得更消极的体验,并在破碎的社会契约之后渴望人际距离(疏离)。因而,感知控制协同感知的伤害意图加剧了个体在压力性人际事件中的消极体验,从而导致一系列不良的健康后果。

(2)反刍

反刍(Rumination)是指对事件或共同主题的专注和重复思考。消极的

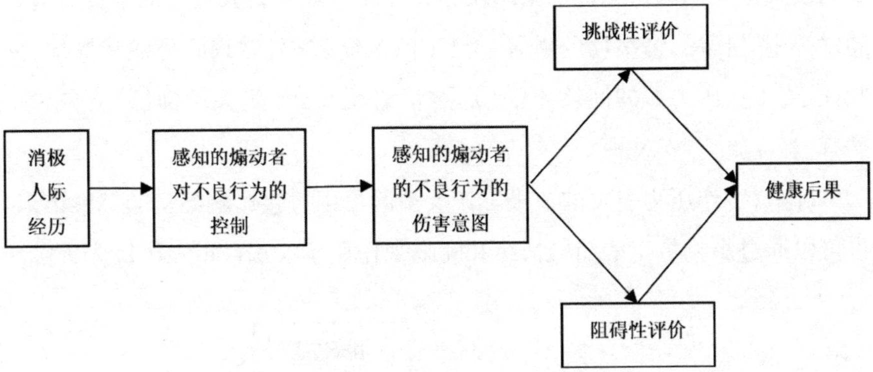

图 4-10　归因影响生理健康的机制

工作反刍是指对早先时候消极工作经历的关注以及无法摆脱与工作相关的想法,这可能发生在非工作时间。消极的工作反刍与几个健康问题有关,包括心血管疾病、消极情绪和睡眠障碍。它也被确定为一种机制,解释几个工作压力源和压力结果之间的关系,包括消极的工作经历和酒精使用;付出—回报不平衡、时间压力和睡眠;以及工作—家庭冲突和健康之间的关系。例如,德姆斯基等人(Demsky et al.,2019)的研究证明主管不文明行为和同事不文明行为通过影响员工的消极工作反刍,增强了员工的失眠症状。

研究表明,情绪反刍与慢性和急性工作相关疲劳有关,并且情绪反刍会随着时间的推移干扰工作恢复。关于反刍与福祉之间关系的初步研究表明,情绪反刍对不良健康结果有直接影响,并且消极情绪中介了反刍与身体健康状况不佳之间的关系。消极情绪和自我报告的身体健康状况不佳与年轻人工作反刍的增加有关,而在老年人中,则与工作反刍的减少有关。

工作反刍在工作压力和不良健康状况之间的中介机制已经得到了直接的研究验证。例如祖帕努和里德施泰特(Zoupanou & Rydstedt,2019)的研究证明,那些经历过压力性工作中断的员工报告了更多的心身症状和增加的情绪反刍,所以他们认为情绪反刍与员工的总体福祉受损和压力性工作中断有关。对工作有高度情绪反刍的员工更有可能因为下班后对工作的反刍而经历总体健康和福祉受损,而下班后不思考工作问题的工人则经历相反的模式。他们的研究证明情绪反刍在工作中断和自我报告的不良健康之间发挥中介作用,情绪反刍阻碍了员工的恢复过程,导致心身症状受损,并验证了:工作压力源的间接影响(通过情绪反刍)与更大的抑郁、倦怠和疾病有关。

综上,工作压力引发的消极工作反刍既可以直接影响不良的健康结果,也可以通过影响员工的消极情绪和睡眠来作用于疾病(如图4-11所示)。

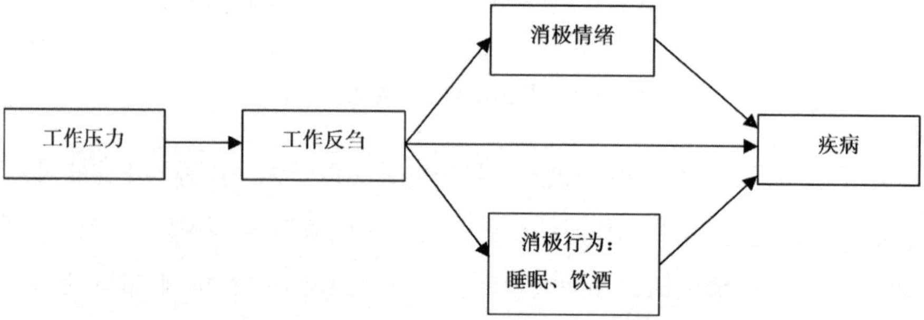

图4-11 工作压力—反刍—心血管疾病的机制

(三)行为路径

1. 吸烟

工作压力与吸烟之间的关系已经得到了较多研究的证明。例如,工作场所人际歧视(如,种族歧视)、工作场所中的不公平待遇都与吸烟行为存在较强的关联,例如遭受种族歧视的黑人更容易通过吸烟来缓解压力。吸烟是用于缓解工作压力源的具象化应对策略,并且对工作压力的情绪和身体反应均与吸烟呈正相关。

帕克等人的研究(Parker et al.,2017)具体探究了对歧视的身体反应(例如胃部不适或头痛)和情绪反应(例如愤怒或悲伤)与吸烟之间的关联。在工作场所经历的歧视给被试带来了较为严重的生理后果(即头痛、胃部不适、肌肉紧张、心跳加速等)和情绪后果(即生气、伤心、挫败等)。这些对歧视的情绪反应和生理反应都与吸烟相关,且生理反应具有更强的预测作用。根据压力过程模型,为了应对有问题的社会经历,个人可能会使用各种行为来管理问题的情感后果,这表明个人可能会通过从事不健康的应对行为来调节社会压力。此外,吸烟可以用作一种自我药疗形式,自我药疗假说提出,个体使用物质来调节身体和情绪上的痛苦,以实现情绪稳定。

针对工作场所歧视而采取以情绪为中心的应对策略,如吸烟,在短期内可能有助于阻止歧视的直接负面情绪影响。虽然吸烟能暂时缓解压力,但吸烟后血压和心率会立即增加,从而引发体内消极的生理反应,从长远来看,这种使用可能会导致长期依赖,增加患肺癌和肺气肿等与吸烟相关的健康状况的风险,造成不利的身体和心理影响。

2. 屏幕使用相关的久坐行为

工作压力与运动减少和久坐行为相关。尤其是在信息化办公时代,工作模式的改变加强了人们对电脑办公的依赖,更加剧了屏幕使用相关的久坐行为。加拿大研究者(Woodruff et al.,2021)在新冠肺炎疫情与压力和焦虑的增加以及加拿大人(尤其是女性)的心理健康状况恶化的背景下,调查了压力与个体运动、与屏幕相关的久坐行为之间的关系,发现由于新冠疫情,人们的日常压力和工作压力都显著增加,并且与工作相关的压力增加更大(例如,在前线工作、工作环境的变化、远程工作、财务担忧)。这种工作相关的压力的增加还和减少的身体活动和增加的屏幕相关的久坐行为存在关联。这个关联与之前的研究达成了一致:较高的工作压力与身体活动的减少有关,而身体活动的减少又往往与久坐行为的增加有关。

屏幕相关的久坐行为与众多不良健康结果相关,它对健康的危害甚至超过了运动不足,不仅与肌肉骨骼问题(如,腰痛)相关,还和视力健康存在关联。此外,与屏幕相关的久坐行为还和高认知投入、较少的睡眠和低睡眠质量相关,由此增加了血糖不稳定、皮质醇、生长激素释放肽分泌和饥饿感,降低了瘦素分泌,导致热量摄入和消耗的失衡,从而引发肥胖(Panahi & Tremblay,2018)。

3. 拓展研究:工作压力—反刍—健康(Demsky et al.,2019)

一项在美国林务局员工中验证消极工作反刍在工作压力源与健康后果之间发挥中介机制的研究,考察了作为工作场所人际压力源的经历的领导不文明行为和同事不文明行为和健康(即失眠症状)的关系,并探究了消极工作反刍的中介作用和心理脱离、放松的调节作用。

(1)背景

本研究探讨了消极的工作反刍和恢复经验在解释工作场所不文明行为与员工失眠症状之间关系的作用。利用压力的毅力认知模型(Perseverative Cognition Model of Stress)和努力恢复模型(Effort-Recovery Model),本研究假设了一个有调节的中介模型。其中工作场所的不文明行为通过消极的工作反刍与失眠症状相关联,这种间接效应被员工报告的恢复经验水平(即,心理上脱离工作和在非工作时间的放松)所调节。在研究这个模型时,研究者进一步建立了工作场所不文明行为和睡眠之间的联系,并确定了解释这种关系的一种途径,以及可用于阻止工作场所不文明行为对睡眠的负面溢出的资源。基于699名美国林务局员工的样本,研究者验证了这个有调节的中介模型,其中工作场所不文明行为与通过增加负面工作反刍而增加的失眠症状之间的关联对于在非工作时间报告高水平的恢复经验的员工来说是最弱的。当前研究的结果有助于人们理解为什么工作场所的不文明行为与健康后果有关,并指出了旨在促进员工从工作中恢复的干预措施的影响。

(2)研究模型

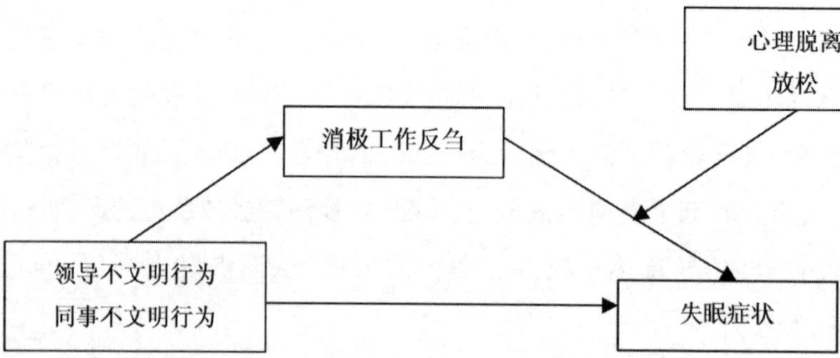

图4-12 工作压力—反刍—健康扩展研究模型

(3)方法

①被试。在获得作者研究伦理委员会的批准后,美国农业部(USDA)

在美国西南部的森林服务局的员工通过电子邮件被招募参加当前的研究。在潜在的2256名员工中，781人参与了调查(34.6%的回复率)。在参与调查的781名被试中，699人提供了可用数据(31%的回复率)。如果被试未能对当前研究中调查的关键变量提供任何回应，他们将被从最终样本中移除。被试平均年龄为48岁($SD=10.84$)，在美国农业部林务局工作16.67年($SD=10.12$)，在当前职位上工作6.95年($SD=6.23$)。女性占样本的49.2%，而47.2%是男性(其余3.6%的被试选择不确定其性别)。被试包含白人(56.5%)、非裔美国人(0.7%)、西班牙裔/拉丁裔(13.0%)、美洲原住民(3.0%)、亚洲(0.3%)和阿拉斯加原住民或太平洋岛民(0.3%)。另外21%的被试选择不确认自己的种族。总共41%被试将他们目前的工作归类为主管，而59%的人处于非主管职位。平均而言，被试每周工作5天($SD=0.42$)，每周工作41.77小时($SD=10.30$)。被试受雇于林务局的各种职能，包括资源(即娱乐、野生动物和木材)、商业运营、规划和公共事务等。

②设计。研究采取横断和自我报告的数据收集方式。

③测量。被试完成下面的测量：

• 工作场所不文明行为：采用工作场所不文明行为量表(Workplace Incivility Scale; Cortina, Magley, Williams, & Langhout, 2001)，包含7个针对主管煽动的不文明行为的题项和7个针对同事煽动的不文明行为的题项。被试评估过去6个月他们遭受这两种工作场所不文明行为的频率，采用5点里克特量表：1=从不，5=大多数事件。示例题项是："贬低你或对你居高临下"。

• 消极工作反刍：采用情感反刍的5个题项(Cropley et al., 2012)。被试评估在过去6个月他们经历这个指标的频率，采用5点里克特量表：1=很少或从不，5=经常或总是。示例题项是："您是否在工作之余为工作相关的问题而烦恼?"

• 失眠症状：采用评估失眠状况的4个题项(Jenkins et al., 1988)。被试评估自己在过去6个月经历失眠症状的程度，采用5点里克特量表：1=

低于每月一次,5=每天。示例题项是:“晚上醒来很多次”。

• 心理脱离:采用恢复经历量表(Recovery Experience Questionnaire;Sonnentag & Fritz,2007)中的4个题项。被试评估这些题项反映他们过去6个月空闲的晚上的程度,采用5点里克特量表:1=非常不同意,5=非常同意。示例题项是:“我完全不思考工作”、“我使自己远离工作”。

• 放松:采用恢复经历量表(Recovery Experience Questionnaire;Sonnentag & Fritz,2007)中的4个题项。被试评估这些题项反映他们过去6个月空闲的晚上的程度,采用5点里克特量表:1=非常不同意,5=非常同意。示例题项是:“我放松下来”、“我花时间休闲”。

• 控制变量:孩子数量、每周工作时间、饮酒频率。

(4)结果

①消极工作反刍的中介效应

员工经历的主管不文明行为和同事不文明行为均与增加的消极工作反刍相关,也与失眠症状正相关。消极工作反刍与增加的失眠症状相关。消极工作反刍在主管不文明行为与失眠症状之间发挥中介作用,也在同事不文明行为与失眠症状之间发挥中介作用。

②心理脱离的调节作用

心理脱离能够调节消极工作反刍与失眠症状之间的关联,对于那些报告心理脱离程度较高的人,这种关联将较弱。并且,心理脱离能够调节“主管不文明行为—消极工作反刍—失眠症状”和“同事不文明行为—消极的工作反刍—失眠症状”这两条间接效用路径,对于报告心理脱离程度较高的员工来说,间接效应较弱。

③放松的调节作用

放松能够调节消极工作反刍与失眠症状之间的关联,对于那些报告放松程度较高的人,这种关联将较弱。并且,放松能够调节“主管不文明行为—消极工作反刍—失眠症状”这一间接路径,对于报告放松程度较高的员工来说,间接效应较弱。但放松没有调节“同事不文明行为—消极的工作反刍—失眠症状”这条间接路径。

(5)结论

本研究通过增加消极工作反刍和恢复经历的条件影响(心理脱离和放松)检查了工作场所不文明行为对失眠症状的间接影响。结果在很大程度上支持了假设:具有最高水平恢复经验的员工(能够更好地在下班后心理脱离和放松)睡得更好,即使面对工作场所的不文明行为。这为关注工作场所条件的重要性提供了实证支持,促进积极的情感条件作为维持和改善员工幸福感和后续绩效的一种手段。本研究的结果有助于理解工作场所不文明行为如何以及何时与非工作结果(健康结果)相关,以及角色恢复可能在此过程中发挥的作用。本研究提供了一些实际意义,包括对工作场所干预的建议、旨在减少工作场所不文明行为和提高员工在非工作时间从工作中恢复的能力的政策。

二、调节机制

1. 工作控制

工作控制是指员工对有关任务行为、工作方法、时间安排和日程安排的决定的自由裁量权或自主权。与工作控制能力有限的员工相比,控制能力强的员工在如何应对工作任务要求,处理工作压力源方面有更多的自由裁量权。例如,具有高度工作控制能力的呼叫中心工作人员可能能够选择与客户共度多长时间、何时结束呼叫以及如何满足客户的需求,因而,即使客户出现负性行为,员工也可能更好地解决问题和情况,因为他们有更多的选择来帮助客户。此外,工作控制可以让员工更容易找到有效的方法来轻松调整对工作压力源的负面情绪反应,例如,选择适时休息。在充分调整后,他们可能能够更好地处理下一个工作任务,从而避免对自身进一步的身心健康损伤。从本质上讲,所有这些源自工作控制的可能好处可能会降低员工对工作中阻碍性工作任务或负性事件的压力评估,从而可以最大限度地减少情绪敏感性和对日常波动的压力源的反应性,保护自身的身心健康(Park & Kim,2018)。

2. 恢复自我效能

自我效能感是对个人成功实现目标和绩效的能力的信念,它使人能够控制潜在的威胁或压力环境。因此,具有高自我效能感的人往往在他们的环境中更能抵抗压力。在具体的恢复背景下,研究者认为,实际恢复的发生可能取决于个人对恢复的期望和信心。因此,恢复自我效能感被定义为即使在不利条件下,个人也能在非工作时间从恢复时间和机会中受益的个人期望。研究发现,恢复自我效能感与下班时间离开工作的心理脱离呈正相关,这表明恢复自我效能感可以让个人摆脱与压力相关的想法,以获得良好的身心健康。此外,具有高恢复自我效能感的人可能会更好地了解哪些个人策略最适合从压力中解脱出来(Park & Sprung,2015)。更重要的是,具有较高恢复自我效能感的人会更好地控制自己的恢复时间和活动,从而能够帮助个体在工作结束时的高消极情绪等不良条件下获得恢复,从而收获较好的健康表现。例如,研究发现,自我效能低的人很容易屈服于消极情绪的影响,并使其阻碍他们的睡眠和其他恢复过程(Park & Kim,2018)。

3. 核心自我评价

核心自我评价被定义为“个人对自己及其在世界上的功能所持有的基础心理前提”,是四种人格特质的复合体:(1)自我效能感(即一个人对他或她调动实现重要结果所需的动机和能力的总体估计);(2)自尊(即一个人对他或她的价值做出的基本评估);(3)控制点(即一个人认为他或她控制他或她生活中事件的程度);(4)情绪稳定性(低神经质,即,在压力情况下保持冷静的倾向)。核心自我评价代表了一种基本特质,它是在一生中发展起来的,而不是从单一的经验中发展起来的。高核心自我评价的人更有可能相信他们能够解决问题(即自我效能感),值得重视和尊重(即自尊),能够控制和负责发生在他们身上的事情(即控制点),并且倾向于乐观,脱离怀疑和担忧(即情绪稳定)。

核心自我评价高的人倾向于更成功地处理压力源并获得更积极的工作相关结果,压力源对他们来说不太可能产生负面的心理反应和压力,因为高核心自我评价的人更有可能认为自己是有价值的、有能力的、并能控制他们的生活。根据资源保存理论(COR),个人资源可以减少压力源对结果的影响,核心自我评价可以作为个人资源,帮助人们成功地管理工作压力,从而避免对健康结果产生负面影响。较多研究证明了核心自我评价在工作压力与不良后果之间起有效调节作用,以及核心自我评价在工作压力源和工作压力之间起调节作用,因而核心自我评价不仅有助于降低工作压力的产生,还有助于缓解工作压力引发的消极后果。例如,有研究发现,核心自我评价在工作—家庭冲突和离职、晋升、生理健康等结果之间发挥了缓冲作用。在低核心自我评价的条件下,工作—家庭冲突与糟糕的生理健康之间的相关更强;在高核心自我评价的条件下,工作—家庭冲突与糟糕的生理健康之间相关不显著(Peltokorpi & Michel,2021)。

4. 运动

规律的体育活动和由此产生的心肺机能已被证明可以增强对压力和压力相关疾病的恢复能力,并在众多工作群体中得到验证(例如警察;Schilling et al.,2020)。自 20 世纪 80 年代初以来,人们就提出了高水平的身体健康可以作为一种保护性缓冲,以防止慢性压力对身心健康的负面影响。格伯等人(Gerber et al.,2016)对文献的系统回顾(包括 27 项研究)表明,大约一半的研究至少部分支持了心肺机能对压力的缓冲潜力,由于心血管疾病相关的全球疾病负担很重,研究心肺机能和体育活动缓冲社会心理压力负面影响的潜力十分重要。

众所周知,患心血管疾病的风险与生活方式密切相关,包括缺乏运动、低心肺机能、高脂肪饮食和吸烟等主要危险因素。根据之前的研究,格柏等人(Gerber et al.,2016)认为,压力升高与心脏代谢风险增加有关,他们通过几种机制来解释心理社会压力影响心血管健康的方式,包括压力反射减弱、动脉血压升高,以及神经体液激活、糖化血红蛋白(HbAlc)、脂质反应和血浆纤维蛋白原反应增加。

哈默尔(Hamer,2012)提出,压力与心血管疾病之间高达 30%的关联可以通过压力水平高的个体参与较少的体育活动来解释。例如,在一项针对 6576 名社区居民的研究中,在控制体育活动后,在 7 年的随访中,由心理困扰引起的心血管疾病事件风险增加降低了 22%。因为精神压力和锻炼引起相似的中枢和外周反应,并且都引起大量的心血管反应,遭受基于运动的压力可能会导致适应过程,当个人面临社会心理压力时,这可能导致生理反应迟钝。一些研究也得出相似的结论,与久坐活动相比,在心理社会压力源之前进行一次急性运动会导致心血管反应减少。哈默尔因此得出结论,“定期锻炼的潜在压力缓冲益处可能主要是因为锻炼者在遇到日常压力源时更经常处于锻炼后窗口”,以及“单次急性运动后血压反应性的减弱被认为最好的解释是交感神经抑制中介的局部血管阻力降低”。此外,研究表明,受过训练的人对社会心理压力的心血管、内分泌和炎症反应迟钝。

总之,体育锻炼可以促进个体的心肺机能,并通过心血管、炎症和神经内分泌系统中发生的几个生物过程,对压力的消极后果起到缓冲作用(Schilling et al.,2020)。

5. 拓展研究:工作负荷与健康,社会关系的调节作用(Aalto et al.,2018)

(1)背景

越来越多的医生的健康问题可能会导致医疗保健方面的严重后果,因此需要采取措施防止这种情况的发展。这项研究检验了工作量与医生的痛苦变化、睡眠质量和工作能力之间的纵向关联,以及工作中积极的社会关系是否可以防止这些问题。

(2)方法

①被试与设计:本研究是正在进行的芬兰医疗保健专业人员研究的一部分,该研究从芬兰医学协会维护的 2006 年医生数据库中随机抽取了芬兰的 5000 名医生(占整个医生人口的 30%)。该登记册涵盖芬兰所有持证医生。2006 年通过邮寄问卷收集了第 1 阶段的数据。向未答卷人发送提醒和最多两次调查问卷副本。收到了 2841 名医生的答复(答复率为 57%)。

9 年后,在 2015 年,后续问卷被发送给那些在 2006 年同意参加后续调查的人(n=2206,2006 年调查中受访者的 77.6%)。那些在随访期间死亡或在 2015 年地址不明的人被排除在外,2015 年有 2159 名医生留在随访样本中。其中,1462 名医生进行了再次作答(同意随访的医生中有 68.3%(2006 年原始样本的 29%),59%为女性,平均年龄 54.8 岁,*SD*=9.74)。

②测量:被试完成下面的测量:

• 工作负荷(2006、2015 年都测):采用哈里斯护士压力量表中的 3 个题项(Harris Nurse Stress index;Elovainio & Sinervo,1997),要求被试在一个五点李克特量表上进行评定,1=从不,5=经常,示例题项:“在过去半年里,你因为无法正常工作而分心、担心或压力的频率是?”

• 健康(2006、2015 年都测):

心理困扰:采用 GHQ-12 量表中焦虑/抑郁维度的 4 个题项(Goldberg,1972),采用四点里克特量表进行评定。

睡眠问题:采用詹金斯量表(Jenkins et al.,1988)的 4 个题项,被试回答他们过去四周的睡眠困难、夜间醒来次数、保持睡着状态的难度(包括醒得太早)、保持正常睡眠量却感到疲劳的情况,要求被试在一个六点李克特量表上进行评定,1=从不,6=每晚。

可工作性:采用工作性量表(Workability Index;Ilmarinen,Tuomi,& Klockars,1997)中一个单一的题目进行测量:“假设您的可工作性在最佳状态下的值为 10,0 则意味着您根本无法工作。您会给当前的可工作性多少分?”被试的填答范围为 0-10。

• 社会关系(2015 年测):

团队氛围:采用团队氛围量表(Team Climate Inventory;Anderson & West,1998)的参与安全子维度的 4 个题项测量交互频率和信息共享等,要求被试在一个 5 点李克特量表上进行评定,1=非常不同意,5=非常同意。

同事支持:采用 3 个题项从咨询可能性和团队合作方面测量有形的社会支持,要求被试在一个 5 点李克特量表上进行评定,1=从不,5=经常。示例题项为:“在过去半年中,您因缺乏咨询可能性而分心,担心或压力的频率(反向编码)”。

③研究模型:

(3)结果

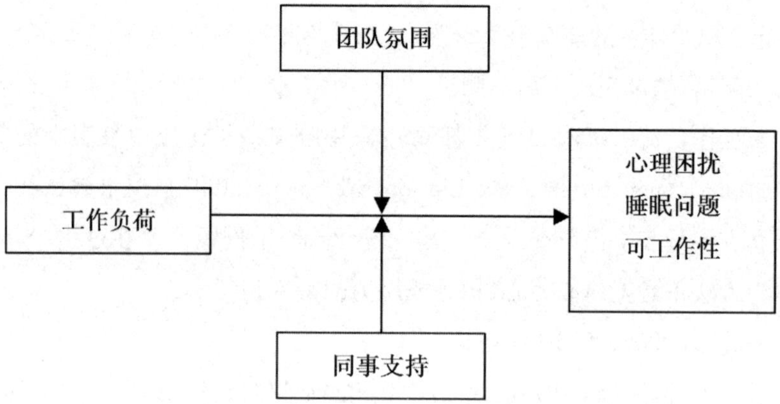

图 4-13 工作负荷与健康,社会关系的调节作用

在 9 年的随访中,工作负荷增加与心理困扰增加、睡眠问题增加和可工作性下降有关。良好的团队氛围和同事支持与减少心理困扰、提高睡眠质量以及提高可工作性有关。良好的同事支持调节了工作负荷变化与心理困扰变化、工作负荷变化与睡眠质量变化之间的关系。与年老的医生相比,团队氛围与年轻和中年医生的睡眠质量和可工作性的变化更密切相关。此外,与年老医生相比,年轻或中年医生的同事支持与睡眠质量变化的关联性更强。

(4)结论

医生工作负荷增加与心理困扰、睡眠问题增加以及可工作性下降有关,较强的社会支持和良好的团队氛围与心理困扰和睡眠质量的降低以及可工作性的提高有关。社会支持和团队氛围减轻了持续或增加的工作负荷对心理困扰的影响。社会支持也减轻了工作负荷对睡眠问题的影响。因而,医疗机构应更加重视医生的工作负荷,努力促进同事支持和良好团队氛围的可获得性。

总之,该研究结果强调了在工作中人际关系和同事的社会支持对医生福祉的重要性。因此,重要的是,医疗保健组织应更加关注人际关系和一般的心理社会工作环境,并采取措施提高对医生的社会支持。一个重要的方法可能是为医生组织临床监督。研究者(Torppa et al.,2016)报告,在卫生中心工作的家庭医生中,有36%的人表示对临床监督的需求没有得到满足,因此,研究人员建议,临床监督应该整合到医生的持续专业发展中。除了加强社会支持外,还必须解决重要的压力源,例如卫生保健环境中工作人员的工作超负荷。

第三节　工作压力与心理疾病的相关研究

压力在现代社会中是一个普遍且代价高昂的问题,特别是在工作场所中。工作压力已成为一个日益重大的公共卫生问题,因为它对生理和心理健康都有负面影响。长期的工作压力会对员工的身心健康产生不利影响,随着时间的推移,这种类型的压力可能导致严重的健康问题。除了上一节所讨论的生理健康外,工作压力导致的健康问题还涉及心理健康,例如抑郁和焦虑等精神障碍。

工作压力作为一种生活压力,与焦虑、抑郁等心理疾病存在关联(Albert & Newhouse,2019)。众所周知,第一次抑郁发作通常是在发生重大负性生活事件后发生的。此外,有证据表明,压力性生活事件与抑郁症发作之间存在因果关系。与工作相关的压力已被证明与抑郁症的许多症状高度相关,包括失眠、注意力下降、疲劳、能量损失和无价值感。工作人群中的抑郁症很常见,慢性且经常复发。与报告低水平工作相关压力的个体相比,报告高水平工作相关压力的个体显示患重度抑郁症的风险增加了两倍。压力性生活事件也往往是焦虑症的前因。有趣的是,长期随访研究表明,焦虑更常发生在抑郁症之前。事实上,在前瞻性研究中,焦虑症患者在发生压力性生活事件后最有可能患上重度抑郁症。

心理健康对个体意义重大且影响深远,重度抑郁症被世界卫生组织认定为全球范围内残疾的主要诱因之一(世界卫生组织,2018)。医学文献早就认识到抑郁症有潜在的生理原因,例如,慢性压力会导致下丘脑系统失调,这与抑郁症有关。心理健康甚至还和死亡风险的增加相联系,例如,抑郁症是接近疾病终点(例如死亡)的"晚期"中介(Gonzalez-Mule & Cockburn,2021)。本章将探讨工作压力引发抑郁和焦虑的心理机制及边界条件,如图 4-14 所示。

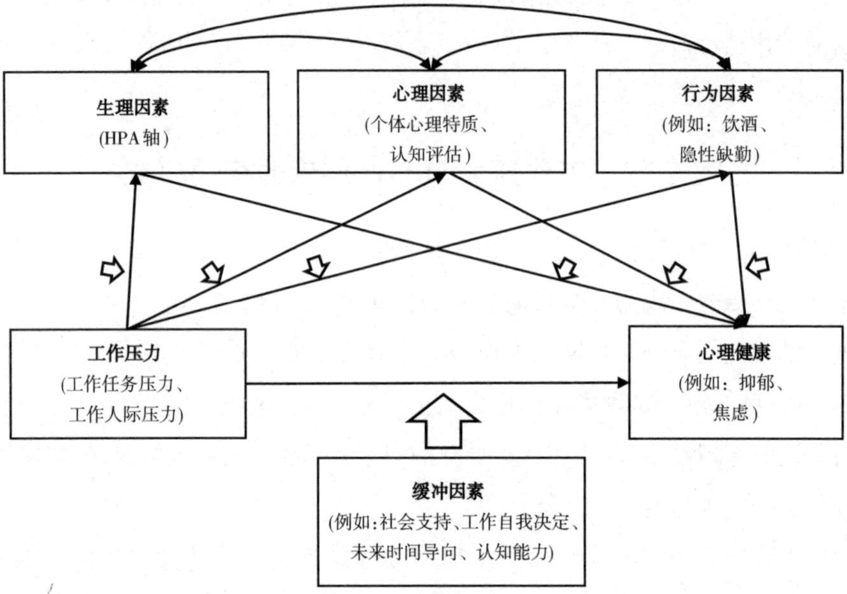

图 4-14　工作压力与心理健康的相关研究路径图示

一、中介机制

(一)生理路径

下丘脑—垂体—肾上腺(HPA)轴功能已被研究视为抑郁的脆弱性—应激框架(Vulnerability-stress framework of depression)中的脆弱性的一种。HPA 轴是一个生物系统,负责在人类和其他生物体中实施应激反应。当发生应激时,下丘脑增加释放到垂体前部的促肾上腺皮质激素释放激素(CRH)和精氨酸血管加压素(AVP)的量。垂体通过产生和释放促肾上腺皮质激素(ACTH)来做出反应,该激素刺激肾上腺产生皮质醇。皮质醇在调节中枢神经系统的众多活动(包括学习,记忆和情绪)以及外周身体系统(包括代谢和免疫系统)中起着关键作用。皮质醇还与精神疾病有关,包括抑郁症。具体而言,HPA 轴中的异常性可能是由于压力增加引起的,这可能导致系统失调,进而导致皮质醇的过度产生。研究表明,皮质醇的这种过度产生可能会改变与抑郁症有关的大脑区域的功能,例如海马体、前额叶皮层和杏仁核。因此,鉴于压力与 HPA 轴功能之间的交互影响,根据脆弱性—应激模型研究压力与 HPA 轴功能之间的相互作用关联对于理解抑郁症的病因可能具有重要意义。

为了理解压力、HPA 轴和抑郁之间的关系,越来越多的研究调查了压力对 HPA 轴的主效应。研究结果表明,在健康的成年人中,日常压力源会影响皮质醇的自然波动;在应对学术压力时,学生也表现出日常皮质醇水平的变化。此外,实验室引起的压力也始终与皮质醇水平的变化有关。总体而言,生活和实验室引起的压力都与皮质醇水平升高有关。同样,HPA 轴功能失调与抑郁症之间的关系也被记录下来。前瞻性研究表明,皮质醇的昼夜波动和皮质醇激活反应升高预测个体抑郁结果风险的提升。因而,有充分的证据证明生活压力和 HPA 轴失调与抑郁症直接相关。

此外,还有研究检验了生活压力和 HPA 轴失调是否存在交互作用,从而招致患抑郁症的风险。与脆弱性—压力理论一致,压力激活了潜在的脆弱性,导致抑郁症。与此相关的是,HPA 轴的慢性失调可能是一个潜在的脆弱性,当被生活压力激活时,可能会增加患抑郁症的风险。麦克尤恩(McEwen,2019)的开创性工作将通过生物变化实现稳定性(动态平衡)的能力描述为稳态。参与稳定身体的系统,如 HPA 轴,负责保护身体免受内部和外部压力影响。如果施加慢性压力并且身体无法适应,称为非稳态负荷,随着时间的推移,这可能会导致这些系统磨损并可能导致大脑受损,在此基础上,研究人员发现,慢性压力可能会诱发对近端压力的反应失调。目前的研究已经检验了 HPA 轴功能如何与压力相互作用,以招致患抑郁症的风险。例如,沙佩罗等人(Shapero et al.,2019)的研究验证了最近的生活压力和 HPA 变化既分别独立地与抑郁症相关联,又交互地与抑郁症相关联。

(二)心理路径

1. 个体心理特质

(1)自尊

自尊在工作压力与抑郁之间发挥着重要的中介作用。研究表明,低自尊的人表现出有限的应对资源,并认为他们的工作环境是不可控的,这随后增加了他们患抑郁症的风险。高水平的工作相关压力已被证明会降低自尊。抑郁症的交易模型认为,压力性的生活事件会对自尊产生不利影响,从而加重抑郁症的症状。因此,压力事件可能会通过自尊影响抑郁症的症状。事实上,以前的研究表明,自尊部分中介了压力生活事件与随后的抑郁症之间的关系。自尊也可能受到压力感知的影响,当个体认为压力源无法控制或高度令人不安时,自尊可能会受到威胁。受到威胁的自尊会因此影响情绪。因而,威胁自尊的工作相关压力(例如,不合规任务、辱虐管理等消极的工作场所人际交往经历)增加了心理困扰,从而引发了个体患抑郁症的风险。

(2)自我同情

自我同情是针对生活中不被人喜欢的某些方面的一种温暖和接受的模式,它包括3个主要元素:①自我善良和自我判断;②共同的人性;③正念。自我同情意味着将同情心扩展到人的内在自我,以对抗无能、失败和与生俱来的痛苦。自我同情与自我怜悯是不同的概念,因为自我怜悯是由于缺乏自信,牺牲和应对非适应性条件的能力造成的。自我同情与自尊有不同的影响,自尊是一种针对先天自我的自我评估感觉。自我同情练习已被证明可以降低皮质醇水平并增加心率变异性,这与经历压力时自我舒缓的能力有关。高水平的自我同情与较低水平的疲劳和倦怠,较高水平的创伤症状、情绪低落减少相关,缺乏自我同情会增加个体对抗抑郁的脆弱性,从而导致抑郁症状的产生。现有研究已经证明了自我同情与工作压力、焦虑和抑郁之间的显著负相关,并验证了自我同情在工作压力与焦虑、工作压力与抑郁之间的中介作用。

2. 认知评估

(1)应对方式

应对被定义为:不断变化的认知和行为努力,以管理特定的内部/外部需求,这些需求被评估为超过个人的资源。应对机制分为解决问题和聚焦情感的应对机制。解决问题的应对机制包含最小化、重新定义和解决外部需求,以减少压力源的影响。聚焦情感的应对方式与改变压力源相关的心理反应有关。有趣的是,研究发现,有效利用应对机制会影响所经历的压力和抑郁水平。此外,在护士群体中的许多研究发现,回避型应对策略与生理和心理健康显著相关。这意味着,如果一个人采取有效的应对策略来处理压力源,压力水平是可以缓解的。

研究人员认为应对是用于特定压力情况的持续策略,并聚焦于应对的多维性,它包括认知和行为努力。以往文献探讨了各种应对机制,例如直面、疏远、寻求社会支持、承担责任、回避和宗教应对,不同的应对方式因个体需求不同而产生不同的结果。应对策略可以决定一个人在面对和处理压力情况下的结果,并会影响一般健康状况。因而,有效的应对可能弱化工作压力引发的不良健康后果,而无效的应对则可能加剧工作压力引发的不良健康后果(如图 4-15 所示)。

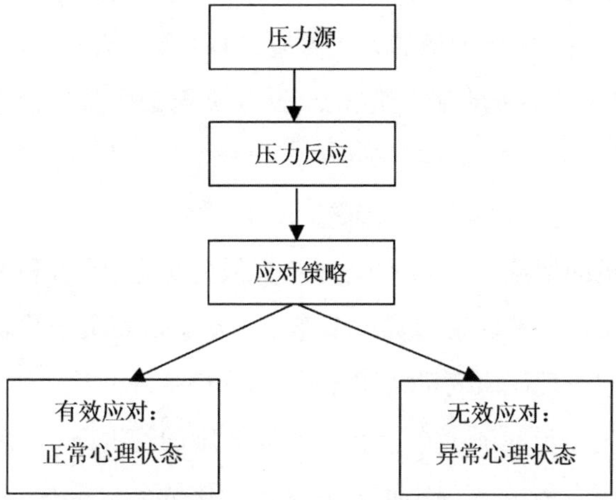

图 4-15　应对方式在工作压力和心理健康之间的中介机制

回避这种应对行为被证明与抑郁和焦虑具有高度的相关性。例如,最近研究结果表明,使用回避行为应对机制的护士的生理、心理、社会状态发生了明显的变化,采用回避或隐蔽应对机制的个体表现出更高水平的心理创伤。这表明使用有效的应对机制有助于工作人员重新获得平衡并最大限度地减少压力的负面影响。相反,无效的应对行为则加剧了工作压力的有害影响。因此,应对行为在工作压力调节过程中起着至关重要的作用,影响着人的整体健康(Hasan et al.,2018)。

(2)有意义的工作

有意义的工作被定义为"工作目标或目的的价值,由个体自身的理想和标准来判断",通常是指工作是重要的,能促进个人成长,并有助于人类更大的福祉。人类拥有一种在生命事件中寻找意义的根本驱动,这种动力也体现在工作领域。虽然有意义的工作没有被研究者广泛关注和探究,但许多职业发展理论都暗含了有意义的工作,并将其视为工作满意度的预测因子。例如,工作调整理论表明,当一个组织能够匹配员工的价值观、兴趣和需求时,满意度就会产生;以及在社会认知职业理论中,积极情绪、自我效能感、工作条件和目标进展直接和间接地预测工作满意度。有意义的工作是工作幸福感的核心组成部分。

有意义的工作可以有各种来源,并且很普遍,例如,来自大量不同样本的美国工人的证据表明,71%的人认为他们的工作是有意义的。此外,有意义感被认为是人类福祉的基本组成部分,人类繁荣的整体概念化也通常包括生命的意义。虽然幸福的定义不一定包括工作中的意义,但获得有意义的工作对于建立整体幸福感可能很重要。例如,有意义的工作与更高的生活满意度、积极的情绪和生活意义以及更低的焦虑、敌意和抑郁有关。此外,有意义的工作已被确定为防止工作压力对生活意义产生负面影响的保护因素,这也与心理健康变量密切相关,如抑郁症。艾伦等人(Allan et al.,2018)的研究进一步验证了在控制工作满意度的情况下,有意义的工作与抑郁、焦虑和压力负相关。因而,有意义的工作是个人福祉和心理健康的重要促进因素,并且能够保护员工避免在面临工作压力源时产生较多的抑郁、焦虑和压力，从而维持良好的心理健康。

(3)心理安全氛围

心理安全氛围指的是制定“保护员工心理健康和安全的组织政策、实践和程序”。因此，心理安全氛围反映了高级管理层对员工心理健康和安全的重视程度高于生产力目标。心理安全氛围理论的基础是四个关键因素：①高级管理层对压力预防的承诺；②员工健康和福祉高于生产力的优先级；③整个组织关于压力预防的沟通；④参与各级员工健康和福祉的建设。员工对高级管理层在这四个关键组成部分上的表现的看法决定了组织内心理安全氛围的水平(Dormann et al.,2018)。

以前的研究表明，心理安全氛围通过心理社会风险因素来预测员工的健康结果。例如，高心理安全氛围先于健康的工作环境，这些环境既有较低层次的需求，如情感需求和角色冲突，也有更高水平的资源，如主管社会支持和工作控制。这些健康的工作条件(例如较低的需求和更多的资源)反过来又促进了员工更好的健康结果。相反，心理安全氛围低的组织会产生不利于员工健康和福祉的工作环境。例如，低心理安全氛围对各种健康结果具有间接的有害影响，包括通过工作场所的高需求和低资源引起的抑郁症。

除了间接影响外，心理安全氛围还对员工的健康有直接影响，低心理安全氛围对应于高水平的抑郁症。这种直接影响的出现是因为心理安全氛围水平较低的组织缺乏围绕员工心理健康和安全的支持性实践、政策和程序。对于如何向经理和高级管理层报告和讨论与员工抑郁有关的担忧，缺乏明确的指导方针。即使有明确的指导方针，员工围绕其心理健康的疑虑也不会被倾听和/或解决。对员工健康和安全缺乏关注，以及缺乏支持性的做法、政策和程序，可能导致员工压抑他们真正的情绪，引发更高水平的抑郁症状。当组织对员工的健康漠不关心时，也可能导致羞辱感和自尊心下降，这是抑郁症发展的重要中介变量。总体而言，在低心理安全氛围环境中，缺乏对将患抑郁症(发展中)和经历抑郁症的人的支持，也缺乏首先预防抑郁症经历的策略，因而与员工抑郁等心理疾病存在消极的关联。

(三)行为路径

1. 饮酒

很多研究支持了工作压力促进饮酒的论点,并与更高水平的痛苦或抑郁症状有关。早期研究探究了多种形式的工作压力源与饮酒之间的关联,一项对31项关于工作压力对酒精使用影响的研究的回顾中得出结论:工作需求、工作控制和工作复杂性是最常研究的工作压力源,并且,在与酒精相关的多种形式的结果(例如,每天饮酒量、饮酒频率、大量饮酒频率、酒精障碍)中,工作压力与酗酒次数的增加最为相关,而与平均每日的酒精摄入量的增加无关。

一项横断研究利用来自583名年轻成年工人(年龄21—28岁)的社区样本数据,证明了工作压力与饮酒和抑郁症状之间的直接关联。值得注意的是,他们使用了五个工作压力源的数据来评估工作压力(而不是仅仅测量工作小时数来考察工作量),并代表了工作本身固有的压力来源(与内在工作动机相区分),从而证明了高工作量、高认知需求、高工作无聊、低技能多样性和低自主性与更高水平的饮酒和抑郁症状相关联。

虽然饮酒能够帮助个体暂时从工作压力的相关困扰中脱离出来,却因为没有真正解决问题而为长久的心理健康损伤埋下了隐患。酒精使用障碍(AUD,包括酒精滥用和依赖,其特征是渴望、耐受、戒断症状和饮酒倾向)与抑郁之间存在关联(世界卫生组织,2018)。研究表明,有问题的饮酒者中抑郁症的患病率很高,与没有酒精依赖的人相比,酒精依赖的人患抑郁症的可能性是其两倍。因而,酒精滥用可能加剧了工作压力与抑郁等不良心理健康后果之间的关系。

2. 隐性缺勤

隐性缺勤是一种员工虽然有生病或其他原因等特殊情况存在,却仍然坚持工作,但不能实现最高水平的工作绩效的一种行为,它被定义为:员工由于健康或是其他原因不能全身心地投入工作而带来的生产力损失的行为。约翰斯(Johns)提出了缺勤—隐性缺勤行为模型,认为隐性缺勤是介于完全出勤和缺勤行为之间的。员工的隐性缺勤行为会受到个人、健康和情境因素的影响。个人因素包括工作态度、可感知的公平性、人格、性别等；情境因素包括工作要求、工作的可替代性、团队工作、组织的文化和组织对待缺勤的态度等。隐形缺勤是一种不良的组织行为，员工虽然参与了工作，但无法实现应有的绩效，造成生产力损失的同时对员工自身的身心健康也造成一定的危害。

工作压力、隐性缺勤与个体身心健康的关系主要涉及两个过程：(1)工作压力（如，较长工作时间和身体负荷）导致较差的身心健康状况和较多的疾病发生率，从而导致了隐性缺勤的发生；而隐性缺勤使得患病员工无法得到充分的休息，又不利于员工健康的恢复，甚至因此对工作产生消极看法，进一步导致不良心理健康后果；(2)工作压力（如，紧急的工作任务、严苛的考勤机制）也是员工在有特殊情况时不能或不敢请假的原因，这对员工的身心健康均造成不利影响。

在对医务人员的心理状态和行为的研究过程中，研究者发现工作压力和隐性缺勤有密切的关系，工作压力是隐性缺勤的重要前因变量和影响因素。医务人员一般承担着较大的工作量，面临着病患、学术和社会等多方面的压力，容易产生焦虑等不良的心理健康反应。一项对巴西大学医院的护理人员进行深度访谈的定向研究也发现了医院护理人员的较大的工作压力增加了员工的隐性缺勤情形。纵向数据的研究发现，隐性缺勤预测了员工自我评估的不良的身心后果，包括：生理工作能力、心理工作能力、睡眠质量、肌肉疼痛等，并且还预测了员工的情绪耗竭等不良心理状态（Webster et al.,2019）。

二、调节机制

（一）社会支持

在工作环境中减少压力负面影响的主要社会因素是个人获得的社会支持程度。社会支持已经以各种方式定义，但基本上，它是一个多维概念，涉及来自不同来源的主动关心、工具性援助、信息或评估。越来越多的研究表明，社会支持对许多个人和组织成果具有重要影响，关于社会支持的直接影响（精神和身体健康状况不佳的症状较少）的文献已经得到了很好的总结。

研究表明,社会支持可以提高工作满意度和承诺,减少离职率和缺勤率,减少抑郁症状,并增强整体心理健康。

社会支持对工作压力与心理健康后果关系的调节作用主要表现在两个方面。首先,来自领导和同事的社会支持可以作为一种工作资源,以平衡员工面临的高工作要求诱发的工作压力。社会支持能够在工作要求和工作压力间起调节作用的原因在于它能够直接帮助员工完成任务(尤其在同事社会支持中表现明显),从而减低工作要求对工作压力的影响。其次,社会支持可以缓解个体因工作压力而产生的消极体验,从而避免进一步对心理健康产生消极影响。例如,来自家人和朋友的社会支持可以加速个体从消极的工作相关的情绪中恢复过来,得到放松和愉悦,避免陷入消极工作反刍。个体也能够在与家人、朋友、同事的交流中梳理清楚自己在工作中面临的问题以及针对性的解决方案,从根本上解决工作压力这个困境(金家飞等,2014)。

(二)工作自我决定

自我决定与个人对其行为的选择感、自主性和目的感有关。具有高度自我决定精神的员工可能更有能力应对增加的工作量,并且更有意愿和能力控制工作环境中可用的机会,作为对恼人情况(例如工作场所排斥)的解毒剂。研究者认为更大的自我决定权使一个人对潜在的威胁或困难事件更加开放。工作自我决定高的员工不太可能对压力性工作场所人际经历造成的对工作相关资源的外部威胁感到困扰,并且他们不太可能对潜在的威胁或困难事件做出负面反应(例如,焦虑、抑郁和倦怠)。相反,他们更愿意也更有能力控制和把握机会来应对严峻的形势。因此,工作自我决定高的员工较少因工作压力而产生消极的心理健康后果(Qian et al.,2019)。

相比之下,工作自我决定低的员工更容易在工作中遇到不愉快的情况,并且可能缺乏控制这些情况的能力,例如,在面临职场排斥时无法有效的应对和化解。此外,研究人员认为,自我决定能力低的个体可能会有更多的情绪波动和与他人沟通的困难,这可能使他们难以恢复因工作中的消极经历而造成的资源损失,从而招致不良的身心健康后果。因此,工作自我决定低的员工更容易受到工作场所消极人际经历、变化的工作任务和资源匮乏的影响,这可能会增加个体倦怠等消极体验,加剧了工作压力对个体心理健康的不良影响。

（三）未来时间导向

面向未来的人对未来给予重视和希望,他们有权制订计划并采取措施实现他们的长期目标。在令人烦恼的工作情况下,具有高度未来时间导向的员工能够评估这些情况伤害他们未来目标实现的可能性。为了实现他们的未来目标,他们更愿意珍惜和保护自己有意义的存在。这意味着他们倾向于创造机会并发起改变以补充资源损失,而不是长时间纠缠于这种情况。因此,消极的工作场所经历对他们的身心健康的消极影响被削弱了。此外,未来时间导向较高的员工将建立健康和谐的人际关系作为实现目标的重要组成部分。当遇到人际危机时,这些员工愿意并且能够制定后续计划并应用某些人际交往策略来处理它,因而他们不会陷入人际冲突带来的消极体验中,因而较不可能因此而产生不良的心理健康后果。

相比之下,未来时间导向低的员工更容易陷入当前的困境中,更不愿意在当前的活动中付出巨大的努力,而这些活动被认为有助于在遥远的未来实现目标。此外,未来时间导向较低的员工很难在社交生活中的人际关系和工作中的人际关系之间做出权衡。他们倾向于将社交网络行为导向与工作无关的社交活动,而在工作中更容易对人际关系感到困惑(例如,与同事的关系)。因此,未来时间导向低的员工既不愿意走出他们的舒适区并投入时间和精力来应对工作场所的人际冲突,又容易陷入当前困境之中,因而容易因工作场所消极人际经历而产生较为严重的消极体验和心理健康后果。

（四）认知能力

大量的工作压力与健康后果的研究都是基于工作要求—控制模型,因而聚焦工作控制作为工作需求的调节因素,但并没有解决个体差异在压力源—压力关系中的作用。一些研究通过关注与自我信念相关的特征(例如,自我效能和乐观)扩展了工作要求—控制模型。这些研究表明,当自信心高时,要求—压力关系会受到缓冲。这是因为自信心高的人认为自己能够很好地完成工作,因此与自信心低的人相比,他们不太可能认为要求威胁到他们的能力展示。

但除了个体对自己能力的信念外,个体应对工作要求的能力也在工作压力的研究中发挥重要作用,这种区别与人事选拔文献中“愿意做”与“能做”特质的概念相呼应。“愿意做”的特质反映了从事工作任务的动机倾向,而“能做”的特质反映了完成工作任务的能力。在工作要求的背景下,自我信念是影响一个人对工作需求的评估的“意志”特征,因为它威胁到一个人的福祉和绩效,而认知能力是一种“能干”的特质,会影响一个人满足苛刻工作要求的能力。

过去的研究表明了认知能力对身心健康的重要性,冈萨雷斯—穆勒和科伯恩(Gonzalez-Mule & Cockburn,2021)的研究进一步验证了认知能力在工作压力源与个体身心健康之间的调节作用。具体而言,拥有满足工作要求的技能和能力的人比没有能力的人经历的压力更小。要求苛刻的工作要求员工有效地管理他们的时间,安排优先事项并计划他们的工作量。鉴于认知能力高的人比认知能力低的人获得工作知识的速度更快,他们将能够更好地学习管理工作要求的方法,并且在要求苛刻的工作中表现得比低认知能力的人更好。因为那些具有较高认知能力的人在困难的任务中表现良好,他们也更有可能将要求苛刻的工作视为展示能力的机会。正如卡拉塞克所认为的:学习发生在高要求—高控制的工作中,认知能力为困难的工作提供了动力,而不是使工作变得棘手,从而在要求更高的工作中解决压力。另外,认知能力较低的个体没有认知能力来满足工作量大、时间压力大和注意力集中要求高的工作需求,所以这些人不太可能表现良好,并且会受到与要求高、控制力低的工作所伴随的同样受阻的目标追求的威胁,这反过来又导致身心健康恶化。

(五)拓展研究:工作压力—心理健康,高参与度工作实践和冲突管理的调节机制(Törnroos et al.,2020)

1. 背景

尽管暴露于工作场所欺凌对个人福祉和组织运作的严重后果已被很多

研究证明,但很少有研究调查组织实践如何减少欺凌对员工福祉的负面影响。本研究调查了暴露于工作场所欺凌与抑郁症状和睡眠问题间的纵向关联,以及高参与度工作实践(HIWP)和冲突管理(CM)程序是否调节了这些关联。

2. 研究模型

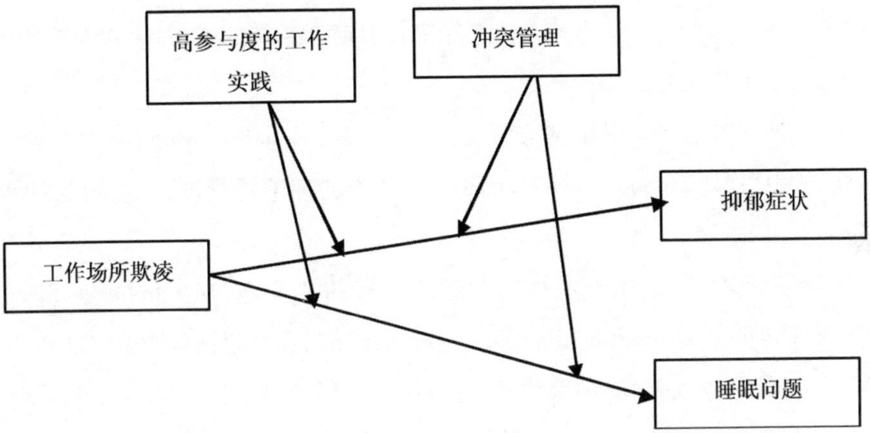

图 4-16　工作欺凌与健康后果及调节机制研究模型

3. 方法

(1)被试和程序。本研究的被试来自瑞典纵向职业健康调查(SLOSH)研究,该研究对最初具有全国代表性的样本进行了追踪。SLOSH 始于 2006 年,从 2003 年开始对瑞典工作环境调查(SWES)的被试进行跟进。SLOSH 队列随后在 2008 年,2010 年和 2014 年扩大,包括来自 SWES 2005,2007,2009 和 2011 年的被试,包括 40877 人。一旦纳入队列,所有符合条件的队列被试将被要求每隔一年回答一次问卷。总共有 29676 人(73%)回答了 SLOSH 问卷(有关更多信息,请参阅 Magnusson Hanson et al.,2018)。SLOSH 研究已获得斯德哥尔摩区域研究伦理委员会的批准,并已获得所有参与者的知情同意。

本研究聚焦第 4—7 波(2012—2018)的被试,因为这些波包括当前研究感兴趣的变量。被试纳入标准:(1)至少 30%的全职工作,(2)至少参加过一波,(3)在至少一波中没有缺失值。最终样本量为21029人,有7108名被试的数据来自单波,5728人有两波,5928人有三波,2355人有四波。

(2)测量。被试完成下面的测量:

- 遭受工作场所欺凌:采用1个题项测量(Einarsen et al.,2011),询问被试过去6个月"你是否受到上级或同事的不友善言语或行为形式的个人迫害?"反应项为:0=从不,1=过去6个月有时,2=是的,每月1次及以上,3=是的,每周1次及以上。
- 抑郁症状:采用霍普金斯症状检查表(Hopkins Symptom Checklist (SCL-90);Magnusson Hanson et al.,2014)中的抑郁子维度,反应项为:0=完全不,4=极其。
- 睡眠问题:采用卡罗林斯卡睡眠量表的4个题项(Karolinska Sleep Questionnaire;Åkerstedt et al.,2002)。被试评估自己在过去3个月经历以下事件的频率:难以入睡,频繁醒来,醒得很早,混乱的睡眠。采用6点里克特量表:1=从不,6=总是/一周5次。
- 冲突管理:采用1个题项测量,询问被试:"意见分歧主要如何在你的工作单位中得到解决?"反应项:1=通过讨论和协商,2=通过使用权威、特权和命令,3=完全不。在分析时"完全不"被编码为0。
- 高参与度的工作实践:采用Lawler(1992)PIRK模型的6个题项来测量,示例题项为:"你是否能够选择如何做你的工作?"、"人人有权就个人直接关心的问题发表意见",反应项为:1=完全同意,4=完全不同意;1=是的,经常,4=不是,从不。
- 控制变量:年龄、性别、换工作。

4. 结果

- 遭受工作场所欺凌能够预测抑郁症状,频繁遭受工作场所欺凌的员工表现出更多的抑郁症状。
- 遭受工作场所欺凌能够预测睡眠问题,频繁遭受工作场所欺凌的员工表现出更多的睡眠问题。

• 高参与度的工作实践调节了工作欺凌与抑郁症状之间的关系，即高参与度的工作实践越高，它们的关系越弱。

• 高参与度的工作实践调节了工作欺凌与睡眠问题之间的关系，即高参与度的工作实践越高，它们的关系越弱。

• 冲突管理调节了工作欺凌与抑郁症状之间的关系，即冲突管理越高，它们的关系越弱。

• 冲突管理调节了工作欺凌与睡眠问题之间的关系，即冲突管理越高，它们的关系越弱。

5. 结论

这项研究强调了遭受工作场所欺凌对抑郁症状和睡眠问题的纵向影响。此外，它表明，高度参与的工作实践和基于谈判的参与性冲突管理程序缓冲了负面影响。未来的研究应该检验其他组织因素对欺凌与员工福祉之间关联的影响，并研究其他福祉的衡量标准，以更广泛地了解遭受欺凌如何影响目标员工的福祉。

小　　结

大量的研究证明了工作压力与生理疾病、心理疾病之间存在不可忽视的联系，实验研究和现实环境的调查均从各自角度揭示出工作压力可以导致疾病。本章节从经典的压力—疾病联系的理论论述了压力通过慢性过程（与慢性压力有关）和急性过程（与急性压力有关）引发疾病，这两个途径涉及行为、生理、心理改变。行为途径指健康相关行为的改变，如吸烟、饮酒、饮食和锻炼等；生理途径指交感神经激活或下丘脑—垂体—促肾上腺素通路的激活；心理途径指个体认知和情绪的变化。不仅如此，行为、生理、心理可能不仅独立影响个体的身心健康，这些因素彼此之间也相互关联和影响，共同作用于健康后果。因而，虽然工作压力与个体健康之间存在相关是确定的，但是它们之间的机制却是复杂而多元的，仍然需要大量的研究持续探索和深入挖掘。诚然工作压力与疾病之间存在着很强的关系，这种关系却不是恒定的,受到应对、社会支持、自我信念、认知能力、运动等社会、心理和行为变量的调节作用的影响。掌握有效的压力应对方式,增加自身的心理资源都可能保护个体在纷繁复杂的工作场所压力源中免于身心健康损害。

第五章 基于预防性压力管理的干预

预防性压力管理理论(theory of preventive stress management,TPSM)指的是关于组织应该如何运作以及管理者应该对组织生活的需求采取什么方法的一套基本想法。任何组织的经理和执行人员都可以实施这些概念。虽然实施战略和具体技术应该视组织而定,但所有组织的基本要旨是相同的(Quick,1997)。

预防性压力管理包括五项指导原则:

原则1:个人和组织健康是相互依存的。

原则2:领导者对个人和组织的健康负有责任。

原则3:个人和组织的痛苦是可以避免的。

原则4:每个人和组织对压力的反应是独一无二的。

原则5:组织是不断变化的、动态的实体。

这五项原则构成了预防性压力管理理论的核心要素。它们的应用需要结合预防的三个阶段以及个人和组织预防压力管理的方法。利用这些原则和方法,管理层可以为组织制定一个具体的预防性压力管理计划。

TPSM的概念模型如图5-1所示,下层(无阴影框部分)是压力反应路径。暴露于紧张性刺激会引发压力反应,压力反应可能是积极的,导致正压力;也可能是消极的,导致痛苦。压力反应反过来会导致一系列后果,可能是积极的,如提高警觉和增强表现;可能是消极的,如医疗、心理和行为困扰(Hargrove et al.,2011)。上层(阴影框部分)是预防性管理干预的调节过程。预防性压力管理根植于公共卫生的预防概念,预防医学的一个基本概念是,在一种疾病的生命史的每个阶段都有进行预防干预的机会,这些干预措施的目的是减缓、阻止或扭转疾病的发展。组织背景下的三级预防与预防医学背景下的阶段相对应,初级预防的目的是改变可能最终导致痛苦的压力源;二级预防的目的是改变个体的压力反应以适应必要的需求;三级预防是在组织压力源和压力反应没有得到充分控制的情况下,尽量减少个人和组织的压力。

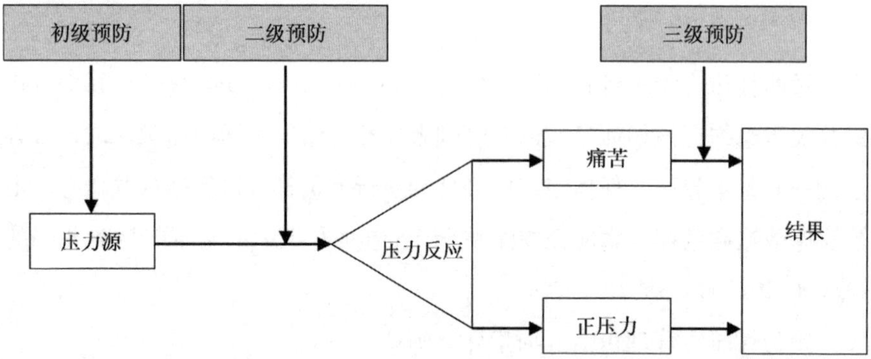

图 5-1　预防性压力管理模型(Hargrove et al.,2011)

第一节　初级干预——改变或消除压力源

初级预防干预措施是主动的,目的是在工作压力的背景下防止暴露在压力源下,并防止疾病发生。这些措施通过改变物质或心理社会工作环境,或通过组织变革,解决工作场所的压力源。本节重点梳理了四种主要的职场压力源的干预措施,即工作角色要求、人际关系、工作条件、工作场所政策。

一、工作角色要求

(一)组织角色分析

组织角色分析是帮助个体和组织澄清和支持有效的角色表现以实现其

组织目标的过程,主要焦点是工作角色表现和组织批准的任务之间的联系。这种方法的目的是明确个人的工作角色,以减少痛苦的融合和冲突。角色配置文件是根据上级、同事、员工和必须与之共事的其他关键人员的期望制定的。然后,通过消除预期中的冲突和混乱来明确这一预期角色。它还与制定的角色相结合,从而减轻了个体的角色压力。要注意的是,不同地区的员工感受到的角色压力水平不同,同一组织的员工感受到的压力水平也不同。为了减轻员工的压力,组织应该实施适当的发展干预措施,清楚地勾勒和传达期望,提供发展职业生涯的机会,以减轻组织角色压力(Rohit et al.,2017)。

(二)弹性工作安排

大量研究证实了角色冲突和角色混淆对工作—家庭冲突和家庭—工作冲突等结果的影响,员工希望能够缓解工作与家庭冲突带来的压力,组织提供的弹性工作安排为此提供了支持。弹性工作安排以多种形式存在,如远程工作、弹性时间计划、压缩工作周、灵活轮班工作等。弹性工作安排与当前员工的许多积极结果相关,可以增加工作和个人生活相结合的自主性,从而有利于良好的工作满意度,可以改善员工的幸福感。

除了远程工作等弹性安排外,组织也可以采取其他措施,比如在办公室提供托儿设施,健身房、游戏等娱乐设施,以及允许配偶陪同商务旅行等。对工作日程有更多控制权的员工生活得更平衡,对雇主表现出更多的满意度、忠诚度(Oyewobi et al.,2020)。然而,弹性工作安排也可能会导致工作—家庭的失衡,因为组织在提供弹性工作安排时,员工们也在想方设法在非工作时间回复办公邮件和电话。因此,要发挥弹性工作安排的最大作用,组织可以专注于提供如何组织工作的信息、明确的弹性工作指导方针和政策、对工作时间以外的可用性的明确期望以及以关系为导向的领导风格,以在员工中推广工作—家庭平衡。

(三)良性组织实践

大部分关于角色冲突和角色混淆的前因和后果的研究都有一个共同点:都来自“问题导向和缺陷范式”,这种范式往往是由对人和因果决定论的负面假设所驱动的。良性组织理论(Virtuous Organization Theory)是一种有可能加强组织实践和管理并促进可持续发展的替代方案。良性组织表现出两个关键品质:放大和缓冲,从而最终最大限度地减少角色冲突和角色混淆,常见的良性组织实践包括组织公平、形式化和组织承诺等。

1. 放大效应

放大效应会增加积极后果,例如,积极情绪的产生、社会资本的形成以及亲社会行为的表现。良性的组织实践会产生积极的情绪。那些相信他们已经收到了公平数量的奖励和其他资源,并且相信在做出结果决策时使用了公平程序的员工会产生积极的情绪,而且他们的价值和能力得到欣赏。组织承诺本身是一种积极的情绪,是员工性格、力量、忠诚度和对组织信心的指标。积极情绪会产生不同寻常的、灵活的、有创造性的和善于接受的思维模式,有助于应对压力和逆境,并用于冲突管理。人们表达积极情绪的一种方式是在平凡的组织环境中寻找积极的意义,发现积极的意义并引发积极的情绪,积极的情绪也增加了在随后的事件中发现积极意义的可能性。因此,良性的组织实践可以通过培养员工的积极情绪来最小化角色冲突和模糊性。

社会资本形成是有助于放大效应的另一种机制。组织中的社会资本是指成员之间的社会网络、信任和规范,通过这些社会网络、信任和规范,信息、影响力和资源被引导以实现组织目标。公平感允许组织成员通过提供对影响他们的决策的自主权和控制权来建立联系和沟通,并允许他们在其社会网络中表达自己的意见和关切。形式化提供了制度的合法性,并在层级之间建立信任,人们公开、频繁和诚实地交流,这反过来又增强了资源获取和日常运作。组织承诺促使成员合作、投入和协商,并影响谁留在组织中并努力实现组织目标。因此,通过网络、亲近和交换形成的社会资本最大限度地减少了角色冲突和模糊性。

亲社会组织行为是产生良性放大效应的第三个因素。亲社会组织行为由帮助意图组成。组织公平影响员工的心理需求,如能力、关联性、归属感、承诺和自主性,进而导致亲社会活动的参与。在以服务交换和互惠为主要功能的人类服务组织中，成员的行为可以被认为是亲社会的组织活动。亲社会行为的本质使整体角色冲突和模糊性最小化(Rai,2016)。

2. 缓冲效应

良性组织实践通过增强其成员的复原力、团结和自我效能来缓冲功能失调的行为和压力环境。复原力是指个人、团体和组织吸收来自挑战的压力的能力，这种能力不仅能将功能恢复到“正常”水平，还能从逆境中学习和成长，变得比以前更强大。研究表明复原力取决于个人连接和互动的能力以及人际关系的质量，所有这些都使人们能够从挫折中恢复并理解困难的情况，并找出处理这些问题的最佳方法。

建立团结是组织成员用来处理非生产性条件的另一种缓冲策略。资源的公平分配，一致和公正地应用程序来确定奖励和其他结果，坚持病人护理的伦理、技术和专业方法，以及员工对目标和价值观的承诺，所有这些都将人们聚集在一起，促进学习，加深对任务和责任的理解，并使人们意识到整个组织中彼此的优势。讨论和对话、谈判和妥协、沟通和人际交流、参与和协作、互惠和相互调整都成为可以理解的规范实践。因此，良性的组织实践可以通过在员工和整个组织中建立团结来最大限度地减少角色冲突和模糊性。

自我效能是可以缓冲组织中负面行为、事件和后果的第三个因素。自我效能感是指个体对自己成功完成选定任务的能力的信心。公平决策和组织承诺积极影响自我效能。在患者护理中遵循专业指南也可以增加对工作的信心，自我效能与角色冲突和角色模糊负相关。然而，英国的一项研究发现，自我效能感与角色冲突呈正相关自我效能高的社会工作者更有可能报告角色冲突。这项研究表明，更有信心的社会工作者被分配到复杂的案例中，他们就越有可能经历角色冲突。因此未来需要继续探究。

总之，作为良性组织实践的组织公平、形式化和组织承诺可以最大限度地减少角色冲突和角色混淆，所以通过积极实践来解决功能失调的组织行为是可行的。

(四)职业咨询

职业咨询可以是主动的初级干预策略,也可以是三级干预的治疗性策略,适用于那些经历过组织重组、失业或组织濒临解散的员工。职业咨询针对三大类问题:(1)帮助制定和实施与职业相关的决策;(2)帮助员工适应工作和管理自己的职业生涯,例如,应对对工作的不满,或工作社会化或绩效方面的困难;(3)帮助协调职业转变和工作/非工作生活角色,比如转岗或跳槽,退休或转换其他生活角色。根据人—环境匹配理论,压力是根据人和环境之间的相互作用来定义的:当需求超过人的能力或资源时,或者当环境的内在或外在回报达不到人的需求、欲望或目标时,压力就会出现。而职业咨询能够帮助个体沿着与其技能和兴趣相适应的职业道路前进,当需求处于最佳水平时,压力相应减小,痛苦也会更少。

二、人际关系

(一)以幸福为导向的人力资源管理

以幸福为导向的人力资源管理(见图 5-2;Guest,2017)建立在社会交换理论的基础上,核心观点是:高水平的员工幸福感和积极的雇佣关系会对绩效产生直接和间接的影响,应当实施相应的人力资源管理来提高幸福感,保持良好的雇佣关系。

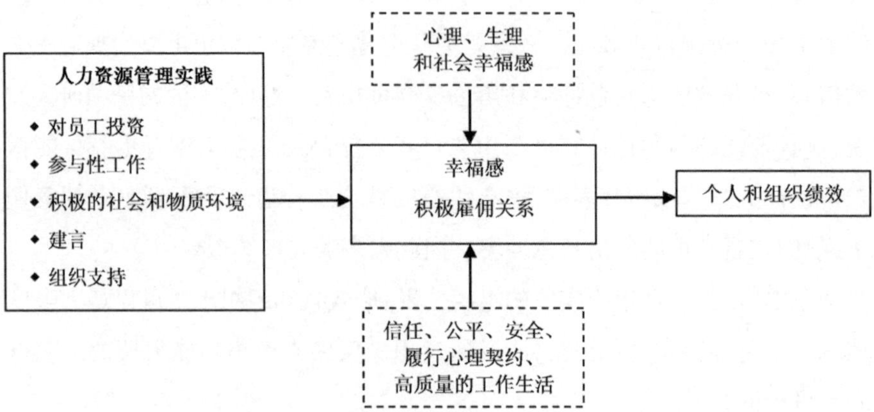

图 5-2 以幸福为导向的人力资源管理模型

以该模型为基础,研究者概述了五个方面的人力资源实践清单(见表5-1)。第一组是对员工的投资。通过培训来提高员工能力,使员工感受到有吸引力的职业前景,促进安全感和自我效能的发展,这是幸福的一个重要前提。第二组是提供参与性工作。对幸福前因的分析强调了在工作中把握机会、使用技能的重要性。工作要求—资源模型将自主性作为一种关键资源放在首位。因此,人力资源实践的核心是工作设计,可以在个人层面或半自主的工作小组中实现,带来支持性人际关系的额外优势。第三组侧重于创造积极的社会和物质环境,这是幸福感和积极雇佣关系的前提。其中包括优先考虑员工的健康和安全,为工作中的社交互动提供机会,避免欺凌和骚扰,促进平等机会和多样性,确保公平的奖励(通常与高基本工资而非激励计划挂钩),以及提供就业保障。第四组强调建言的作用,这是高参与性人力资源管理中强调的特征。相关的人力资源实践包括广泛的双向沟通、提供个人表达意见的机会以及相关形式的集体代表制。最后一组反映了组织支持对确保员工幸福感的重要性,包括参与性、支持性管理和促进员工参与的组织氛围;还包括参与性和发展性而非判断性和潜在惩罚性的绩效管理以及支持关爱家庭和弹性工作安排。

表5-1 旨在促进员工幸福感的人力资源实践

实践重点	具体做法
对员工投资	招募选择、培训培养、指导和职业支持
提供参与性的工作	提供自主性和挑战的工作设计、提供信息和反馈、使用技能
积极的社会和物质环境	健康和安全优先、平等机会/多样化管理、对欺凌和骚扰零容忍、必要的和选择性的社交互动、公平的集体奖励/高基础工资、就业保/受聘价值
建言	广泛的双相沟通、员工调研、集体代表制
组织支持	参与性/支持性管理、参与氛围和实践、弹性的和关爱家庭的工作安排、发展性绩效管理

（二）形成良好的组织氛围

组织氛围展示了组织成员对他们经历的事件、政策、实践和程序以及他们得到的奖励、支持和期望的行为的共同意义。良好的组织氛围与员工积极的心理健康结果显著相关,如较低的倦怠、抑郁和焦虑水平。组织氛围还有力地支持(甚至创造)工作中的幸福感,分析组织内部的工作环境,并采取行动改善消极氛围可以得到回报(Viitala et al.,2015)。

管理者的态度和行为以及组织管理的方式对员工的态度和认知有很大的影响,而员工的态度和认知会营造组织氛围。因此对领导行为的干预是影响组织氛围的重要内容。调查发现,70%的员工对组织氛围的看法直接受到经理的领导风格和行为方式的影响。更具体地说,它们是由管理者如何努力改善员工的业绩并奖励他们而形成的。研究者实施了以社会技能和领导力为基础的旨在培养领导力的干预方案,以考察对组织效能结果(感知组织氛围、组织绩效)的影响。干预措施主要基于人际关系技能和领导行为的发展(例如,社交技能、个性化关心和附带奖励),较少程度上依赖于个人内部技能的发展。结果显示,组织氛围的大多数子维度结果都有中—高幅度的显著增长。

（三）领导授权与鼓励建言

员工感知的组织地位是对自己在组织中的地位等级的主观判断。这种主观判断通常基于组织中其他成员对员工的看法,例如,员工受到尊重和欣赏的程度、其在组织中的声望和影响力以及能从组织中获得的支持。

领导授权行为(LEB)可能会让员工感到受到了公平对待,并提升他们对自身地位的认知。LEB是与心理授权相一致的领导行为,包括支持、辅导、分享权力、提高自主权、提供丰富的信息并让员工参与决策过程等(Janssen & Gao,2013)。根据关系公平理论,人们重视自己在社会群体中的成员资格,因为群体认同在物质上和心理上都是有益的。在这些群体中,社交过程中的人际交往告知人们他们的地位,如果受到尊重,群体成员会认为自己拥有很高的地位。因此,员工的地位评估可以通过他们对与团队权威的社交互动质量的看法来决定。LEB包括允许员工自行决定、在决策过程中征求意见、认识到工作的重要性等行为。它可以帮助员工找到意义、培养能力、自决、感受工作中的重要性，从而提高他们对关系公平感。

建言行为是员工在工作中展示其主动性的最重要方式之一。除了提高绩效和公平感之外，建言为员工提供更多的个人资源，这些资源反映了员工的组织地位。在组织中畅所欲言会给员工带来自豪感和成就感，让他们看起来在组织中拥有更大的权力。同事的支持和尊重以及员工在组织中的建言是其组织地位的重要指标。研究还表明，组织地位与组织内的社会互动有关，如建言行为。因此，建言行为可能会增强员工对组织中的尊重、支持、影响力和其他基于个人的资源的感知，而这种感知是通过感知到的组织地位反映出来的，也就是说，建言行为与感知的组织地位呈正相关。组织应该重视员工是如何感知他们的组织地位的，需要改善对激励机制的管理，让敢于直言的员工得到更多的尊重和支持。这有助于员工感知其组织地位的提升。此外，为了确保员工对他们的组织地位有准确的认知，相关员工在地位等级中的地位需要被共享。而且在员工的责任范围内赋予更大的自主权和更多的决策权将提高员工的组织地位（Chen et al.，2020）。

三、工作条件

（一）合理调整工作负荷

工作负荷是对员工的一种要求，需要持续地消耗能量来满足。工作负荷通常与睡眠中断和焦虑等因素一起被归类为压力源。为了平衡工作负荷的影响，研究者们一直在尝试干预，主要有三种趋势：

1. 降低工作负荷

这是一种直接的干预方法，将工作负荷调整至合理范围内，从而减少工作压力。英国教育部委托研究者通过抽样调查分析了全国范围内教师的工作负荷水平，2016 年的调查发现，49%的一线教师和 56%的中层领导表示工作负荷是“非常严重的问题”，对此相关领导和部门提出了干预策略，比如保障非教学时间段的工作安排，与其他教职员工合作计划工作，并使用现有的工作计划和相关教案等。2019 年的调查显示，21%的一线教师和 37%

的中层领导表示工作负荷是“非常严重的问题”，虽然困扰依旧存在，但数据表明已经有一定程度的降低，相应的管理策略起到了作用，应当继续推进。

2. 调整工作时间

通过减少工作时间，员工的工作负荷也会有相应调整。研究者进行了一个纵向的整群随机对照干预研究，评估了每周工作时间减少 25%对工作负荷和健康的影响。在工作日工作时间减少时，花在家务上的时间和放在业余爱好的时间相应增多。在休息日参加自由活动的时间更多。工作日的总工作负荷减少（-65 分钟），恢复活动花费的时间增加（+53 分钟）。总之，全职员工的工作时间减少 25%会减少总工作负荷，增加恢复活动的时间，这与减少工作时间可能有利于长期健康的说法是一致的（Schiller et al.，2018）。

3. 教授心理策略

心理负荷是影响员工在工作环境中的行为和表现的因素之一。一个干预项目评估和比较了常规教育课程和自行设计的教育课程对护士心理负荷的影响，其中常规教育课程致力于发展护士的认知和技术能力，自我设计教育课的内容包括情绪智力的内容和提高社会意识策略的内容。结果显示，干预后的即刻后测和一个月后的纵向后测都显示出自行设计的教育课程的效果，即干预组护士的心理负荷平均得分显著下降，说明提高护士的情绪智力有助于降低其心理负荷水平（Mohamadi et al.，2019）。

总之，工作负荷过高会对员工的身心健康和工作表现产生消极影响。如上所述，组织可以通过多种方法来调整工作负荷，无论哪种方法，都有共同的特点——为员工的提供恢复时间或提高员工的恢复技能，因此组织可以据此制定更加有针对性的措施，减少工作负荷带来的压力。

（二）工作重新设计

教员工如何适应工作要求和资源可以对他们与工作相关的幸福感、积极性和绩效产生积极影响，让他们做好准备，以更好的控制能力面对未来的工作挑战。在组织中，工作设计可以解决诸如技能、工作负担过重、重复性和增加工作时间等问题，是减少工作不满和增强工作激励潜力的一种方法，也是改善员工工作环境的一种策略。

1. 工作重塑

工作重塑是一种工作（重新设计）策略，旨在优化工作需求和资源，从而提高工作参与度和工作意义。工作重塑使个体能够控制、改变他们的工作环境，因为它使员工能够通过寻找资源、寻求挑战要求和减少阻碍需求来“匹配”工作的需要和偏好。研究者采用日志法收集了 120 名全职员工的工作重塑、自我耗竭、工作中的自我控制要求、疲劳感和活力的评分，分析发现，控制了员工工作前的疲劳感和活力后，每天的工作重塑对员工的内部恢复有显著的预测作用（工作结束时活力更强，疲劳感更低），对于在工作中有很高自我控制要求的员工来说，工作重塑和内部恢复之间的联系更强，说明管理者可以鼓励并为员工提供工作重塑干预，以达到内部恢复状态。工作重塑的纵向效果也得到验证（见案例 5-1；Vogt et al.，2015）。因此，工作重塑是员工自主改变工作条件以促进身心健康的重要措施，是员工培训中不可缺少的项目之一。

为了更好地理解工作重塑，研究者依据调节定向理论对工作重塑进行分类，并对影响工作重塑的社会因素（见图 5-3；Wang et al.，2020）进行了元分析。结果发现，积极领导风格（如授权和变革型）和同事支持的社会因素与工作重塑呈正相关；与同事支持和领导—成员交换关系相比，领导风格与工作重塑的相关性更强。说明工作的社会背景（特别是组织内部人员）在塑造员工的工作重塑行为方面起着至关重要的作用。此外，工作重塑中介了社会因素与工作结果（如工作绩效和幸福感）之间的关系，再次验证了工作重塑在将宝贵的社会资源转化为改进的工作成果方面所起的关键作用。因此对于组织和管理从业者来说，了解这些影响工作重塑的因素后，应当积极提供相应措施来提供支持，以促进工作重塑；而且相对于预防定向的工作重塑，促进定向的工作重塑更能推动员工的主动行为，组织在员工培训时也要有的放矢。

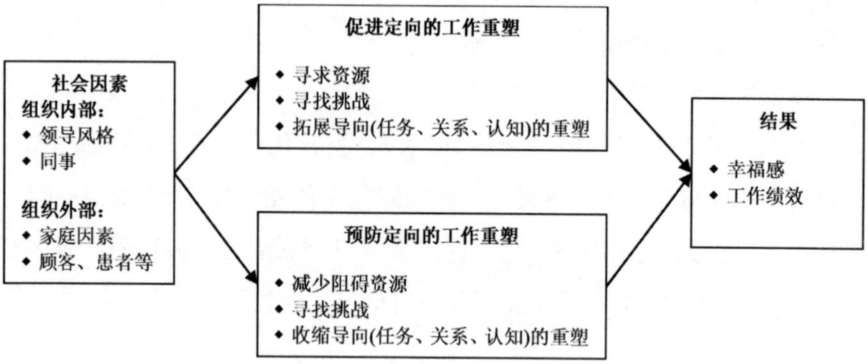

图 5-3　影响工作重塑的社会因素

2. 工作充实

工作充实也是一种工作设计技巧,用于在快速变化的商业环境中创造一个充满活力和生产力的工作条件。它的实施反映了工作特征的核心维度(技能多样性、任务认同、任务重要性、自主性和反馈),鼓励员工充分利用自己的技能和能力来完成任务,提高工作满意度、工作动机和组织承诺(Marta et al.,2021)。54 名参与职业结构安排的高级护士评估了工作充实政策的效果,工作充实为有经验的护士提供了有意义的职业发展机会。但工作充实并不总是有积极的影响,这是因为员工的个人能力、毅力和满意度不同,因此工作充实必须根据员工的年龄和职业阶段进行调整。

虽然还需要进一步的研究,但工作设计干预似乎有潜力使员工能够主动建立一个激励的工作环境,并改善自己的幸福感。组织应该鼓励员工精心设计他们的工作,并为他们提供机会,使他们的工作与他们的强项技能和工作偏好"匹配"。每个组织和个人都是独一无二的,需要调整工作重新设计的干预措施,以满足当今组织和个人不断变化的需求,从而为所有相关人员创造一个"双赢"的局面。

(三)优化薪酬管理

不合理的薪酬会降低员工的满意度,并可能导致他们离职。薪酬管理对员工的意义主要体现在两个方面(Jing,2019):(1)合理的薪酬管理可以提高员工的生活质量。在全面薪酬管理过程中,企业支付给员工的福利以非现金为主,这是提高员工生活质量的关键。这包括员工公寓、工作餐、为员工购买商业保险和孩子的医疗保险。这样可以为员工提供优越的工作环境,减少他们因生活而分散的工作精力,有效提高员工的生活质量。(2)协助员工实现工作生活协调的目标。企业为员工提供带薪休假、过节费等福利。这些福利制度可以帮助员工合理安排工作之余的生活,合理分配工作和休息时间,有效协调员工的工作和生活时间,从而实现两者的平衡。

薪酬管理的核心是设计合理的薪酬体系,首要考虑的因素是公平性,它是社会科学中最基本的前提。公平概念包含公平的两个特征,内部补偿水平公平性被称为内部公平性;外部公平的概念规定,组织中不同职位的员工应与同一行业中类似职业的员工的薪酬相同。企业要想体现公平,就应该采用更科学合理的分析模式,例如,不同职位的员工的工资反映了他们的贡献,这样每个员工都感觉到自己的工资与个人心理预期之间的差异很小。以员工满意为目标是薪酬管理的另一个原则。企业绩效来源于员工满意度,而员工对薪酬的满意度来自于四个维度:薪酬水平、薪酬结构、薪酬体系和薪酬形式满意度。因此,可以通过员工满意度来评价其薪酬体系。此外,企业应建立包含多种激励要素、显性薪酬和隐性薪酬和谐发展、维护薪酬公平的制度,以促进薪酬管理的质变。

四、工作场所政策

(一)制定公平政策与感知政策公平

组织必须在政策制定过程中和政策实施后提高分配公平、程序公平和互动公平,因为它对员工的薪酬满意度、道德决策、工作满意度、情感沟通、加入和保持工作的意愿以及承诺具有显著的正向影响(Hadi et al.,2020)。然而,制定公平政策不是终点,制定政策并不能保证员工会将其视为公平。

政策公平是与组织政策(如规则、决策标准)相关的公平感,它不仅有异于公平的其他维度,而且即使在控制了程序公平、分配公平、人际公平和信息公平的影响后,也能预测员工的行为。管理者应该了解员工如何看待组织政策的公平性，并考虑其如何影响他们的员工。也就是说，管理者必须确保他们不仅公平地实施组织的政策，而且还要确保组织政策本身被视为公平。政策的内容和公平性必须明确传达给员工。此外，管理人员应认识到，组织政策往往只是作为公平待遇的指南，还需由经理/主管负责确保在每种情况下实际公平对待。因此，应鼓励管理者质疑该政策在实施时是否合适，并考虑对其进行调整以满足员工的需求以及具体情况。

（二）领导行为影响公平信念

员工与领导的关系可能是员工在组织中能够建立的最强有力的联系，因此公平研究将领导者确定为公平的重要来源，从而回答了这个问题——谁对（不）公平对待负责。领导行为有差异地影响公平观念，研究发现任务型领导是以领导者为中心的程序公平和分配公平认知的最重要预测因素；关系型领导是以组织为中心的程序公平的最重要预测因素；变革型领导是以组织为中心的分配公平的最重要预测因素。领导行为解释公平的差异范围从 0.26 到 0.65，表明员工在评估组织公平时考虑了领导者的多种行为，所以只关注公平决策的研究可能会对公平认知的形成提供不完整的评估。同时，有效的领导行为包含公平要素。领导者负责组织过程的实施，其主要目标是让员工对他们的组织持积极的态度，而达成这一目标的关键因素是组织公平感的创造。领导者在组织过程的不当处理会对员工的组织公平感产生负面影响，也可能促使员工重新考虑领导者的权威。另一方面，公平的领导风格推动员工之间的融合。因此，员工对领导者行为和决策的公平认知影响了员工对组织公平的强烈认识。例如，当管理层或主管在工作中表现出消极态度（被动型领导）时，员工会认为领导不打算以积极的方式工作，从而削弱对公平环境的信念，认为正在制定的政策无效。

（三）反欺凌政策与人际尊重文化

反欺凌政策是一整套预防和干预欺凌事件的系统。基于反对欺凌的明确意图，它将组织的许多环节联系在一起：人力资源职能，如招聘、选拔、培训、纪律和投诉系统；工会在预防、政策宣传和干预方面的活动；角色塑造和争议处理方面的直线管理；以及职业健康、咨询等帮助服务。然而，现实情况是，在很多情况下这些政策和程序未能充分发挥作用，导致员工不信任和恐惧的状态，进而对员工幸福感产生负面影响。尽管存在政策，但由于更广泛的文化因素，政策没有得到执行，或者由于被欺凌者通常处于弱势地位，因而存在容忍职场欺凌的文化，最终使欺凌成为常态；加上反欺凌政策实施的不透明性质，使得欺凌行为一旦发生就有可能被推卸责任。因此，组织必须意识到，在解决工作场所欺凌问题时，政策不是有效管理工作场所欺凌的灵丹妙药，培养一种相互尊重的文化对员工的幸福感至关重要（Hodgins et al.，2020）。而且高层领导是成功政策的核心，他们在所有实践和流程中明确承担创建尊重文化的责任。他们自己不使用欺凌策略，并能在立即处理欺凌事件时表现出明确的领导力。

实证研究案例

案例 5-1：工作重塑的纵向结果（Vogt et al.，2015）

在工作变得更加个性化、复杂和苛刻的动荡时期，员工自己对工作条件做出的改变和改善变得越来越重要。本研究的目的是检验工作重塑对员工幸福感（工作投入）和个人资源（心理资本）的影响；并且反向检验了工作投入和心理资本是否能预测未来的工作重塑。

1. 理论和假设

根据自我决定理论，工作资源和挑战性要求可以满足人们对自主、关系和能力的基本需求。因此，当重塑工作时，例如，通过向主管要求更多的责任、通过向同事寻求建议、或通过承担新任务，员工的自主、关系和能力需求得到满足。而这些需求的满足会促进个体对活动的享受，提高动机和投入。据此假设：

H1a：T1 阶段的工作重塑预测了 T2 阶段的工作投入，T2 到 T3 阶段同样如此。

心理资本是一种个人资源，包括希望、效能感、弹性和乐观。工作重塑可能会影响个人资源，当设计自己的工作时，成功增加工作资源和挑战要求的积极体验可能会增加员工的个人资源。通过主动调节工作生活,员工实施了个人控制,增加了对自我效能感的感知。设定目标并找到实现这些目标的方法——工作重塑过程中的关键步骤——对发展个人希望资源至关重要。职业规划也可能是应对困难工作环境的一种方式。成功地克服这种情况将有助于建立未来的弹性。由此假设,重塑工作资源和挑战需求的活动将提高个人的心理资本:

H1b:T1 的工作重塑预测了 T2 的心理资本,同理,T2 到 T3 阶段也是如此。

工作重塑会带来一些积极的结果,而这些关系也有可能是动态的。根据资源保存理论,资源是循环演化的,拥有资源的人更有可能也更有能力获得额外的资源。因此,投入的员工和心理资本高的员工有更多的剩余资源可以投资,反过来更有可能通过工作重塑进一步增强他们的资源。

根据扩展和构建理论,投入的员工在工作中处于一种积极的情绪和动机状态,他们更有可能进行创新思维,看到可能的改进机会,并积极地设计自己的工作。已有研究结果为此提供了支持:在员工感到投入的日子里,他们也表现出更积极的工作行为,如改善目前的工作条件和寻找学习机会。纵向研究也发现了工作投入对未来的个人主动性有正向影响。据此假设:

H2a:T1 的工作投入预测 T2 的工作重塑,T2 到 T3 阶段同样如此。

个人资源和工作条件之间是一种互惠关系,拥有个人资源的员工可以创造更有利的工作环境。研究发现,随着时间的推移,具有高水平的自我效能、基于组织的自尊和乐观的员工会创造一个更灵活的工作环境(例如,更多的自主权,更多的发展机会)。一致的是,在员工自我效能水平较高的日子里,他们也表现出更多的工作重塑行为。因此提出假设:

H2b:T1 的心理资本预测 T2 的工作重塑,同理,T2 到 T3 阶段也是如此。

2. 研究方法

通过在线数据服务招募了德语国家(奥地利、德国和瑞士)的参与者,共进行三波纵向测量,每波间隔三个月,参与者每次都要填写工作重塑、工作投入和心理资本问卷。在T1调查中,共有1852名员工完成调查问卷,每周工作少于20小时或根本不工作的人、自营职业者或不在18—65岁年龄范围内的人被剔除。三个月后,进行T2阶段调查,共1229名员工完成。T3阶段的测量,共有940人完成。

3. 研究结果

整体模型显示了良好的数据拟合(见图5-4)。工作重塑预测工作投入的路径是显著的(T1到T2:st.$\beta=0.12$,$p<0.001$;T2到T3:st.$\beta=0.13$,$p<0.001$),支持假设1a。同样,工作重塑对心理资本的预测路径也是显著的(T1到T2:st.$\beta=0.07$,$p<0.01$;T2到T3:st.$\beta=0.08$,$p<0.01$),支持假设1b。然而,工作投入对工作重塑以及心理资本对工作重塑的预测路径并不显著。因此,拒绝假设2a和2b。

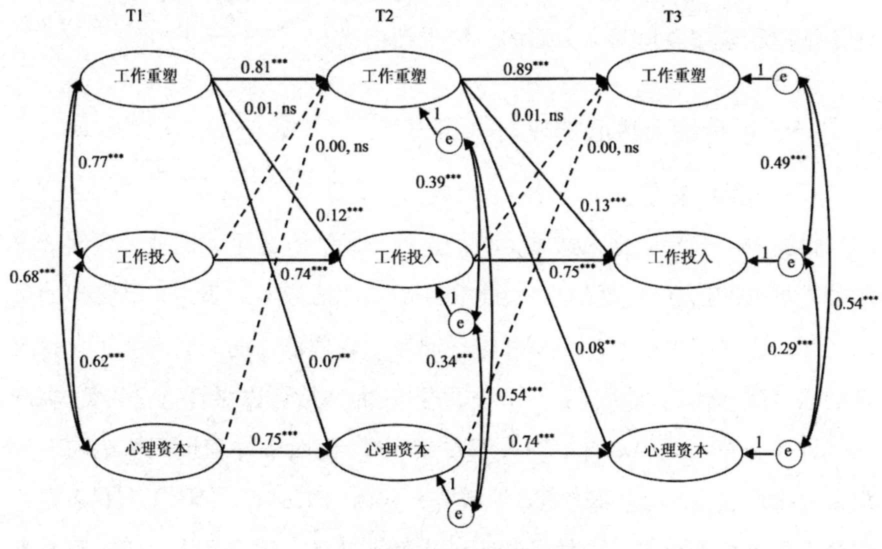

注: ***$p<0.001$; ** $p<0.01$; *ns*=不显著

图5-4　完整的M1模型显示了工作重塑、工作投入和心理资本(N=940)之间的交叉滞后关系

4. 研究启示

本研究表明,工作重塑不仅有利于提高员工幸福感,还能够增加个体资源。当员工积极主动地为自己创造一个资源丰富、富有挑战性的工作环境时,可能会产生多种积极的结果,如工作投入以及希望、弹性、乐观和自我效能等个人资源,因此组织应该鼓励和支持。此外,研究发现工作投入和心理资本都不能预测工作重塑,这说明最好通过提供自主性等工作资源和鼓励积极主动的行为来提高工作重塑,而不是试图首先建立工作投入或心理资本。

第二节　二级干预——改变或消除压力反应

二级干预是改善性的,旨在改变个体对压力源的反应。二级干预的基本假设是,除了消除或减少压力源之外,还应解决个体对压力源的反应,有时优先于消除或减少压力源。本节以干预焦点为主线,梳理了情绪、生理、认知重构和认知放松四个方面的二级干预措施。

一、以情绪为中心的应对

(一)自我表露

自我表露是指向他人透露个人信息的行为。它是个人向他人口头透露的关于自己的信息,包括思想、感觉和经历。无法或不愿表达自己强烈的负面情绪的人更有可能出现心理和生理问题。心理治疗的研究表明了自我表露的压力缓冲作用,原因在于:第一,发泄负面情绪可以减轻自己的负担,产生一种解脱感。就像对着山谷大声呼喊一样,负面事件和负面情绪在表达出来时毒性会变小,这被称为宣泄效应(cathartic effect)。第二,自我表露可以让人们从思考令人心烦意乱的事件中解脱出来,重新评估正在经历的事情,重新安排自己的记忆,这样他们对事件和自我的理解就会得到加强。近年来,以社交软件为媒介的交流在很大程度上促进了自我表露。根据自我表露与幸福感的理论框架(见图 5-5;Luo & Hancock,2020),社交媒体中的自我表露能够通过四种有效的解释机制来阐明对幸福感的影响,包括:感知连通性、社会支持、资本化(capitalization)过程和心理真实性(过程 1);同时,具有不同心理状态的人会选择用不同的自我表露形式(过程 2)。综上,自我表露的压力缓冲效应从线下扩展到线上,提高了感知的社会支持和生活满意度,减少了抑郁,因而是减缓工作压力的有效途径。

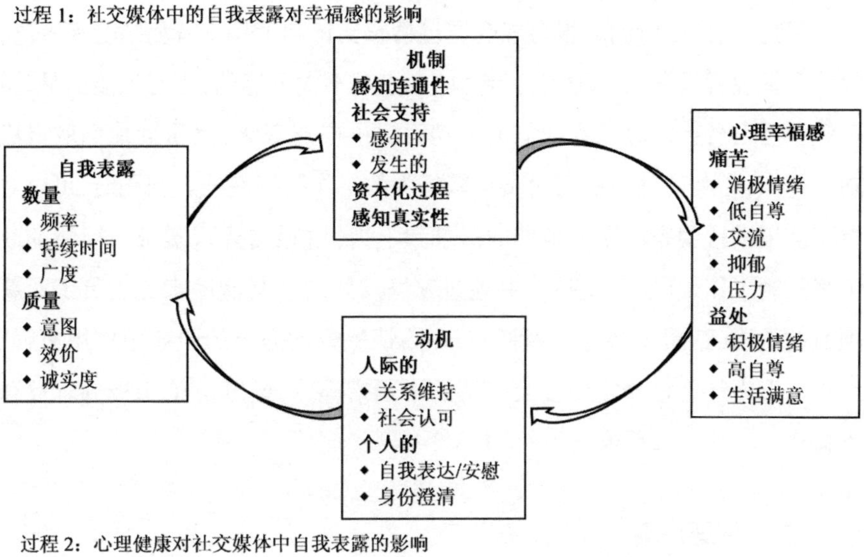

图 5-5　社交媒体中自我表露与心理健康的理论框架

(二)社会支持

社会支持指的是人际关系可能缓冲个体面对压力环境的机制,在面对压力时,社会支持在预防心理和躯体障碍方面作用的研究正在成倍增加。(工作)要求—控制—支持模型(demand-control-support,DSC)关注与环境相关的两个因素,即工作需求和社会支持,以解释压力和倦怠的来源。根据该框架,在要求苛刻的工作环境中缺乏支持和资源会导致压力。与 DSC 模型类似,工作需求—资源模型也强调工作需求和社会支持。一般来说,社会支持可以由工作场所内外的不同人提供。通过使用组织资源和得到同事支持,护士管理者感受到的压力得到了减轻。社会支持能够持续减少压力,并进一步减少对离职意图、职业倦怠的影响。

社会支持也被分为情感支持、工具性支持和信息性支持,其中情感支持被认为在各种压力情境下最有帮助。其形式可以是倾听个体对工作的担忧,允许个体发泄自己的情绪,并在困难时期提供鼓励的话语。情感支持通过鼓励支持接受者重新评估威胁性较小或有害的情况来缓解痛苦,因此有助于情绪改善、不确定性降低、自尊增强,而且与生理压力恢复速度呈正相关。但是,工作场所问题很可能会通过情感支持和工具支持相结合来解决,组织和管理者只参与一种支持行为的观点是不太可能的,更有可能的是,组织和管理人员正在寻求为他们的劳动力提供广泛资源,以帮助他们取得成功。例如,一个管理者在面对员工队伍中的工作与家庭冲突问题时,可以对员工队伍进行调查以了解他们的需求和不满(情感支持),实施一项新的政策来限制工作量(工具支持),并通过家庭友好的社交活动来促进员工对新项目的认同(情感支持)。这种组合在高情感劳动需求的职业中作用更强。组织可以为员工量身定做社会支持的干预措施,并鼓励员工积极寻求社会支持。

二、生理应对

(一)身体放松技术

1. 渐进式肌肉放松

渐进式肌肉放松(PMR)是一种压力管理技术,目标是增加身体放松的感觉。PMR 让参与者主动收缩肌肉以产生紧张感,并逐步释放紧张;重复程序,直到参与者完全放松。这项技术利用神经元“自上而下”和“自下而上”的加工原理来达到效果。在“自上而下”的过程中,参与者使用大脑皮层和小脑等高层神经系统区域来收缩肌肉,逐渐释放紧张情绪;在“自下而上”的过程中,身体紧张的保持和释放产生来自周围肌肉的本体感觉刺激,这些刺激通过脊髓和脑干上升到大脑。由于这两个刺激通路都被激活,PMR 为参与者提供了快速、即时的缓解。研究随机抽取了 30 名一年级护士生作为样本，测量了 PMR 前后的压力水平，发现 PMR 后压力显著降低。证明了 PMR 在减轻压力方面的效用。

2. 多感官环境疗法

多感官环境疗法（MSET）提供了一个多感官、强化和放松的环境，其环境通常包括一个感官治疗室，配备了各种感官刺激设备，旨在针对视觉、听觉、触觉和嗅觉这四种感官进行治疗。其目的是提供个性化的、温和有益的感觉刺激，而不需要更高的认知过程（如学习或记忆）（Collier et al.，2018）。MSET 的理论框架是自动强化的操作范式和基于生理的放松反应。多感官刺激在理论上被认为是有效的强化，因为它使用了与个体的喜好相匹配的自动刺激类别（感官体验）。奖励引起的积极情感体验被认为改变了突出的背景刺激的重要性，而后者反过来又指导着行为的进程。放松反应在理论上被认为是由于对多个刺激的属性的区别反应而在 MSET 中发生的，降低了参与者经历负面认知和情感的可能性，并增加了正念。

MSET 与其他放松疗法的区别在于：目前的放松疗法能产生平静，但并没有把增强积极情绪作为主要治疗目标，而积极情绪本身可能产生缓解压力的效果。研究者评估了 MSET 对减轻职业压力的益处，结果显示，在改善工作压力和焦虑的临床和心理指标方面是有用的。而且与生物反馈或瑜伽不同，MSET 可以在不需要特殊训练的情况下迅速减轻压力。总之 MSET 有助于减少焦虑、改善情绪、减少躁动等，被认为是一种令人愉快的干预体验。

3. 体育锻炼

体育活动被发现是预防和减轻工作压力的有效工具。经常锻炼可以减少焦虑和抑郁症状、减少心理压力和愤怒、对抗过度反应的压力—反应系统，并减少反刍。体育锻炼提供了能量，同时促进放松和更好的睡眠，增强了认知和执行功能，以及积极情绪。此外，进行体育活动的场所可能会增加其益处，与在室内锻炼相比，在自然环境中参与体育活动可以在心理反应和减压方面提供更大的好处，因为自然环境和新鲜空气增强了锻炼的积极效果。研究实施了一项室内/外的体育锻炼的职场干预，测量了员工感知到的环境恢复潜力、情绪状态、血压和皮质醇唤醒反应以及血清皮质醇水平。结果显示,与室内组相比,室外组报告了更高的环境恢复潜力和积极情绪,以及改善的生理性反应。室外组在随访中也报告了更高的积极情绪评分。因此,在工作场所推广体育活动,尤其是室外运动,可能是一种有效方法,可以缓解员工的压力,促使他们恢复健康(Calogiuri et al.,2016)。

(二)芳香疗法和按摩

芳香疗法和按摩经常被组合作为降低压力水平的干预策略。芳香疗法中使用的几种精油已被认为具有抗压力、抗抑郁和放松作用;按摩可以提高迷走神经活动并降低皮质醇水平,因而能够显著缓解焦虑和压力。

芳香疗法和按摩的效果是喜忧参半的。研究者对护士群体的相关研究进行了元分析,结果显示,芳香疗法在降低护士的压力水平方面非常有效(Li et al.,2019)。然而,干预后并非所有参与者的压力水平都降低了,共有35.7%的护士的压力水平没有变化,7.1%的参与者在治疗后表现出增加的压力水平。关于按摩的研究表明,按摩对护士的压力管理有良好的影响,但也有研究发现按摩疗法对健康人群的压力生理水平没有影响。类似的,芳香疗法对健康成人压力管理的有效性的系统评估显示,香气吸入可能比不治疗或无味吸入能更有效地减少自我报告的压力和皮质醇水平。然而,所有纳入研究的偏倚风险都很高。因此,现有的实验证据表明,芳香疗法在降低压力水平方面效果有限。自我管理的足部反射疗法与感知压力改善等主观结果显著相关,但并没有导致皮质醇水平等客观结果的显著改善。或许是主体不同导致了结果不一致,对早产儿在新生儿重症监护室期间进行治疗性按摩表现出明显的益处。

三、认知重构

认知—行为技能指的是一系列旨在帮助参与者修改评估过程的技术,这些评估过程决定了情境的压力大小,并培养了管理压力源的行为技能。认知方法帮助人们重构思维模式,通常被称为认知重构技术。压力接种和理性情绪疗法是应用较为广泛的两种认知—行为技术,生物反馈是特殊补充。

（一）压力接种训练

压力接种训练（SIT）是一种认知行为技术。通过亲身经历，他发现整合行为和认知技术可以帮助一个人做好应对压力环境的准备。与医学免疫一样，压力接种训练的原理是让个体暴露在压力环境中，以形成心理抗体或压力应对技能；其原则是人们应该改变自己对压力行为和应对压力的自我治疗的看法。它引入了一个概念，超越了特定调整技能提供的无关紧要的培训，该项目旨在使参与者能够干预和刺激自己生活中的变化。它还解决了抵抗和回归等问题，涵盖了信息提供、苏格拉底认知重构法、解决问题、放松、行为训练、自我监控、自我学习、自我完善和改变环境状况。压力接种训练能够提高个体在压力情境下的应对和管理能力，让参与者更好地控制自己的生活事件，更有效地面对压力事件，减轻压力及由此产生的症状，有利于改善员工的整体健康状况，减少心理问题。压力接种训练减少了大学管理人员的压力，显著提高了精神科护士的工作满意度和生活质量，还能改善参与者的职业适应和情绪适应，是控制工作压力的有效策略。

（二）理性情绪疗法

理性情绪行为疗法（REBT）是认知行为疗法的原始形式和主要支柱之一，它认为个体对失败、拒绝和不良治疗的信念将调节他们对事件的感知，并影响随后的情绪和行为反应。艾丽斯（Ellis，2019）对该疗法的要点进行了较大幅度的修改：（1）情绪困扰的主要或更直接的核心是人们的非理性信念——绝对的必然，以及人们强烈相信的关于他们不希望的激活事件的推论和归因；（2）非理性信念导致人们出现功能失调的情绪行为后果，不是因为他们过去持有这些信念，而是因为他们现在仍然积极地（往往是无意识地）重申这些信念；（3）要不断寻找和发现自己的核心非理性信念，主动、积极、科学地加以驳斥，用灵活地选择取代专制主义，把不健康的情绪转变为健康的、自我帮助的情绪，并且要坚定地对抗自己功能失调的恐惧和冲动。基于理性情绪行为疗法对特殊教育教师进行了干预，发现了该方案在降低工作倦怠和痛苦水平方面的有效性。REBT 方法具有多模态、心理教育和综合性的特点，在帮助减少员工的非理性信念系统方面是有效的。通过学习理性思维技能,员工将有机会学习基于理性思维的问题解决策略,使他们能够更成功地管理工作压力,以帮助员工面对不恰当的情绪和行为困扰,并将其转变为理性信念。

(三)生物反馈

生物反馈是压力管理和放松训练的有力工具。它使个体能够学会如何调节自己的生理活动,以恢复或维持自主神经平衡。在临床应用中,生物反馈技术通常作为认知和行为治疗的一种特殊干预或补充(Yu et al.,2018)。

生物反馈是指通过传感器从人体收集的生物信号以他们能理解的格式反馈给用户的闭环系统。这些信号可以传递关于内部生理功能的丰富信息。当参与者意识到这些功能时,可以自由地操作它们,以达到更高水平的幸福感。生物反馈技术可以帮助使用者提高对内部状态的自我意识,并学习自我调节技能,以朝着健康的方向操纵特定的生理功能。对17项研究的系统分析认为,生物反馈作为一种非侵入性的、被动的、持续的、实时管理压力的方法,是一种有效的干预措施,可以用来减轻生理压力和主观压力,并且改善个体表现。无处不在的生物反馈严肃游戏(Osman et al.,2016,见案例5-2)将生物反馈过程整合到游戏操作中,通过生物传感器从玩家那里收集生理参数来进行游戏控制,然后评估游戏反馈的能力,以帮助玩家调整他们的行为,从而减轻他们的压力水平。数据分析表明,当启用游戏反馈时,大多数参与者对他们的心理压力表现出了更多的控制力。显然,这一概念提高了生物反馈应用的娱乐价值。

四、认知放松

(一)深呼吸

深呼吸,也被称为横隔膜呼吸,基于"身心融合产生放松"的概念。这是一种有效的综合身心训练,用于处理压力和心身状况。深呼吸要求参与者收缩横隔膜,腹部扩张,吸气和呼气加深,从而降低呼吸频率,使血气量最大化,按摩位于腹部或靠近腹部的内脏,并可能刺激迷走神经。心理学研究表明,深呼吸是提高情绪的一种有效的非药物干预,包括减少焦虑、抑郁和压力。一天的呼吸练习被发现可以缓解工作倦怠引起的情绪衰竭和人格解体。40 名健康的中国人参与了一项深呼吸影响注意力、负面情绪和压力的调查。参与者被随机分为对照组和实验组，在每隔一天进行 30 分钟的 8 周治疗前后，对这两组人的注意力、情绪和皮质醇进行了测量。结果显示与对照组相比，接受深呼吸治疗的参与者增加了持续注意力，减少了负面情绪和皮质醇水平。说明深呼吸可以有效减少压力反应，作为一种低成本的干预方式值得鼓励员工练习使用。而且在其他缓解压力的技术中，深呼吸也常常是其中的重要步骤。例如主张使用正念来减少压力和焦虑的 STOP（停止—呼吸—觉察—继续）技术，强调运用呼吸法来调整身体状况，从而减少情绪失控（孙利、张荃，2021）。

（二）正念与冥想训练

1. 正念练习

正念是指对当下的投入或好奇，它鼓励一种不加评判的开放和接受的态度，进入平静、沉静的状态。正念可以被视为一个过程，也可以被视为一个结果。在正念训练中，通过练习的意图、持续的关注以及耐心和接受的态度等核心要素，参与者发展了一种元认知状态，从而摆脱和重新评价经验。通过有意识地、系统地、不加判断地调节注意力，个体可以意识到每时每刻的体验。通过正念练习，对思想和情绪的意识增强，参与者形成了一个非反应性的框架，只需观察每一个事件的发生。然后，这种体验扩大了通过无条件的观察来认识自我的能力，从而从包括沉思和担忧在内的典型心理活动中解脱出来。这种自我意识不仅有助于管理和表达情感，还有助于协商和选择如何回应。图 5-6 阐述了正念练习影响身心健康的作用机制（Creswell et al.，2019）：正念干预会增加大脑前额叶皮层调节区域的活动和联结（自上而下的调节通路），减少身体"战斗或逃跑"应激反应通道区域的反应性和联结（自下而上的反应通路）。这些神经变化改变压力评估，减少交感神经系统和下丘脑—垂体—肾上腺（HPA）轴的生理应激反应，并影响应对和健康行为。综上，神经和生理压力反应、压力评估、应对和健康行为的变化可能是正念干预后改善压力相关疾病结果的重要机制。

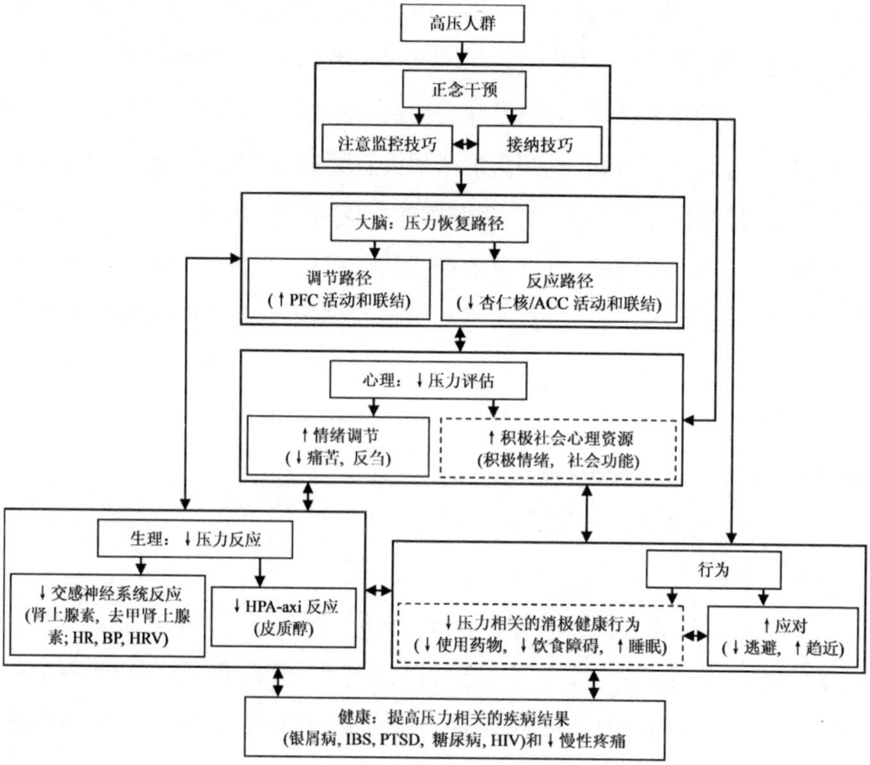

(虚线框的路径代表了未来研究的理论机制)

图 5-6 连接正念干预和身体健康的可行路径

2. 冥想练习

冥想是培养正念的工具,有许多类型,例如,超验冥想、藏式冥想、禅宗、正念减压(MBSR),以及正念冥想(有时被称为内观)。冥想使得参与者尝试体验内心的意识中心。在冥想中,头脑清晰、放松、内心专注;冥想的时候,参与者是完全清醒和警觉的,但思想并不专注于外部世界或发生在周围的事件。有研究者实施了一项为期 8 周、每天 15 分钟的 MBSR 项目,其中穿插了研究者开发的 3 个 30 分钟的教育课程,发现参与者自我报告的焦虑和压力症状显著减少,抑郁焦虑压力量表的总分有效地减半。同时,参与者的定性数据显示其主观压力明显减少,与定量数据结果一致;而且定性反馈还包括应对策略的明显增加。另一项正念冥想干预的定量数据结果显示,参与者的感知压力水平和情绪衰竭水平显著下降;定性数据的结果表明,参与者对压力诱因的认知度提高了,从压力源中脱离出来的能力增强了,冷静程度有所提高,而且优先工作的能力也有所增强。近期的一项研究调查了通过智能手机应用程序提供的正念冥想是否可以改善心理健康,减轻工作压力,并降低工作日的动态血压。使用数据显示,在为期 8 周的干预期内,与对照组相比,干预组被试报告在幸福感、困扰、工作压力和对工作场所社会支持的感知方面有显著改善。此外,从干预前到干预后,干预组自我测量的工作日收缩压有边缘显著的下降。在 16 周的随访评估中,干预组报告了对幸福感和工作压力的持续积极影响。王晟等人(2022)对新冠疫情的一线抗疫医务人员进行了 8 周的线上 MBSR 训练,对照组予以心理支持。结果两组医务人员的焦虑、抑郁和压力知觉评分均显著下降,干预组下降较对照组更明显。综上,冥想值得被纳入组织的健康促进体系,以帮助减少员工的工作压力,提高其心理健康水平。

3. 瑜伽

瑜伽是工作场所干预措施领域的一个重要方法,也是世界卫生组织(WHO)2014—2023 年传统医学战略中包括的传统和补充医学之一。“瑜伽”一词的梵语意思是“统一”,指的是身体姿势和呼吸技巧的结合,要全神贯注地执行。瑜伽可以通过降低压力荷尔蒙皮质醇的水平来帮助减轻压力的影响。研究分析了 13 项职场中瑜伽干预的随机对照实验研究,发现瑜伽对心理健康结果的总体影响是有益的,特别是在减轻压力方面。方媛(2020)探讨了瑜伽放松训练联合压力管理在慢性失眠症护理中的干预效果,持续干预一个月后,干预组的睡眠潜伏时间、总睡眠时间、入睡觉醒时间、主观睡眠效率较对照组显著改善,而且干预组的抑郁和焦虑自评得分低于对照组。一项综述分析了瑜伽干预对医疗工作者的压力和倦怠改善的作用效果,结果显示除了改善身体问题和睡眠质量外,练习瑜伽技巧和身心冥想的参与者的压力水平和倦怠程度都持续降低,说明瑜伽活动可以改善身体、情绪和心理健康。也有研究者关注了瑜伽干预中的呼吸意识练习,进行了为期五周的瑜伽呼吸课程的教师报告说,他们感受到的压力有所减少,感觉更能控制自己的情绪,而且这些益处渗透到了日常生活。总之,瑜伽作为一种有效的压力管理技术,可能是对心理和身体健康的积极干预范围中更好的补充。

（三）自我催眠

催眠是一种意识状态,涉及集中注意力和减少外周意识,其特点是对暗示的反应能力增强。自我催眠可以被定义为由自我暗示所产生的自我诱导进入催眠的过程。自我催眠与异源催眠的区别在于,后者需要催眠师在场来引导思想,并在催眠的情境下传递暗示。

自我催眠可能在调节压力源的影响方面发挥作用,并且实际上可以作为压力管理的工具,它能促进自我效能感,增强自尊和应对能力。有研究结合了自我催眠与正念(理论上称作正念催眠疗法)探讨了对压力的影响,结果证明这是一种可行的、令人满意的干预措施,具有可接受的损耗率和不良事件。自我催眠的方法非常多样化,其中非常经典的一个方法是萨尔特(Salter)提出的,即教育、示范和自我指导技能的练习的三阶段过程。近期的研究也强调,成功干预的主要因素包括个体要学习自我调节和自我指导的技能,并且进行三次以上的自我催眠练习。但目前自我催眠的应用集中在减缓临床患者病痛方面,关于职场压力的研究不多,未来需要进行更多探索。

（四）引导想象

引导想象是一种治疗压力和焦虑的方法,人们用积极的心理意象代替令人不安的记忆。这是一种简单安全的方法,没有副作用,可以在任何时间和地点使用。引导想象被认为是一种放松方式,它可以深刻地激活身体的自然放松反应,其特征是呼吸变慢,血压降低,幸福感增强;它也提供了一种强大的心理策略,可以提高人的应对能力,帮助激发内心的力量,找到希望、勇气和其他有助于应对各种情况的品质。引导想象涉及唤起感官体验和对行为与生理反应的教学指导,教学指导和对参与者参与的强烈关注有助于获得对生成的图像的更多感知细节,有助于在放松练习期间创造更真实的心理表征。研究者对参与新冠肺炎治疗工作的医院护士进行了引导想象的干预,结果显示,与对照组相比,接受了引导想象培训的护士在死亡焦虑方面的下降幅度明显更大,说明引导想象可作为一种辅助治疗方法,促进心理健康和服务质量水平的提高。

(五)虚拟现实放松技术

虚拟现实技术的心理治疗得到越来越广泛的应用,其良好效果也得到了验证。研究者对虚拟现实在心理治疗中的应用进行了广泛的系统综述,发现一般来说,它至少与传统治疗一样有效。例如,接受虚拟现实社交焦虑治疗的参与者表现出的改善在12个月的随访中得以保持,并且与接受团体治疗的参与者表现出的益处一致。一项研究测试了使用虚拟现实的辩证行为治疗(DBT)正念技能训练技术,发现参与者报告的悲伤、愤怒和焦虑明显减少,并且在使用虚拟现实技术10分钟后明显更加放松。

很多研究者在工作场所使用虚拟现实技术进行减压干预,例如,研究者将虚拟现实技术与放松相结合,开发了"SoundSelf"程序,该程序灵感来自传统的冥想和改变思维的体验,是专门为一种互动的冥想辅助虚拟现实体验而设计的。相关研究的结果表明,精巧的虚拟现实干预和传统的呼吸练习都可能会通过影响情绪而对参与者的健康产生积极影响;在参与者的质性反馈中,大多数参与者能够明确地报告感受到放松,而且强烈支持在工作场所开发和使用虚拟现实干预措施。普雷奇等人(Pretsch et al.,2020)总结了应用虚拟现实技术使员工在办公室放松的好处(见图5-7)。总之,虚拟现实干预的前景光明,它有增强幸福感的潜力,而且具有可轻松掌握的自我指导技术。此外,它还具有独特的体验,即非常强烈的"存在感",限制了对现实世界的干扰,从而产生高度沉浸式的体验。

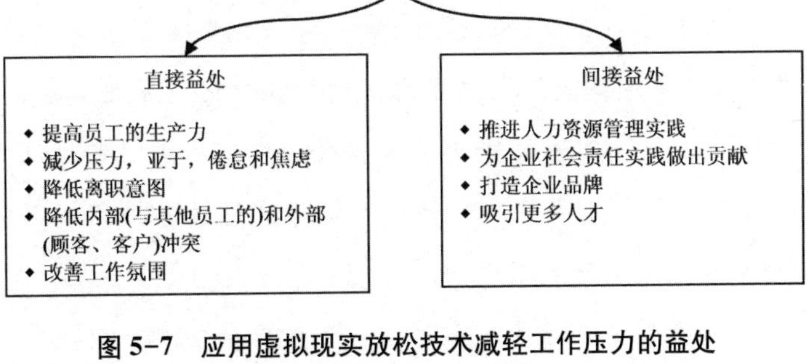

图5-7 应用虚拟现实放松技术减轻工作压力的益处

实证研究案例

案例 5-2:无处不在的压力管理生物反馈严肃游戏

(Osman et al.,2016)

1. 理论和假设

(1)无处不在的生物反馈严肃游戏(Ubiquitous Biofeedback Serious Games)

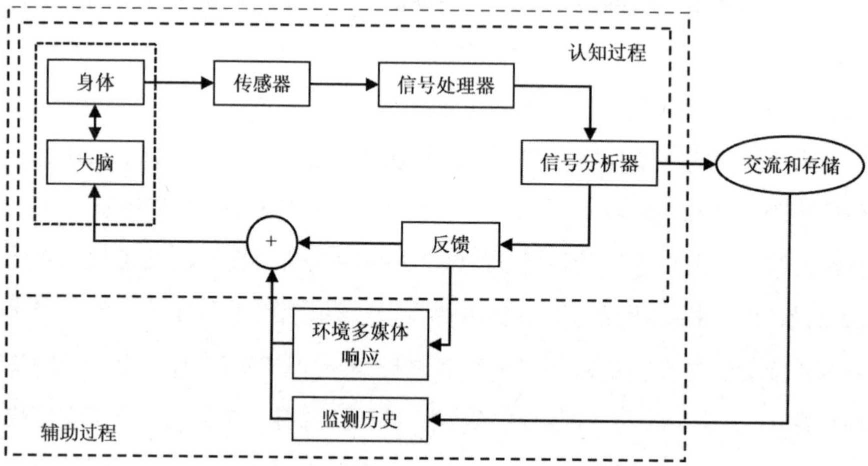

图 5-8　无处不在的生物反馈参考模型

本研究将无处不在的生物反馈(见图 5-8)概念化,融合到严肃游戏中,提供了兼具娱乐和实用价值的压力管理场景,即无处不在的生物反馈严肃游戏(UBSG)。UBSG 被定义为一种在游戏范围内以一个或多个生物信号为输入,分析它们并产生相关反馈的游戏。事实上,游戏是一种呈现信号分析结果的媒介,这一结果将直接影响游戏进程或结果。此外,在监测到的生理过程和游戏所描述的结果之间应该有一个清晰的映射,这样的演示完成了生物反馈系统所需的基本反馈循环。UBSG 必须执行无处不在的生物反馈参考模型的各个组成部分,以辅助过程和持续监测来补充生物反馈经验。

本研究开发并测评了一款名为《植物学神经》的手机压力管理游

戏,并引入了一种使用心率变异性分析(HRV)来跟踪心理压力的方法。理论上,心理压力是对环境威胁或心理痛苦的本能反应,这种反应会引发体内的化学和激素反应。该游戏中唯一的角色是一棵树。这棵树形象地代表了玩家的自主神经系统(ANS)的状态。因此,每当玩家感受到压力时,树的健康状况就会恶化,并通过树叶变黄并最终掉落的动画表现出来;当玩家放松时,会有更多的叶子生长,现有的叶子变得更绿,树开始开花。同样的信息通过树健康指示器传达。游戏得分显示在主游戏屏幕上,该分数指示随着时间的推移树的健康状况的改善,作为整体性能的总结。此外,它还允许在各种游戏回合之间进行比较(请查阅原文查看各步骤的具体参数)。

(2)研究假设

要求参与者在生物反馈开启的情况下使用该应用程序五天,在生物反馈关闭的情况下再使用五天。研究假设,根据UBSG的记录,当游戏的生物反馈开启时(与关闭时相比),参与者将体验到心理压力的减轻,即树的健康值和分数会增加;当参与者变得有压力时,树的健康值会减少,分数不再增加。

2. 研究方法

(1)被试

参与者为12名年龄在22—61岁(33.92±13.00)之间的成年人,其中5名为女性,7名为男性。所有参与者都从事白天需要最少活动的办公室工作。所有测量都是在工作时间进行的。

(2)实验流程

实验在参与者的工作场所进行,包括三个阶段:基准、无生物反馈的工作和有生物反馈的工作。实验从基准阶段开始,而无生物反馈的工作和有生物反馈阶段的工作在参与者之间保持平衡(见图5-9)。

基准阶段:用于评估参与者随后的压力水平。每20分钟使用VAS测量一次感知到的压力,只有在整个收集期间感知到的压力保持在0—50之间时,该测试才被认为有效。此阶段的持续时间设置为60分钟。

无生物反馈工作:参与者被要求在一个工作周内每天使用该系统80分钟(早上上班时40分钟,午餐后40分钟)。UBSG的用户界面是隐藏的,因而没有生物反馈应用所需的反馈循环。但研究仍然默默地收集了树的健康状况和评分。此阶段总持续时间设置为400分钟。

有生物反馈工作:参与者被要求在一个工作周内每天使用该系统80分钟(早上上班时40分钟,午餐后40分钟)。研究者向参与者介绍了UBSG,并告诉他们游戏的目标是最大化他们的分数,尽可能保持树的健康。参与者被告知,如果对提高分数感兴趣,可以参加指导冥想或呼吸练习(这些练习的教学视频包含在手机上)。研究者还解释说,在检测到急性压力时,会有一条警告消息询问他们是否愿意进行放松练习。参与者被告知,参加这样的练习不仅有助于他们提高分数,还能降低压力水平,达到更高的健康水平。这一阶段的总时间设置为400分钟。

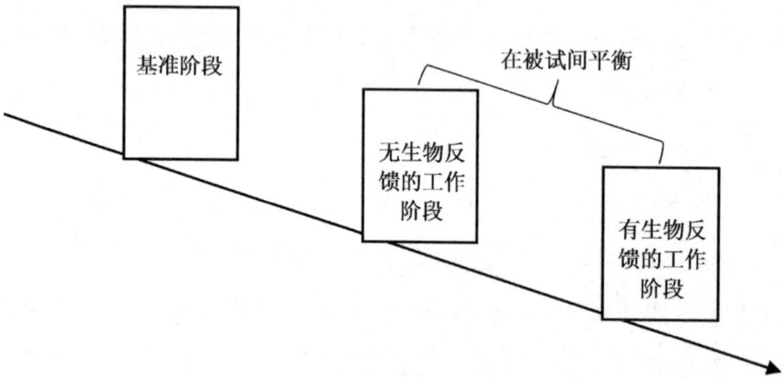

图5-9 实验流程

3. 研究结果

所有因变量在两个阶段之间差异的单因素重复测量方差分析结果显著,$F(2,10)=16.46, p<0.001$。单因素重复测量分析显示,各阶段之间的hc($F(1,11)=31.32, p=0.001$)和max(s[n])($F(1,11)=24.03, p<0.001$)具有统计学显著差异。在启用生物反馈的条件下,除

了一个参与者(5 号)之外,所有人在树健康得分方面均有改善(与无生物反馈的条件相比)。平均来看,对于所有参与者,当启用生物反馈时,hc 参数增加了 10.65%(其他研究已证明,当参与者经历的心理压力水平增加时,树的健康值会降低)。

4. 研究启示

本研究提出了无处不在的生物反馈严肃游戏的概念,并提供了一个关于跟踪心理压力积累的生物反馈压力管理系统的案例研究。实验证明了所提出的 UBSG 在帮助个体降低(或更好地控制)心理压力水平方面的功效。因此,严肃游戏的潜力得到证实,它提供了一种生物反馈场景,可以帮助个体达到更高的健康水平。

第三节　三级干预——治疗压力源导致的病理症状

三级干预是反应性的,旨在通过对症状或疾病的管理或治疗,在与压力相关的问题发生后将其影响降至最低。本节介绍了心理疾病和生理疾病常用的三级干预方法。

一、心理疾病的干预

精神病分类中不再严格区分精神病和非精神病问题的趋势日渐明显,因为非精神病性经历,如自卑、担忧、焦虑和抑郁,可能是特定精神病症状的促成因素,也因为精神病学中传统的诊断界限正在消失,反而揭示出更加复杂的、相互关联的精神疾病的架构。因此,本部分未区分神经症和精神病,而是梳理了主流的心理疾病干预方法及其效果,可根据员工所患疾病的程度进行不同强度的治疗。

(一)认知行为治疗

1. 认知行为疗法

认知行为疗法(CBT)干预旨在使个体具备识别和改变非适应性认知

(如抑郁性反刍、担忧)的技能,从而减少相关的心理困扰,缓解心理障碍(如抑郁、焦虑)。很多元分析已经梳理了 CBT 干预对减少职业压力的影响,大多数结果都支持 CBT 干预与其他干预类型(例如,以组织为中心的治疗)相比更有效的论点,特别是当 CBT 干预侧重于员工的心理社会结果(例如,感知压力、焦虑、抑郁和倦怠)时。在这些元分析综述中,大多数纳入的研究报告了 CBT 较好的短期干预效应;然而,有证据表明,干预的效果会随着时间的推移而降低,需要更多关于 CBT 对职业压力的长期影响的研究。对此,有研究者评估了为期一天的 CBT 工作坊对工作反刍、慢性疲劳和睡眠质量的长期(随访 6 个月)影响,发现与对照组相比,干预组员工报告的情感反刍水平和慢性疲劳水平显著降低,睡眠质量没有显著差异。该研究说明虽然 CBT 干预时间较短,但其对工作压力仍然具有纵向的积极缓冲作用。

此外,在线 CBT 悄然兴起,并且被证实了有良好效果,最近一项研究要求参与者进行三次在线 CBT 干预,以评估其对工作压力的影响,结果表明,从基线到治疗后,参与者的压力、倦怠和心理健康评分都得到了显著改善,为在线 CBT 干预治疗职业压力及其相关症状的有效性提供了证据。但对工作压力干预的结果需要进一步探索,因为当 CBT 被用于工作场所时,员工出于担心泄密等原因表现出参与度不足。但未完成治疗的参与者仍可以从中受益,且坚持的程度越高,获益越大。近年来,我国的在线 CBT 相关研究日渐增多,形式各异(如,微信平台、自主研发小程序等),但干预方案未有统一标准、干预效果也有待明确。对失眠干预的系统分析表明,在线 CBT 是改善失眠的一种有效方法,但应结合我国的医疗环境、文化环境、人群特点,进一步优化平台和程序(王月莹等,2021)。因此,鉴于在线 CBT 的积极效果,而且在线干预措施在可获得性和成本效益方面都可能提供优于传统干预措施的优势,所以未来研究可以尝试进行传统 CBT 和在线 CBT 的比较研究,寻找提高在线压力干预效果的方法,推动员工通过更多形式的 CBT 来减少压力,以改善心理健康状态。

2. 接受和承诺疗法

接受和承诺疗法(ACT)是一种相对较新的认知行为疗法,融合了接受和正念以及行为技术的元素。通过关注和接受积极和消极的想法和情绪,ACT 试图使人们能够过上有意义的、以价值为导向的生活。ACT 的核心可以概括为以下六个过程(见图 5-10;Dijkstra & Nagatsu,2021):(1)接受,在心理上接受生活和自我有不完美之处,愿意采取必要的行动;(2)去融合,在自我/真理的体验和语言化的想法之间创建一个客观化的距离;(3)作为背景的自我,此时此地的更真实的自我体验;(4)对当下时刻的灵活关注,能够自由和自然地与此时此地互动;(5)价值观,了解一个人内心深处最珍视和最重要的东西;(6)承诺行动,参与基于价值观的行为以及为价值观服务的能力。"六边形"模型中所有元素都是交互的,通过交互作用最终形成"心理弹性"。

对压力的 ACT 干预在各种职业和环境中都显示出积极的效果。ACT 的积极结果是通过提高心理接受度、对价值观采取行动的能力更强以及与消极思想的融合减少所体现的。即使在控制了负面情绪和工作控制感之后,心理灵活性越强,一年后的心理健康和工作表现也会越好,这表明提高对思想和情绪的认识和接受可以改善结果。对社工、消防员、咨询师等多种类型职业员工的干预研究显示,ACT 干预后,员工感知到的压力和倦怠减少,并且提高了心理健康结果。ACT 也可能通过改善压力、倦怠和同情疲劳而特别有利于医护人员。

很多研究比较了 ACT 与 CBT 在减轻工作压力方面的效果,结果发现两种措施同样有效,都显示出比常规治疗和安慰剂更多的积极结果。研究者比较了在线 ACT 和在线 CBT 方案的实用性以及它们作为在线干预的有效性。结果表明,两种干预措施都显著改善了员工的压力、倦怠和心理健康水平,可信改变指数评分表明,在 42%和 19%的项目完成者中,压力和心理健康分别有临床意义的改善(见案例 5-3;Barrett & Stewart,2020)。因此,基于 ACT 的工作压力管理方案可以作为一种有效的心理健康改善措施,以提高员工的心理灵活性、心理工作压力和生活质量等。

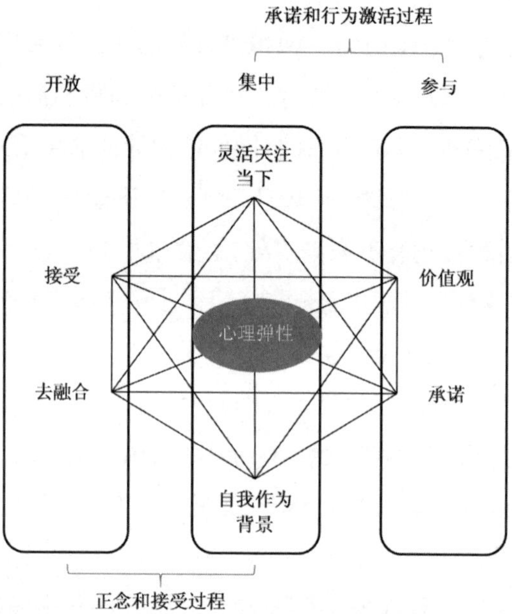

(左边的四个过程是正念和接受过程;右边的四个是承诺和行为改变或行为激活过程。成对的过程可以被分组为开放的、集中的和参与的响应风格)

图 5-10 接受和承诺疗法中的"六边形"概念

3. 情绪调节的干预

随着与精神病症状相关的精神病理学联系的扩大,情绪不稳定被强调为许多精神障碍(包括抑郁、焦虑和行为障碍)的一个相对常见的特征。有一些从 CBT 延伸出的干预方法表现出了良好的干预效果,其中辩证行为疗法和图式疗法常被用来干预情绪调节相关障碍。

辩证行为疗法(DBT)针对那些将问题解决或认知重建视为潜在无效,甚至导致沮丧、愤怒反应、抵抗和治疗退出的情况。DBT 提出了对接受和改变的"辩证法",治疗师一方面接受患者的现状,并为他们的想法、情绪和行为提供验证;另一方面,治疗师承认改变的必要性,并促进学习新的技能来处理问题和实现个人目标。DBT 用情绪失调来解释心理疾病,侧重接受和改变之间的综合,明确地关注行为改变,认为精确地改变特定情境的行为将导致长期的内在转变(张岩岩等,2021)。图式疗法(ST)也来源于认知行为疗法，最初是为对标准 CBT 没有反应的患者开发的。这两种方法的一个核心区别是，DBT 直接关注情绪调节技能的获得，所有 DBT 模块（正念、痛苦容忍、情绪调节、人际关系有效性）都旨在提高情绪调节技能，并鼓励患者定期训练这些技能；而 ST 很少直接涉及情绪调节，它认为情绪调节中的问题被视为不良早期经历的后果（例如，缺乏安全依恋、童年虐待或情绪忽视），当这些潜在的问题得到解决时，情绪调节就会改善。DBT 和 ST 的疗效得到了多项研究证明，但两者的治疗效果哪个更好，以及这两种方法对于不同的患者群体或不同的问题是否有不同的疗效，仍然是一个悬而未决的问题。

总之，认知行为治疗范围广泛，方法众多，提供了强大的干预支持。

（二）森田疗法

森田疗法（MT）把不希望的和消极的情绪症状理解为人类情绪的自然特征，而不是应该控制或消除的病理症状，它的一个主要目标是让人们达到心无定所（*mushojū-shin*）的精神状态，这在禅宗中用于描述对周围环境的健康关注程度，允许对这种环境可以在任何时候投掷的所有事物做出适当的反应。值得注意的是，心无定所的 MT 概念和“心理灵活性”的 ACT 概念有重要的相似之处（Dijkstra et al.，2021）。

几篇元分析探讨了森田疗法对成人焦虑症、抑郁症和精神分裂症的疗效，结果都显示了 MT 的有效性，但因为以往大多数 MT 的随机对照实验存在研究方法不足的缺点，导致风险偏倚不明确和评估证据质量低下。虽然不能基于元分析得出关于 MT 疗效的明确结论，但参与者和治疗师似乎发现 MT 在临床经验中具有实用性。许多研究表明，参与者发现 MT 是一种解脱，让他们不觉得有义务控制自己的感情或对自己的感情负责。因为 MT 希望参与者接受现实，鼓励他们从情绪约束中解放出来，并进一步将努力集中在过好生活上，而不是将注意力和精力放在改变情绪上。

虽然疗效需要进一步的研究验证，但 MT 在治疗焦虑症、抑郁症等症状的历史上发挥了作用（尤其是在亚洲国家），这是一种除药物治疗或心理治疗(如 CBT)之外的替代疗法。

(三)虚拟现实暴露疗法

虚拟现实暴露疗法(VRET)具有增加对刺激的控制、无限重复暴露的可能性以及模拟挑战日常环境边界环境的独特选择的优点。VRET 已被证明可以有效地用于治疗焦虑障碍、创伤后应激障碍(PTSD)等。

对焦虑障碍的元分析显示,在结束治疗后,VRET 组与症状直接相关的焦虑水平和整体的主观痛苦程度均低于对照组,同时在认知、行为和生理指标上与对照组相比均表现出提升,治疗效果在 6 个月或 1 年后依然得以保持。而且 VRET 与传统心理治疗的治疗效果差异无统计学意义(丁欣放、李岱,2018)。VRET 也被用于对创伤性应激障碍的干预。对患有 PTSD 的退伍军人和现役军人的 VRET 干预显著减少了 PTSD 临床症状。然而,没有证据表明 VRET 的病人比长期暴露疗法的病人更投入情感,虽然 VRET 会诱发与创伤相关的视觉、声音、振动或气味,以增加患者对创伤记忆的情感参与,从而激活情感处理。但与长期暴露的参与者相比,接受 VRET 干预的患有战争创伤的士兵并未报告显著更高的痛苦量表主观单位平均分或峰值分数,或随着时间的推移痛苦减少。VRET 被发现对 PTSD 症状具有中度显著影响,并且与以创伤为重点的 CBT 同样有效,而且更多的 VRET 疗程增强了治疗效果。此外,VRET 被证明与经典的循证干预一样有效,元分析结果显示,VRET 在评估后和内部分析的两次随访中显示出显著效果,表明焦虑症状显著减少。与被动控制条件相比,VRET 效果显著;相对于主动控制条件,效果大小不显著,表明 VRET 和主动控制条件的效果相当。综上,VRET 能够有效干预工作压力导致的心理症状。

(四)音乐与舞蹈治疗

1. 舞蹈运动疗法

舞蹈运动疗法(DMT)被定义为一种创造性的身体导向心理疗法,它使用动作、舞蹈和语言干预来促进个体的情感、认知、身体和社会的融合。DMT 和身体心理疗法的共同观点是身体、思想和心灵的整体性,即身体影响心灵,反之亦然。舞蹈作为一种减轻压力的形式得到广泛认可,它能够增进幸福感并提高对压力的容忍度,使人们能够认知性地处理和克服可怕的事件,感受身体自我,分析问题,为日常生活中的问题找到建设性的解决方案,并改善自己的身体形象和自我。它刺激前庭系统,创造更警觉的意识状态,并积极影响心血管系统的健康和力量。一项随机对照实验比较了 DMT 治疗在改善压力管理和减轻压力方面的效果,结果表明,消极压力管理策略改善表现出短期和长期效果,人际关系敏感、抑郁、焦虑、恐惧、精神病性等多项压力结果评分得到了短期和长期的改善,说明 DMT 治疗干预能够有效地改善压力管理,减轻心理困扰,而且效果会随着时间的推移而持续。DMT 也对治疗生理症状(例如,慢性疼痛)有效,通过释放紧张和僵硬,增加在身体、情感、认知和社交各层面的流动感和灵活性。综上,DMT 是一种有效的压力管理方法,但目前的研究涉及的压力是一个笼统概念,没有针对工作压力,未来研究可以将其置于工作场所情境下,以考察其效果及持续性。

2. 音乐疗法

音乐疗法通常被定义为一个系统的干预过程,治疗师帮助客户促进健康,利用音乐体验及其发展的关系作为动力的变化力量。在严重精神障碍领域,治疗的目的是帮助人们提高他们的情感和关系能力,并解决他们可能无法单独使用词汇的问题。

音乐疗法可以积极地影响员工的心理症状、工作相关的压力和倦怠,并有助于改善工作表现和认知结果。音乐干预对改善睡眠质量、失眠、情绪和日间功能消极方面有显著改善,虽然日间功能积极方面和生活满意度没有提高。采用随机对照实验法分析了音乐干预对医护人员的自我报告的倦怠、凝聚力和工作满意度的影响,没有发现实验组和控制组之间的显著差异,但是参与者自我报告中对干预的定性评估显示了对音乐想象干预的积极感受(允许放松、恢复活力和重新聚焦)以及对参与者的幸福体验产生积极影响的记忆关联的改善。研究者调查了背景音乐(有或没有歌词)对工作注意力表现的影响。与有歌词组相比,无歌词组的工作注意力表现有显著提高,更好的表现与播放音乐时自我报告的"被爱"感显著相关。而对精神分裂症的元分析结果显示,音乐治疗作为标准治疗的补充,可以改善精神分裂症或精神分裂症样障碍患者的总体状态、精神状态(包括阴性和一般症状)、社会功能和生活质量,效果取决于音乐治疗的次数以及音乐治疗的质量。

综上,音乐疗法作为一种非药物方法,尤其是针对神经退行性疾病,或作为一种有益的康复实践,正变得越来越有吸引力。音乐疗法可以具有独特的激励、建立关系和情感表达的品质,甚至可以帮助那些无法从语言疗法中受益的人。

(五)电惊厥疗法

电惊厥疗法(ECT)在精神病学临床实践中是一种有价值的治疗方式,在抑郁发作、躁狂发作以及双相情感障碍混合发作的治疗中具有优于药物治疗的情绪稳定特性。

虽然有效果,但在世界各地只有一小部分潜在合适的患者接受 ECT 治疗。从历史上看,限制 ECT 使用的两个主要临床考虑因素是其不利的认知影响和复发倾向。近年来,这两种限制都得到了实质性的解决(Sackeim,2017)。ECT 最严重、最持久的不良认知效应与对过去事件的记忆有关(逆行性遗忘症),定向恢复时间预测了这种长期遗忘症的程度。随着 ECT 技术的进步缩短了恢复时间,长期逆行性遗忘症的严重程度也相应降低。在重度抑郁症发作的短期治疗中,将 ECT 和药物治疗相结合作为连续治疗比单独使用任何一种干预都更有效。药物治疗和个体化高剂量超短脉冲右侧单侧 ECT 联合应用优于单独使用药物,并且 6 个月的复发率低于 15%。在控制了各种患者一般水平的变量(如年龄、性别和住院时间)后发现,在接受 ECT 治疗的患者中,预测 30 天内再入院的比例为 6. 6%,而在未接受该疗法的人中为 12. 3%。这一发现非常重要,因为该研究调查了美国 9 个州的综合医院中所有被诊断为情绪障碍的住院患者,因此不存在样本选择偏差。精神分裂症的 ECT 效果回顾表明,越来越多的证据支持在精神分裂症的治疗中使用 ECT 增加抗精神病药反应,而认知副作用通常是轻微和短暂的。事实上，许多研究表明认知能力的改善可能与症状的改善有关。

现代ECT技术的进步，包括右侧单侧电极放置和超短脉冲刺激，极大地改善了ECT的耐受性。在其他脑刺激技术可以等同于ECT的功效、安全性和耐受性之前，它应该仍然是现代精神医学的标准部分。ECT的强大疗效，以及ECT现在可以在最小认知后果的情况下常规进行的事实，促使人们对这种干预产生了新的兴趣。

（六）员工咨询

咨询通常被认为是帮助组织中员工应对和管理组织中发生的复杂事务的一种方式，被视为提高员工心理和情感健康的一种手段。咨询的作用在于：对个人来说，咨询是一个治疗过程，它提供帮助和支持，引导员工从不同的角度看待事物，并鼓励他们起草相应的行动计划，使员工正面和度过生活和工作中的困难时期；对组织来说，咨询服务可以改变一个组织的文化，因为它引入了不同的视角和与人合作的方式，看到员工与组织的关系（Joseph et al.，2012；表5-2介绍了员工咨询的目标和益处）。员工咨询通常采用个体咨询与团体咨询相结合的方式，团体咨询强调：（1）发展任务问题是成员们的主要关心点；（2）群体互动是实现目标的主要过程；（3）群体内的氛围可以降低防御，有助于表露和探索感情；（4）自我理解和自我接纳是群体的目标（表5-3介绍了团体咨询的优势、类型和效果）。

咨询意味着通过意识到可用的资源来理解和培养一个人的潜力，它既是预防方法，也是补救方法。英国心理咨询和心理治疗协会发表的报告显示，进行咨询后，一半以上的员工表现出与工作相关的症状恢复正常，病假减少了25%以上。而且一个好的咨询师可以通过烦躁、减产、酗酒、行为突然改变、事故增加、疲劳增加、难以接受培训等体征和症状来识别有问题的员工，并在情况变得更糟之前提供帮助。总之，员工队伍中“人”的一面是重要的财富，在咨询过程中，员工通过咨询师感受到组织的关心，这有助于发挥员工的最大能力，推动心理健康自主恢复。

表 5-2 员工咨询的目标和益处

要点	内容
目标	了解自我 做出客观的决定 设定可实现的目标，促进成长 规划现在，以实现理想的未来 有效解决个人和人际问题 应对困境 控制自我挫败的情绪 掌握有效的交易技巧 获得积极自尊和对自己满足基本需求的能力的乐观感
益处	管理组织变革带来的行为问题 激励员工寻找问题的替代解决方案 有助于更客观地了解情况 促进用新视角看问题 有助于高级决策 提高生产力 减少与人员流动、旷工相关的成本 平衡工作-生活

表 5-3 团体咨询的优势、类型和效果

要点	内容
优势	可以满足多个员工的需求，一组最多可容纳 8 — 10 名员工 与个人咨询相比，团体咨询节省时间，因为问题可以在员工中同时处理 为分享经验和向其他成员学习提供了一个健康的氛围，使员工不会感到孤立；是支持性的
类型	指导性咨询：咨询师提供完整的指导。咨询师听取客户的意见并做出决定 非指导性咨询：以被咨询者为中心。咨询者不受任何阻碍地面向被咨询者及其困扰，没有任何阻碍。咨询师只是倾听咨询者，充分了解问题，但不提供任何建议或解决方案。咨询者有责任找到自己的解决办法。这种类型的咨询有助于员工定位，因为他们有机会找到自己的解决方案。由于受过良好的训练，员工可以在未来自己处理类似的问题 合作/参与式咨询：咨询师和咨询者共同参与所有过程，诊断问题，分析问题，然后寻找解决方案。在这一过程中他们交流思想、知识、经验和见解
效果	信念(思考自我和他人的方式) 行为(应对、行动、联系或决策方式的变化) 情绪困扰(不舒服的感觉或对环境压力的反应) 态度(消极态度改变)

（七）员工援助计划

国际员工援助专业人员协会（EAPA，2015）指明了员工援助计划（EAP）的主要职能：帮助工作组织解决生产力问题；帮助员工识别和解决个人问题，包括健康、婚姻、家庭、财务、酒精、毒品、法律、情感、压力或其他可能影响工作绩效的个人问题。

研究支持了EAP与改善员工心理健康和工作功能之间的因果联系。多项无对照组的前后测研究表明，接受EAP服务的员工的工作结果有所改善。因为EAP会对员工的心理健康产生积极影响，而心理健康状况的改善在很大程度上解释了工作功能的整体提升。为了科学严谨地考察EAP的效果，研究者纳入了对照组进行分析。米洛特（Milot，2019）采用前后测对照组的准实验设计评估了EAP对心理健康、工作场所功能和生活满意度的因果影响，在6个月的随访中，与非EAP使用者相比，EAP使用者的工作压力显著减少，心理痛苦（抑郁和焦虑症状）显著减轻，并增加了工作投入，获得了更高的生活满意度。EAP解决了许多员工个人和工作相关的问题，但其最终目标是恢复或提高工作绩效，所以EAP对工作压力本身的影响其实没有得到很好的研究，大多数EAP研究报告了心理健康（例如，焦虑和抑郁）和工作结果（例如，绩效和缺勤）。一项研究报告了在使用EAP前后管理工作压力的能力有所改善，但它没有评估对所经历的工作压力程度的影响，而且没有纳入对照组，无法建立因果联系。而近期的一项研究发现，相对于对照组，EAP服务对工作压力程度（可被视为工作压力的替代测量）的影响并不显著。因此，未来需要在改进方法的基础上进行更多的研究，以促进对EAP对工作压力测量和其他结果的影响的理解。

二、对生理疾病的干预

对生理疾病的干预首先要从医学角度来严格管理。其次，员工和组织也要在生活中进行必要的管理。从组织层面来说，病愈后的员工重返工作岗位时，应当请专家来判断其身体状况的工作适应性，识别工作环境中潜在的、可改变的不良压力源，然后与临床医生一起制订、实施并鼓励员工执行健康促进计划。

数字健康干预(digital health intervention,DHI)是新兴的干预方式,包括远程医疗、基于网络的策略、电子邮件、移动电话、移动应用程序、短信和监控传感器等形式,是通过积极的行为改变理论将医疗保健负担转移到医疗机构之外并改善个性化护理的最新尝试。元分析显示,与常规治疗相比,DHI对心血管疾病结果(发病率、住院和死亡率)有积极效应,而且在一级预防研究中,DHI也与脑血管疾病风险因素的改善相关,这表明DHI在广泛的参与者和环境中具有潜在的积极影响。

健康的生活方式也是维持身体健康的有效途径。定期和适度的体育锻炼以及地中海饮食可以显著降低疾病的风险。在澳大利亚进行的一项研究对超4万的结肠癌患者进行了5年半的观察发现,尽管所有的患者都接受了相同的肿瘤学标准的治疗,但积极运动的患者预后明显更好,锻炼组患者的总死亡率比非锻炼组低23%。其他恶性疾病的研究中也发现了一致结果,一项包括近5万名癌症康复者元分析结果显示,从诊断前到诊断后,与缺少运动的人相比,增加任何水平体育活动的乳腺癌或大肠癌康复者的总死亡风险降低了39%。

实证研究案例

案例5-3:接受和承诺疗法(ACT)和认知行为疗法(CBT)的在线压力管理干预效果的初步比较(Barrett & Stewart,2020)

1.理论和假设

在线干预是传统干预的一种便利、低成本的替代方法,已被用于治疗一系列疾病并具有良好功效。以前的研究表明,接受承诺疗法(ACT)和认知行为疗法(CBT)干预同样有效,两者都比常规治疗和安慰剂显示出了更多的积极结果。本研究旨在评估和比较两种简短版的在线压力干预方案(分别基于ACT和传统CBT),以减少压力和倦怠,改善心理健康和心理弹性;从而进一步评估两种治疗方式的效用,以及它们作为在线干预的功效。鉴于两种模式的现有证据基础,假设两种条件下的参与者在治疗后都表现出较低的压力和倦怠以及更好的心理健康状态。同时，根据治疗方式的作用机制，本研究预计 ACT 参与者在干预后还将表现出更大的心理弹性。

2. 研究方法

（1）被试

招募了从事社会和医疗专业领域工作的人，参加一个为期两周的在线压力管理项目。共 42 名参与者（年龄 22—60 岁；$M=37.12$，$SD=12.18$），其中 ACT 干预组 22 人，CBT 干预组 20 人。两种情况下的职业都是平衡的。样本包括 26 名社会工作者（62%）、10 名护士（24%）、4 名放射治疗师（9%）和 2 名医生（5%），其中 88%（$n=37$）为女性。不能经常上网、英语不流利或目前不在社会或医疗领域工作的人不能参加。

（2）流程

研究开发了两个独立的网站——ACT 和 CBT 干预的网站，它们呈现了研究内容，并提供了有关研究、注册和问卷填写的信息。参与者表示同意并完成基线问卷后，被随机分配到不同的实验组。所有的交流都是通过电子邮件进行的，数据是在网上收集的。问卷册（包括同意书）通过电子邮件发送给参与者，也可以从两个网站上获得。所有参与者在完成该方案后都获取了详细报告。

参与者可以在完成基线问卷后的 24 小时内开始其指定的在线课程。干预措施之间的会议次数和每次会议的练习次数相匹配。所有参与者都必须完成该计划第 1 周的第 1 和第 2 节，以及第 2 周的第 3 节。参与者还可以重温课程和练习。每个视频/练习之后都有一些简短的信息性问题，用于跟踪对材料的理解和关注。会议之后还会有一份反馈表来衡量对所展示信息的理解，以及这些信息的有用性。参与者在完成基线问卷后收到了第 1 和第 2 次会议的密码，并在第 2 周开始时通过电子邮件收到了第 3 次会议的密码。

（3）材料

ACT 组：在线干预的材料改编自《接受与承诺治疗实用指南》中的

"应对压力的ACT"章节。根据研究目的和内容对材料进行了修改,为参与者提供更个性化、互动性更强的课程。

CBT组:在线干预的材料是《基于放松和减压工作手册》中的"工作压力管理"一章。该方案的重点是确定应对工作压力的症状和模式,挑战思想,加强积极行动,提高动力和节奏,平衡工作场所的职责。为了使课程个性化,参与者需要使用网站上提供的空白表格完成练习和评估。

更多干预和材料详情请查阅原文献。

3. 研究结果

(1)被试流失

共有26名参与者(13名ACT,13名CBT)完成了所有三个疗程以及治疗前后的结果测量。在退出的16人中,9人在完成基线问卷后未能开始干预,1人因工作量大而退出,另1人因技术困难而未能完成,5人因未知原因退出。16人中有7人处于CBT条件,其余9人处于ACT条件。所有完成全部三次课程的参与者还完成了治疗后问卷。独立样本t检验显示,完成干预者和退出者在任何人口统计学或基线评估上没有差异。

(2)指标1:感知压力

方差分析检验了感知压力分数是否随着时间的推移在实验组之间有所不同。结果显示,实验条件的主效应不显著($F(1,40)=0.64, p=0.43, \eta^2=0.016$),表明干预后各组之间的感知压力得分没有显著差异。在时间上观察到了显著的主效应,$F(1,40)=7.30, p=0.010, \eta^2=0.154$,即两组参与者治疗后的压力水平($M=23.94, SD=7.64, SE=1.18$,95% CI=[21.56,26.31])均低于基线($M=26.00, SD=7.58, SE=1.18$,95% CI=[23.61,28.39])。时间与条件的交互作用不显著($F(1,40)=1.34, p=0.25, \eta^2=0.032$)。

(3)指标2:心理健康

方差分析检验了从基线到治疗后心理健康评分是否不同。结果表明，实验条件对心理健康评分无主要影响（$F(1,40)=0.54$，$p=0.46$，偏 $\eta^2=0.013$）。在时间上观察到了显著的主效应，$F(1,40)=12.60$，$p=0.001$，偏 $\eta^2=0.241$，治疗后的心理健康评分（$M=11.50$，$SD=6.81$，$SE=1.05$，95% CI=[9.32，13.59]）低于基线（$M=13.74$，$SD=6.27$，$SE=0.98$，95% CI=[11.74，15.69]）。这表明，随着时间的推移，这两种干预措施都能有效地提高心理健康得分。时间与条件的交互作用不显著（$F(1,40)=0.59$，$p=0.45$，偏 $\eta^2=0.015$）。

（4）指标3：倦怠

方差分析检验了随着时间的推移，实验组之间的倦怠得分是否不同。结果显示了时间的主效应显著，$F(1,40)=4.87$，$p=0.03$，偏 $\eta^2=0.108$），两组的参与者在基线时（$M=49.83$，$SD=18.23$，$SE=2.79$，95% CI=[44.02，55.31]）表现出比治疗后更高的倦怠评分（$M=47.21$，$SD=17.20$，$SE=2.62$，95% CI=[41.74，52.31]）。在实验条件下没有观察到显著影响（$F(1,40)=2.04$，$p=0.16$，偏 $\eta^2=0.049$），表明干预组之间的倦怠评分没有差异。时间与条件的交互作用不显著（$F(1,40)=0.12$，$p=0.73$，偏 $\eta^2=0.003$）。

（5）指标4：心理弹性

方差分析检验了心理弹性评分从基线到治疗后是否不同。结果表明，实验条件（$F(1,40)=8.2$，$p=0.37$，偏 $\eta^2=0.02$）和时间（$F(1,40)=0.92$，$p=0.35$，偏 $\eta^2=0.022$）均没有显著的主效应，也没有交互作用（$F(1,40)=0.13$，$p=0.72$，偏 $\eta^2=0.003$）。

（6）敏感性分析

考虑到流失率为38%，研究者进行了一项特殊的敏感性分析，用于补充ITT分析，以确保研究结果的稳健性。与原始分析一样，在ACT和CBT条件下没有观察到显著差异。表明原始分析是稳健的，对结果的变化是敏感的。

可靠性变化指数（RCI）计算了两个核心变量：压力和心理健康，用于检验相对于个人自身的基线是否发生了临床上显著的变化，同时解释标准化的心理测量方差。结果显示,完成干预的所有参与者中有42%表现出压力水平的临床显著降低,19%表现出心理健康的显著改善。进一步证实了在两种干预措施中观察到的积极结果。

4. 研究启示

本研究为简短版在线ACT和CBT干预的效用提供了良好的初步证据,并提倡继续完善此类干预措施。随着社会和医疗保健专业人员的离职率和倦怠率的持续上升,可能导致员工难以亲自参加压力管理课程。因此,基于网络的干预措施可能比传统干预措施更具优势,无论是在可获得性还是成本效益方面。尽管研究存在局限性,但从两次简短版在线干预中观察到的积极结果为继续开发有效、适当且始终可用的职业压力干预提供了良好的理论基础。

小　结

工作压力是一个严重且代价高昂的问题。对于员工和组织来说,掌握消除、减轻和处理工作压力的方法至关重要。本章基于预防性压力管理理论回顾了对工作压力的三级预防措施,其中初级干预是严格预防性的,试图在产生伤害之前阻止伤害发生,并改善组织环境以提高员工健康。二级干预试图提高员工的技能和应对困境的能力,使其能够利用自己的能力应对可能有害的工作情况,或阻止这些情况恶化。三级干预的目标是那些因工作压力而已经受伤害的员工,通过干预来减少压力的消极结果,是补救性措施。

在压力管理实践中,二级干预的频率是相对较多的,而且大多数基于认知行为方法框架。认知行为干预在高工作控制的任务中显得特别有效,因为高控制可以让员工锻炼他们通过干预计划学到的应对技能。然而,自我训练课程的强度可能会在获得应对压力情境的策略方面产生差异。因此,需要在个人和组织层面实施更有效的量身定制的策略,以减少很多已确定的压力源对员工工作和家庭生活的影响。初级和三级干预的实践通常由专业人员实施，就有效性而言，都提高了员工的压力管理技能。所以组织要给予员工更多的培训和教育，促使他们有效地实施这些计划，从而在管理压力时提高自己的身心健康。虽然三个预防级别的概念是分开的，但通常在实践中，组织可以整合协调不同级别的预防方法来进行更加全面的干预。综合性干预有助于制定更有效的战略，减少工伤、残疾和心理障碍的发生率或降低其严重性。

此外，应当牢记的是，组织是异质的、复杂的和动态的，工作压力干预措施的设计必须适合实施干预的具体组织环境，而不能仅仅使用一般的理论原则，因为干预措施必须是生态上有效的和可衡量的。同样，人也是复杂动态的，干预方案的开发和优化不仅要结合相关学科、考虑组织因素，也要考虑员工和情境因素，以真正有效地改善员工的身心健康，营造和谐健康的工作环境。

第六章　基于社会实践模式的工作压力管理

第一节　坚持做有益于身体的事情

一、睡眠

一个人的睡眠质量和时间对认知能力、运动能力、身心健康有重要影响。同时,睡眠作为普通人每日经历的一项行为,与人类特有的心理过程与行为表现有密切的联系。由于睡眠与人体的生存与发展休戚相关,一直以来是各学科的研究焦点。一项调查研究指出,多数美国员工睡眠差,并常常在工作时间感到困倦。本节从生理学和健康心理学视角分别介绍睡眠的定义及评估方法,进而论述睡眠的功能以及睡眠对个体行为及其职场中产生的影响,最后概述近年来主流睡眠研究中的睡眠操纵方法与测量工具。

(一)睡眠的定义和评估

学术界普遍来用西格尔(Siegel)的经典定义来界定生理意义的睡眠,即睡眠是伴随机体活跃性减弱而出现的一种静止的生理状态,是机体对外界环境失去知觉和反应的一种可逆性行为,可观察到的现象是个体眼睛闭起、肌肉放松、与环境互动减少或消失等。睡眠有助于生理机能和心理机能的重组与恢复。睡眠周期是指个体从入睡到觉醒的整个过程,期间可分为快速眼动睡眠期和非快速眼动睡眠期(McKenna et al.,2017)。与临床医学不同,健康心理学定义的睡眠包括更宽泛的概念,包括睡眠的充足性、睡眠的规律性、睡眠质量以及睡眠习惯等。

睡眠质量是指个体平均每日的睡眠时间能够达到人体内稳态的需求。足量的睡眠时间才能够保证人体有足够的时间来补充生理机能所需的资源（例如，体力、自我控制资源等），保障个体在第二天能够达到人体内稳态的需求。而对睡眠质量的定义，比较经典的是“一天中醒着的时候的疲倦感、精力充沛感，以及夜晚睡着和醒着的时间长度”。多项研究指出睡眠质量的评估需要综合多项客观睡眠指标和个体的主观感受，包括入睡困难、容易惊醒且惊醒后难以入睡、夜间觉醒型次数、过早醒来、睡眠时间不足、醒来时的身体疲劳感等。睡眠质量通常通过自我报告措施进行评估，也可以通过生理指标来进行测量。失眠是指持续三个月每周至少三次难以开始或维持睡眠或夜间惊醒后难以入睡的症状。失眠的测量方式与以往研究中的睡眠质量相同，或被直接归纳为睡眠质量。

与睡眠质量相比，睡眠量描述了一个人在睡眠状态下的时长。研究报告显示，大多是成年人在工作日的睡眠量大大低于非工作日。睡眠看似是一种个体失活的状态，但其实包含了大量的生理过程：睡眠能够修复哺乳动物的身体机能，这种功能是任何其他措施所不能替代的。对于人类来说，睡眠是健康和幸福生活必不可少的一个元素，睡眠的好坏影响个体生理机能的发展、自我控制资源的补充、认知执行功能的表现、情绪的调节，继而影响个体在生活、工作中的各项行为。“一天要睡几个小时才算睡足?”在与普通人群或被试群体交流睡眠的话题时，研究者经常会被问到“一天要睡几个小时才算睡足?”这个问题。正如研究者在前面提到的，从个体睡眠充足的大范围流行病统计结果来看，美国睡眠基金会（NSF）在2015年发表的睡眠时长推荐报告指出，当成年人平均每日睡眠时长保持在7—9小时的时候，他们在各项活动中的表现最佳。与此同时，一系列的睡眠流行病调查研究和睡眠剥夺实验证明，当个体的睡眠时间持续少于6小时（持续一周）或单次减少1小时及以上，其生理和行为上均会表现出显著的不良反应（McKenna et al.，2017）。

实证研究揭示了睡眠质量和睡眠量之间的关系。他们之间的相关性通常很小甚至无关紧要（-0.11—0.20）。虽然一些研究表明，睡眠质量和数量对员工健康、福祉等结果存在同样的影响。但在其他情况下,睡眠质量与一些变量的相关性较睡眠量更强。

综上所述,我们发现睡眠质量和睡眠量对于评估或描述睡眠具有代表性。

(二)睡眠与工作的前因变量

迄今为止,主要有两个概念模型与员工睡眠的前因和结果相联系。克劳斯(Krauss)等人将睡眠确定为一个将个人和组织前因传递给个人和组织层面后果的变量。穆林思(Mullins)等人基于此提出了一个更为详尽的模型,将嗜睡看作是工作需要和重要组织成果联系起来的关键中介变量。该研究认为,嗜睡对这些研究结果的影响是通过对睡眠质量和睡眠量相关联的生理结果施加的。例如,随着睡眠剥夺的增加,信息处理会受到很大的影响,会导致任务效率降低和工作场所事故增加的风险(Litwiller et al., 2017)。

1. 个人前因

有关睡眠和工作的理论已经检验了许多个体因素。多项研究指出个体年龄对睡眠和工作存在相关关系。因为青春期后在非快速眼动阶段时间和总体睡眠量减少。家庭责任可能会增加员工工作要求并对其个人睡眠产生影响。例如,家庭时间和工作时间对睡眠时间交互效应。在人格领域,一个人经历负面情绪状态的倾向会影响其睡眠,并积极预测大量身心健康问题。除此之外,个体使用影响中枢神经的药物和食物也会调节和改变睡眠的过程,如咖啡因和烟草。

2. 组织前因

组织前因是指已经发现的影响睡眠质量和睡眠量的工作环境特征。一项元分析将职业压力源、角色模糊性、角色冲突、工作量、人际冲突、情境约束和感知控制确定为员工睡眠相关的因素。工作需求—控制—支持模型假设工作需求,工作控制和工作支持预测积极的(例如,动机)和消极的工作结果(例如,痛苦)。在该模型下,工作需求可能是指心理压力源或工作相关的规定(例如,每周工作时间)。工作控制描述了员工改变其工作环境、工作活动和工作结果的感知能力。而工作支持来源于同事、主管和组织。研究结果显示更高的要求,更少的控制和更少的工作支持减少了人们必须睡觉的时间。这得到了其他研究结果的支持,这些发现睡眠是最有可能被家庭和工作需求限制的活动。在昼夜节律过程中,更高的要求,更少的控制和更少的支持会阻止员工在自己既定的睡眠时间入睡。

(三)睡眠与工作的结果变量

基于上述,睡眠的缺乏会影响个体的自我损耗和积极情绪。而在组织心理学领域和职业健康心理学领域的多项睡眠研究聚焦于睡眠对于工作结果(态度结果和绩效结果)的影响,并运用上述关系作为解释机制,得到了颇为丰富的研究成果。

1. 健康方面

虽然睡眠不佳大大增加了许多身体健康问题的风险,但睡眠与心理健康相关性(例如抑郁症)之间关系的方向性几乎没有共识。睡眠不足的生理后果为由此产生的健康问题提供了解释。身体健康方面,睡眠不足会产生高痛性变化,增加疼痛敏感性,影响止痛治疗,并引起低度心血管炎症。在心理健康方面,睡眠不足会改变激素(如皮质醇)的分泌,因而增加了个体罹患焦虑症和其他情绪障碍疾病的概率。

迄今为止,还未有相关理论模型来论述睡眠缺乏对职业健康的危害,但前期研究已经提供了大量的证据支持睡眠对心理健康的重要性。在一项针对医学生的睡眠和压力适应的研究中提出由于睡眠的过程能够补充认知资源、支持个体克服挑战和适应压力环境,因此相对于睡眠充足的个体,睡眠缺乏的个体压力适应能力较差。在心理学年鉴中,有研究者从精神神经免疫学(psychoneuroimmunology)的视角探讨了睡眠对健康的意义并指出睡眠对心理健康(例如抑郁症)有重要的意义。除此之外,睡眠缺乏还会引起各种生理疾病,例如躯体痛觉敏感、糖尿病、心血管疾病等,从而影响员工的职业健康。

2. 情绪和认知

由于睡眠质量和睡眠量差而导致的更大的嗜睡感对员工的影响和认知

受到负面影响。关于情绪后果,睡眠不佳已被证明会损害近期情绪体验的夜间处理,并降低人们识别情绪的准确性。

3. 态度结果

睡眠不佳已被证明会增加工作—家庭冲突,并降低积极态度结果的可能性,如工作满意度,组织承诺和接洽。在一项有关工作满意度的研究中,负面情绪反应已被确定为睡眠影响的中介,表明情感和情绪作为睡眠对各种态度结果的影响的中介的潜在作用。睡眠缺乏影响员工工作的态度结果,如工作满意度。具体来说,睡眠缺乏会导致负性情绪,使员工的工作满意度下降,还可能通过影响个体的认知降低员工的工作投入和组织承诺。该研究还发现由工作压力引起的睡眠问题对工作—家庭冲突有正向影响,睡眠是工作压力导致工作满意度下降的一种中介机制。

4. 绩效成果

睡眠的情感和认知后果对许多表现结果都有影响,例如,情境表现、任务表现和安全行为。在以往的研究中,认知资源经常被确定为工作绩效的预测变量。首先,情境表现(例如,组织公民行为),自我调节受损,以及与嗜睡相关的工作满意度下降在以往的研究中已被认定为解释睡眠影响的潜在机制。其次,睡眠缺乏影响任务表现,导致工作绩效下降。例如,睡眠缺乏的员工在工作中容易因自我控制能力下降出现一系列的工作偏离行为(如迟到、旷工、缺勤、网络闲散、工作场所不文明行为等)。在安全方面,在从事需要长期集中注意力的工作时,睡眠缺乏的员工更容易发生工作失误;即使从事简单的任务时,工作绩效也相对较差,从而对工作环境和组织利益产生负面的影响。

由于睡眠缺乏会明显地影响个体的发散性思维和整合思维。睡眠缺乏对创造力需求较高的工作(如研发人员)和战略思维的工作(如高层领导)的工作绩效影响较大。一项研究追踪了 8 年间美国经济的走势(包含 2007—2009 年的经济发展低谷)、工作—家庭的冲突和员工的工作表现,结果发现在经济衰退期由于工作时间减少、员工的睡眠时间增多,工作家庭的矛盾比例下降,员工在工作场所中的表现更优秀(Chiu et al.,2018)。

睡眠缺乏还可能影响员工的关系绩效。对他人情绪的准确识别是良好人际互动的基础和关键。而睡眠缺乏会导致情绪识别能力的下降,使个体在社交情境中经常陷入沟通失败的尴尬境地。由于积极情绪不高、不容易信任他人,睡眠缺乏的个体较难与他人建立积极的人际关系,并且情绪调节能力不足和情绪波动较大甚至可能会增加人际冲突。最新一项研究表明,睡眠缺乏会导致个体大脑中感知潜在危险通路活动增强,而鼓励社交的通路活动减弱,因此,睡眠缺乏的个体社交意愿降低,社交距离增大。然而,研究睡眠缺乏对工作场所人际行为的实证研究较少,仅有少量研究检验了睡眠缺乏导致员工在工作场所的主动性行为减少、沟通能力下降、较少实施组织公民行为(Simon & Walker,2018)。

(四)改善睡眠的方法

药物治疗、心理治疗、物理治疗和认知行为治疗(CBT)是目前失眠的常用治疗方法。

基于 CBT 的干预是研究失眠的主要方法,这些方法基于刺激控制、睡眠限制以及睡眠卫生或放松指南。包括目标设定、活动计划、互动练习、视听材料,或者在某些情况下,与治疗师面对面交流或与虚拟治疗师进行在线交流。CBT 可有效治疗持续性睡眠不足,降低持续性认知和努力减少失眠的严重程度,并改善工人的整体睡眠质量(Chiu et al.,2018)。同样,在与工作相关的研究中,采取 CBT 后,员工的生产力和出勤率略有提高,但缺勤率没有明显改善,这在统计上没有显著差异。此外,还观察到倦怠对失眠症状的调节作用。

关于改善睡眠数量和质量的放松和自助技巧,两项研究检验了基于正念的干预在工作场所的效果,另一项研究评估了基于表达的干预的效果,获得的结果在减少失眠症状、减少夜间入睡困难和增加一周中的夜间睡眠时间方面都是积极的,并且还报告了睡眠质量水平的提高(Hogg et al.,2021)。药物对失眠有一定的帮助,研究指出,口服褪黑素对失眠症状有一定的缓解。

然而,随着失眠患者数量的增加,失眠需要更多可行的治疗方法。越来越多的研究发现,芳香疗法是改善睡眠质量的非药物疗法之一。芳香疗法在中国有着悠久的历史,其原理是通过吸入、按摩、沐浴等方式将芳香提取物涂抹在人体上。与药物疗法相比,芳香疗法更经济、更简单、副作用更少,并广泛用于缓解压力、改善睡眠障碍、治疗抑郁症、焦虑症等。研究发现,吸入熏衣草可以改善患有失眠症的糖尿病患者的睡眠质量和数量、生活质量和情绪。

实证研究案例

案例 6-1:工作与睡眠——对社会心理工作因素、体力劳动因素与工作安排的前瞻性研究(Åkerstedt et al.,2015)

1. 研究问题

睡眠障碍与工作和生活中面临的压力有不可忽视的关系。压力通常包括外部要求对生理和心理的唤醒,而唤醒的增加与睡眠障碍有关。因此,可以预期工作压力和后续的睡眠障碍之间存在明确的联系,而且在一些研究中也确实证明了这一点。当前研究通过对具有代表性的全国样本进行两波测量,检验各种工作环境因素(压力、需求、控制、支持、物理工作负荷、物理工作环境和工作调度)与被干扰睡眠之间的预测关系。由于睡眠缺失可能会影响情绪反应,研究人员还研究了睡眠障碍是如何与后续的工作因素相联系的(反向关系)。

2. 研究方法

(1)被试

该研究基于瑞典卫生纵向职业调查(SLOSH)。在当前的研究中,我们使用了 2008 年(T1)和 2010 年(T2)的数据。研究使用那些在 T1 和 T2 付薪劳动的人的数据(n=6580)。T1 和 T2 之间的回复率为 28%(n=2311)。在 T1 中所有变量数据有效的被试量为 5489,但其中 662 人在 T2 处有缺失。因此,最终样本由 4827 名被试组成。其中,2655 人为女性,2171 人为男性。有 1979 名被试接受过大学教育(其余的受教育程度较低)。

(2)流程

有关性别、年龄和社会经济地位的信息是从T1的国家登记数据中获得的。社会经济地位由教育水平定义(≥3年的大学教育与所有其他形式的教育相比)。对于社会心理变量:采用了14项卡罗林斯卡睡眠问卷来衡量睡眠;使用瑞典版本要求—支持—控制问卷来测量工作需求、工作控制和工作支持;对于感知的工作压力测量选取过去三个月的经验问题(我有几天感觉到混乱;我有几天总是感到非常紧张;我有几天一直感到压力)。

为了测试这些关系,使用IBM SPSS Amos 20.0进行结构方程建模。选择最大似然法。为了确保数据呈正态分布,对它们进行了峰度和偏度筛选;没有发现峰度值大于10或偏度值大于3。此外,没有一个变量是高度相关的(定义为 $r>0.85$),并且r在本研究中未超过0.70(除了四个变量随时间变化的相关性),从而降低了多相关性的风险。

3. 研究结果

(1)指标1:工作需求—控制—支持与睡眠障碍

研究假设工作需求和睡眠障碍之间的前向"因果关系"途径,T1的工作需求与T2的睡眠障碍之间的显著关系部分证实了这一点。在工作控制、社会支持、外部工作因素、工作时间方面没有发现显著关系。结构方程模型显示,T1的压力预测随后的睡眠障碍($\beta=0.06$, $P<0.05$),反之亦然($\beta=0.13$, $P<0.05$)。在工作需求方面也有类似的发现,即T1的需求预测了随后的睡眠障碍($\beta=0.03$, $P<0.05$),反之亦然($\beta=0.04$, $P<0.05$)。这揭示了T1的睡眠障碍与工作需求、压力、工作控制以及T2的社会支持之间的显著路径,表明存在反向的因果路径。

(2)指标2:睡眠障碍—社会心理因素

T1处的睡眠障碍预测了T2处的社会心理变量。由于先前的睡眠障碍,员工感知到的压力和工作要求都更高。睡眠障碍预示着随后更高的工作需求和工作压力,更少的社会支持和工作控制。

4. 研究启示

研究指出,高工作要求预示着两年后睡眠障碍的自我报告,但也预测了两年后感知压力、工作要求、(缺乏)工作控制和(缺乏)社会支持的水平增加。体力劳动因素和工作安排似乎与睡眠障碍没有前瞻性关系。结果表明,缓解睡眠障碍的补救干预措施应侧重于社会心理因素,改善睡眠的干预措施对于减轻压力和对工作的负面看法可能很重要。

二、运动

早在20世纪60年代,欧洲委员会就最早提出"大众体育"的口号,体育部长的设立和体育理事会的成立标志着由精英运动向全民锻炼的转变。虽然这些方案提倡"全民运动",但是其重心仍然是高水平的体质健康和高强度的运动水平。"没有付出就没有收获"的人生信条盛行一时。然而近期这一观点又有了新的改变。运动不再专为精英而设,也不再推崇那种挑战自我极限的运动项目。一些项目如"关心自我"以及"趣味跑步"都鼓励全民开展合理水平的运动。此外,人们不再仅强调外在健美,而是强调体质和心理的双重健康。当代的运动观念促使全民进行适当的运动以改善身心健康。

(一)什么是运动

卡斯佩森等人(Caspersen)将运动定义为"为了促进或保持一个或更多方面的身体健康而进行的有计划、有组织、反复的肢体活动"。这种观点强调通过有意识的运动所发生的躯体和生理的变化。如今,"运动"强调的重点从能帮助心脏血管健康的剧烈运动向能使健康状况出现温和变化的适度运动转变。同时它也说明健康这个概念含义的转变:健康不仅包括生理的变化,还包括心理的变化。

(二)运动的益处

1. 运动的身体收益

已有研究调查了16936名35—70岁的哈佛大学校友,研究每周能量消耗与寿命的关系。这项纵向的研究结果显示,进行诸如散步、爬楼梯等体育锻炼，每周能量消耗大于2000千卡的人，要比那些进行同样的运动而每周能量消耗少于500千卡的人平均多活2.5年。研究指出，运动可能在以下几个方面对身体产生影响（Martin et al.，2021）。（1）降低血压：体育锻炼强度与心脏的舒张和收缩血压成反比。因此，加强运动能降低血压。（2）减轻重量与肥胖：超重和肥胖与癌症、高血压和冠心病有联系。运动能够起到促进减肥和维持体重的作用。（3）缓解糖尿病：运动可以提高人体对葡萄糖的控制能力，从而减少糖尿病的不良影响。（4）预防骨质疏松症：运动可以预防在老年妇女中普遍存在的骨质疏松症。

2. 运动的心理收益

许多研究考察了运动与心理状况关系的调节因素。这些理论反映了运动研究的生理学观点和心理学观点。例如，有研究指出运动会引起内啡肽的释放，提高大脑去甲肾上腺素水平。内啡肽是人类大脑中一种天然类鸦片活性肽，而去甲肾上腺素则被认为与抑郁症病因有关。研究还显示，与运动有关的社会活动及其引起的自信与自尊的增强能够改善心理状况。抑郁程度的降低可能与人们增强社会联系、改善社会支持和提高自我效能感有关（Kaur，2016）。

3. 运动对工作压力的帮助

运动除了可以间接增加员工的整体健康和幸福感外，还可以直接影响员工应对工作压力的状态（Shephard，2016）。

有氧运动可以帮助内啡肽合成，增加使大脑感觉良好的神经递质，进而减少压力的负面影响。运动可以为员工的身体提供压力缓解，通过这种方式来练习协同工作，对员工的身体产生积极的影响（包括心脑血管、大脑等）。

除此之外，运动有助于锻炼员工的精神集中力。运动使人更加关注当下的任务，以及由此产生的能量和乐观情绪。在面对压力时，员工有更多的能量进行消耗。在突发事件上能更加保持冷静、清晰和专注。以往研究指出，压力对睡眠质量有消极影响。而适当运动可以帮助员工改善睡眠质量，进而有助员工心理恢复。此外，运动可以改善员工情绪。定期运动可以增加自信心,改善情绪,帮助员工放松,并减轻轻度抑郁和焦虑的症状。

(三)运动对压力和情绪的影响机制研究

运动对健康生活十分重要。然而,人们进行有益健康的运动,更多的是以短期立竿见影的效果(如感觉好)为动机,而不是追求长期根本性的改变(如活得更长)。因此了解运动对情绪的即时效果对鼓励人们进行定期运动有显而易见的意义。已有研究对长期运动和不经常运动的人分别在最大量、中等量和最小量运动时的情绪、心理活力和兴奋状况进行了研究(Biddle & Boutcher,2021)。

1. 方法

(1)被试

实验组是36名男性业余运动员,定期参加各种运动,每周3次以上,每次时间超过30分钟;对照组是36名较少参加运动的人,一周运动时间少于30分钟。所有被试参加两期的运动项目,并且在每期运动项目开始和结束时完成情绪指标测量。因此这项研究采用重复测量的实验设计。

(2)步骤

在第一阶段,所有被试都要完成一组描述性问卷(对身体素质与心理状况的背景测量),并参加一次在循环测力计上进行的最大运动量项目。最大运动量由氧气摄入情况所决定。在第二阶段,随机分配被试进行20分钟的最大量、中等量或者最小量的运动。所有被试都要在运动前、运动后2分钟以及休息30分钟之后完成对情绪状况的测定。

(3)测量

在每期运动项目前后,分别对被试的紧张和焦虑水平、心理活力、抑郁和沮丧程度、兴奋度和努力水平等项目进行测定。此外,所有被试在第一期运动项目开始时完成一次人格测验和焦虑特质的测量。

2. 结果

通过对实验结果的分析,我们可以考查运动的不同水平对长期运动的人和很少运动的人情绪变化的影响。结果显示,只有长期运动的人在最大运动量后,紧张和焦虑(压力)水平才有所降低。不过,与最小运动量相比,所有被试在最大量和中等量运动两分钟之后都报告兴奋度和心理活力有所上升。另外,被试在休息 30 分钟后仍保持较高的兴奋水平。

3. 结论

研究者得出结论:无论是最大运动量还是中等运动量都能帮助长期运动的人和非长期运动的人心理活力和兴奋度的有益变化,并指出"即使对不习惯于体育运动的人而言,运动也能产生积极的情绪变化"。该研究还指出,增加对运动即时效果的关注能促使人们坚持参加体育锻炼。除此之外,定期运动可以缓解身心压力。已有研究证明,运动可以减缓抑郁症和焦虑症的轻度症状。参与运动可以帮助增加自尊感和自我效能感,可以显著降低压力水平。

第二节　坚持做能够镇定情绪的事情

一、正念冥想

(一)正念冥想的界定

正念通常被定义为"一种特定的注意方式,即有目的地关注当下体验,且不做评判"。正念冥想是正念与佛教禅修的结合。正念冥想是有意识地感知当前时刻的内部体验和外部事件,无需对此时刻的内部体验和外部事件进行判断、拒绝或依恋。正念冥想训练是个体有意识地把注意维持在当前内部或外部体验之上并对其不做任何判断的一种自我调节方法,包括保持当下体验的注意力调节和伴随好奇心、开放性和接纳的自我体验两个子成分(Liu et al.,2018)。

目前的研究将正念冥想分为特质性正念冥想和状态性正念冥想。特质正念冥想是指所有个体都拥有不同程度的特质冥想能力;状态冥想是指通过冥想训练来发展冥想意识,诱发出一种正念、放松和不评价当下的状态。

个体的正念特质和正念状态通过各种经过验证的自我报告问卷来衡量,如正念注意觉知量表、五因素正念问卷、弗莱堡正念量表以及多伦多正念量表。特质性正念冥想的自我报告测量为研究者探究正念特质的个体差异与情绪加工期间的大脑活动提供了实现路径。

根据训练时间,正念冥想训练可分为三个层次:临时正念冥想训练(3分钟至1小时)、短期正念冥想训练(4天至4个月)、长期正念冥想训练(超过10年)。根据正念冥想训练水平,可以把个体的状态分为临时训练的正念冥想状态、短期训练的正念冥想状态和长期训练的正念冥想状态。

(二)正念冥想影响情绪加工

正面冥想作为一种经济、安全、有效的训练方法,已被广泛用于情绪调节、注意力训练、心理治疗、临床医学等领域。研究表明,短期和长期的冥想训练通过增强个体积极的自我意识和情绪的自我接纳来影响情绪处理。短期正念冥想训练,作为一种加强自我调节的放松状态,可以有效地诱发对外部经验和非评价性内部经验的开放,从而帮助情绪处理。

正念冥想对注意力、认知功能、情绪调节、身体健康和神经系统功能均有帮助。有研究表明,正念冥想可以影响情绪加工。正念冥想训练是一个增强自我调节的过程,包括注意力调节、躯体意识、情绪调节和自我知觉的改变四个过程。正念冥想干预有助于诱发积极的情绪状态和减少负性情绪。正念冥想训练是一种补充性干预措施,可以改善多动症(ADHD)人群的情绪和注意力,冥想状态的维持也有助于显著提高正常人的注意力,从而改善他们的心情和生活质量(李继波等,2019)。

1. 临时正念冥想影响情绪加工的行为表现及神经基础

临时正念冥想训练是一种增强自我调节的放松状态,可以有效地诱发个人的开放性体验和对内在体验的不判断,从而改善情绪加工能力。基于正念冥想的运动训练可以改变心理活动形式,并可能对多动症患者和其他人群的技能性认知和行为控制带来重要益处。通过观看经过编辑的电影片段,研究了临时积极冥想干预对三种情绪效价(悲伤、积极和混合)反应的影响。结果表明,短时正念冥想干预可以有效地增强积极体验,减少消极体验。然而,一些研究也表明,在积极冥想训练对积极情绪的处理中,没有接受过积极冥想训练的参与者报告说他们的积极情绪有所下降。上述研究表明，临时性的积极冥想训练是一种有效的情绪调节和影响情绪处理的方法（Liu et al.，2018）。

神经生理证据表明，临时正念冥想训练是一种促进情绪加工、有效调节情绪的干预方法，可以增强左侧前额叶的激活，降低杏仁核等脑区的激活。神经生理结果显示，不同形式的临时正念冥想训练（如正念呼吸冥想、慈悲冥想和正念训练）增强了曾患有抑郁症病人左侧前额叶的激活程度。此外，使用EEG技术探索了任务中的正念冥想对健康成年人的注意力加工产生的神经机制的改变。结果显示，冥想者表现出与注意力相关的脑区的变化，包括负责高级认知处理的额叶和负责感觉预测的枕叶。这些大脑区域的激活可能反映了满足任务需求的调节能力的增强，它们可能是正念冥想对注意力改善的认知神经基础。

2. 短期及长期正念冥想影响情绪加工的行为表现及神经基础

神经生理学证据显示，短期和长期的正念冥想会导致脑区结构的变化，这些脑区涉及学习和记忆加工的脑网络、注意分配（如顶叶、岛叶）、情绪调节（如杏仁核、海马）、自我参照加工（前额叶）、感觉预期（枕叶）等（王云霞、蒋春雷，2016）。

短期正念冥想训练能够增强注意分配，激活与躯体感知相关的脑区，降低负性情绪、社会焦虑和抑郁水平，增加自尊水平，具体表现在杏仁核激活程度降低，增强与注意分配相关的顶叶脑区的激活程度。研究显示，躯体感知脑区的激活强度与个体抑郁程度负相关。已有研究采用功能性核磁共振成像技术研究了短期正念训练对健康成年人负性情绪诱发的调节效应。结果显示，尽管两组被试自我报告的悲伤分数相似，但接受正念冥想训练被试的右侧脑区有更大的激活，包括内脏和体感脑区。脑成像证据表明，短期的正念冥想训练可以增强个体的情绪调节和身体感知大脑区域的激活，从而减少负面情绪反应。此外，功能性核磁共振成像技术还揭示了短期冥想训练提高社交焦虑障碍患者负面情绪和社交焦虑水平的神经机制。研究结果表明，与有氧运动相比，消极情绪水平降低，与注意力相关的顶叶皮层被激活；随着冥想训练持续时间的增加，负性情绪和社交焦虑水平逐渐降低，与注意力相关的顶叶皮层被激活。结果表明,短期冥想训练可增强注意力分配的调节作用,有效降低抑郁、焦虑等负面情绪(Liu et al.,2016)。

正念冥想作为一种经济、有效、安全的情绪加工训练方法,能有效促进情绪恢复以及增强负性情绪的容忍度。有研究采用功能性核磁共振成像技术,探讨8周正念训练对负性情绪诱发的神经反应的影响。研究表明,悲伤情绪的诱发会激活大脑中线的自我参照处理区域,冥想训练者右脑和躯体感觉区域的神经反应增强。正念训练促进了情绪恢复和感觉神经网络之间的平衡,证实了情绪概念表达和躯体表征之间的内在联系。有研究表明,短期正念冥想训练可以降低练习者的情绪反应强度,改善情绪记忆,降低负面情绪的注意偏差。

正念冥想训练不仅有助于练习者提高情绪加工能力,还可以保持专注和平静。EEG的研究显示,短期正念冥想训练对情绪的消极影响增强左侧额叶的激活强度。已有研究使用EEG技术对健康成年人进行了8周的正念冥想训练,包括前测、后测和追踪测试。在这些测试中,被试被要求观看带有情绪性的影片,然后记录他们的额叶脑电活动。结果表明,正念冥想训练显著激活被试的左前额叶皮层,该脑区激活强度与积极情绪的增强呈正相关。这一研究结果在其他研究中也得到了证实,短期正念冥想训练可以激活健康个体的左额叶。采用正念认知疗法(8周)观察自杀患者额叶偏测化的脑电活动。结果发现正念认知治疗中左额叶激活的增加反映了积极情绪的增加,有利于缓解自杀高危患者的抑郁症状。然而,其他研究表明,并非所有的短期正念干预都能激活左前额叶。短期正念认知疗法训练并不影响额叶的侧化程度。这意味着在正念干预方法的临床应用中,应关注被试类型等个体差异的影响因素对心理治疗的影响,未来需要开展相关研究,为神经生理提供依据(Liu et al.,2016)。

脑成像的证据表明正念冥想训练可以通过增加个体的正念意识来提高参与者的注意力、情绪调节和免疫功能。正念冥想不仅显著激活了与情绪相关的大脑区域,还显著激活了海马体、海马旁回、纹状体等与注意力和记忆相关的大脑区域。已有研究利用脑电技术和智能闭环数字冥想移动设备,研究了6周短期正念冥想训练改善健康成人注意力的神经机制,这表明,将现代智能技术与古代冥想练习结合起来进行心理训练是可行的,对提高注意力是有益的。

另外,有少量研究显示,长期的冥想训练能够增强大脑可塑性,更好地促进情绪加工(Liu et al.,2016)。运用功能磁共振成像研究长期冥想练习对大脑可塑性的影响。结果表明,在长期冥想练习中,冥想者与注意力、知觉和感觉处理相关的大脑区域(包括前额叶和右前叶岛)较厚,其中老年冥想者的前额叶皮层厚度差异最显著。这表明正念冥想可以减缓老年人大脑皮层的退化和变薄。研究表明,长期的冥想练习可以有效地调节自发的面部和生理反应。

3. 正念冥想训练改善自我控制能力

提高自我控制能力的一个潜在机制是增加对自己行为及其后果的注意。注意加工是正念冥想训练的目标。正念冥想训练要求个体保持对当前状态(内部经历和外部事件)的注意力,同时承认和接受产生的任何想法和被唤起的情绪状态。自我控制是一种基于不同形式的心理处理的注意力控制过程,如努力、时间、等待、奖励和抑制。然而,自我控制由两个相互作用的系统组成:“热”系统和“冷”系统(于斌等,2013)。“热”系统是基于导致冲动行为反应的情绪和动机(这可能与不容忍的延迟和不良的抑制处理有关)。“冷”系统是基于执行或认知控制处理(例如,导致自我控制行为的反射逻辑和计划)。脑成像证据表明,“冷”执行控制指的是执行控制的认知方面,通常与侧前额叶活动有关,而“热”执行控制指的是执行控制的情绪方面,通常与眶额叶和腹侧内侧前额叶的激活有关,即具有情绪参与的执行控制的个体是“热”执行控制,没有情感介入或去语境化的执行控制是“冷”执行控制。

正念冥想的注意控制与执行控制紧密相关,反应控制、冲突控制和抑制控制是执行控制的三种核心成分。

在自我控制实践中,正念冥想是一种依赖于意识调节或自我监控的训练方法,要求个体意识到自己行为不端的倾向。正念训练涉及注意力控制的因素有:维持注意力和意识、调节情绪以及抑制外部想法的侵入。这些因素是使用自我控制的“冷”系统,让个人保持冷静和专注的必要条件。注意控制是能够观察或忽略环境各个方面,这是冷系统的必要功能。在冷系统中,需要注意控制以忽略情绪反应并接受平静的沉思反应。注意控制在增强自我控制中的重要性已导致聚焦注意力提升的正念干预措施的快速发展。

正念训练作为实现注意控制的一种有效的训练方法,已广泛应用于健康和临床人群(Baylan et al.,2018),以提高他们的注意力并促进情绪加工。研究表明,正念冥想训练可以提高分配注意力的能力,增强个人的时间知觉。时间知觉的变化可能与正念冥想引起的躯体意识和开放的内在体验有关。然而,人们越注重感官体验,对情绪和身体状态的感知就越强,对视觉图像呈现时间的感知就越慢。接受正念训练的参与者可能会高估视觉图像呈现的持续时间,这可能是由于正念状态冥想引起的注意力和知觉的暂时变化,增强了参与者专注于当前时刻的内部体验。

(三)正念冥想对工作压力的影响

正念可以作为个人资源帮助缓解工作压力。已有研究考察了,工作要求—资源(JD-R)模型下,正念作为个人资源对工作压力的影响(Grover et al.,2017)。以往正念研究表明,正念状态有助于员工将环境特征与反应区分开来,帮助人们将注意力集中在当下,抑制当下之外的想法和情绪。

该研究指出,JD-R 模型中的个人资源是独特的员工个人属性,影响人们如何使用工作资源来应对工作需求。正念是 JD-R 模型背景下新颖而重要的个人资源,由于注意力资源的分配有限,正念可以被视为一种个人资源,它会影响人们如何看待工作需求和部署工作资源,这反过来又会影响他们经历压力的程度。更谨慎的个人能够专注于眼前的工作要求,过滤掉无关的工作要求,并提高他们专注于利用基本工作资源的能力。

研究支持了这样一种观点,即正念通过多种机制来减轻压力——减少对工作要求的感知,缓和这些要求对心理压力的影响,并直接影响心理压力。正念训练和干预有助于减轻压力和正念帮助人们将注意力集中在当下,这具有将注意力竞争的认知和感觉挤出意识的作用。这种练习有助于减轻压力,并且可以解释正念对心理压力的直接影响。该研究指出,正念有可能以多种方式直接以及间接改变对工作要求的看法来减轻压力。工作场所的正念训练可以为员工带来积极的结果。特别是对于情感需求较高的职业,如护士。为护士增加个人资源以应对这些需求,同时通过正念训练改变他们对这些需求的看法,可以更好地服务于他们的组织和机构。

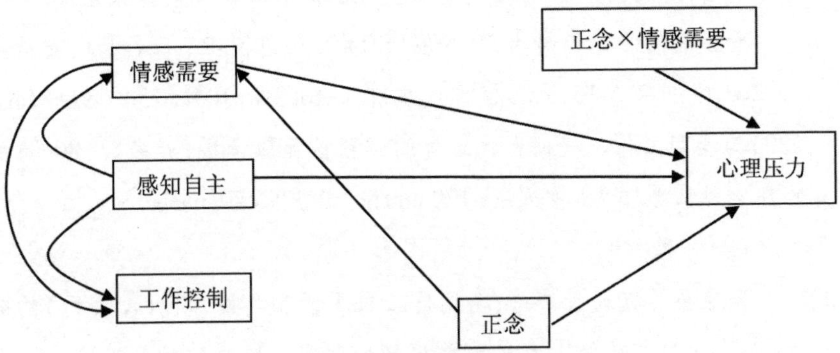

图 6-1　JD-R 模型下正念与心理压力

实证研究案例

案例 6-2:正念冥想应用程序对工作压力和幸福感的影响

(Bostock et al.,2019)

1. 研究问题的提出

正念冥想在工作场所中的运用已得到研究人员的关注和一些初步的实证研究支持。本研究将正念定义为一种以开放和非判断性的态度来感受自己当下体验的状态。正念可以通过积极的认知重评缓解压力导致的负性情绪。在职场中,应对能力的增强会将工作压力源重新评估为可控的,从而减轻工作压力。本研究的目的是通过智能手机提供的正念冥想程序检验其对与工作压力相关结果的影响。研究假设,与随机分配的候补名单对照组的人相比,随机参加正念训练的个体将显示出社会心理变量和血压的改善;学习更多的冥想课程可以更好地帮助员工缓解压力。

2. 研究方法

(1)被试

参与者是两家英国公司的员工(A、B 公司分别为制药公司和高科技公司)。这项干预旨在减轻工作压力,因此本研究剔除了没有报告工作压力和有抑郁症、高血压心脏病等疾病的员工。研究使用智能手机程序进行正念冥想课程,因此没有 Android 或 iPhone 智能手机的参与者被排除在外。同时,拒绝被随机分配的参与者也被排除在外。

受试者的平均年龄为 35.5 岁(SD=7.7,范围:23—61 岁),女性占 59.2%,吸烟率为 15.5%,超重或肥胖占 40.3%(BMI>25)。96%(n=229)为全职工作。根据自我测量的干预前血压读数,大多数(80%)的血压在健康范围内(收缩压<120mmHg,舒张压<80mmHg)。

(2)流程

两家公司都通过传单、在线员工布告栏和公司邮件(A 公司)的公告,公布了参与减轻压力和改善福祉的研究。感兴趣的员工完成了在线资格筛选。合格的参与者被邀请参加基线评估(t1),他们签署了同意书后进行社会心理问卷调查,测量了他们的身高和体重,并接受了血压仪使用的培训。每家公司内的参与者随机分配到干预(第 1 组)或候补控制组(第 2 组)。随访评估在基线调查后 9 至 11 周之间完成(t2)。所有参与者在 8 周后收到社会心理问卷(t3)。

研究团队选择 Headspace 应用程序。参与者收到了一封电子邮件,指导他们如何下载该应用程序,并邀请他们参加 1 小时的关于冥想的面对面介绍性讲座。此外,该应用程序还包含几个简短的介绍性视频,解释了正念冥想的基本原理,并描述了经典的正念技巧(例如,将注意力集中在呼吸和观察而不对它们做出反应)。正念训练计划包括 45 次冥想课程,每次持续 10—20 分钟。

3. 研究结果

(1)被试流失

研究对 341 名员工进行了资格筛选,随机抽取了 238 名(A:n=

120，B：n=118）到干预组（n=128）或候补对照组（n=110）。所有受试者在基线时间点1（t1）完成了社会心理问卷调查，但由于数据收集困难，未从7名受试者那里获得血压数据。在时间点2（t2），229名参与者完成了问卷评估，206名参与者报告了血压数据，问卷的回复率为96%。在时间点3（t3），105名（82%）的干预受试者和81名（74%）对照组受试者完成了问卷。

（2）指标1：在时间点2的干预

对于主观幸福感、心理困扰（焦虑和抑郁症状）、工作压力、工作场所社会支持和血压（$p<0.05$），干预组报告从基线到主要终点（t2）的这些结局均有显著改善。收缩压相互作用组略有显著性，$p=0.071$，对舒张压不显著，$p=0.262$。

（3）指标2：冥想次数对结果的影响

随访对比每个冥想练习组，结果显示，那些完成超过10次冥想课程的人在结果中表现出更为显著的改善，而那些完成少于10次治疗的人没有从评估前到评估后发生变化（主观幸福感，$\eta_p^2=0.054$；每日积极情绪，$\eta_p^2=0.059$；焦虑，$\eta_p^2=0.145$；抑郁症状，$\eta_p^2=0.058$）。交互效应检验结果显示，工作压力（$p=0.602$）、工作场所社会支持（$p=0.911$）、收缩压（$p=0.261$）、舒张压（$p=0.316$）不显著。

（4）指标3：时间点3的干预效果

测试了干预组t2和t3的之间是否存在统计学上显著差异。主观幸福感、抑郁症状和工作压力两个时间点之间的得分没有显著差异，表明从t1到t2的效应量增加在t3保持一致（主观幸福感，$t=-0.878$，$p=0.382$；抑郁，$t=0.391$，$p=0.696$；工作压力，$t=-0.152$，$p=0.879$）。

4. 研究启示

研究表明，基于应用程序的正念训练可以减少与工作压力相关的因素。未来的研究应该检验这些改善是否可以随着时间的推移而持续；通过移动应用程序练习的正念冥想是否能改善长期的心理和身体健康。未来的研究还应根据高水平的工作压力或血压来招募受试者，因为这将为干预改变这些结果留出更多空间。正念干预后社会心理健康状况的改善也可能对本研究中未评估的工作场所因素产生影响,例如,倦怠、安全、团队合作、创新和经济结果。

二、放松训练

放松训练,又称"松弛训练",是一种有意识地控制自己的心理和生理活动,降低唤醒水平以改善身体机能障碍的治疗方法。它可以培养人的情绪意识、元认知和判断力,培养超然的态度,缓解压力。该方法简单、实用、有效,受时间、地点、资金等各种条件限制较少,可以在工作之余下随时实施。

穆俊林等人(2016)研究证实,放松疗法可以对神经结构尤其是大脑皮层产生影响,通过近几年放松疗法的广泛深入运用,临床学者对其应用效果进行了大量的卓有成效的研究。它能使人感到幸福、平静,可以有效调节情绪稳定内环境,达到降压、镇静及催眠效果。通过放松训练,训练者可以随时保持放松状态,从而缓解紧张、焦虑情绪等。

(一)放松训练的方法

1.渐进式肌肉放松法

渐进式肌肉放松是一种放松技术,针对与焦虑相关的紧张症状。该运动包括绷紧和释放肌肉,在整个身体中慢慢推进,重点是肌肉的释放。渐进式肌肉放松可以单独练习,也可以在叙述者的支持下进行(López-López et al.,2020)。以往的研究也证实,情绪应激状态与个体免疫功能有关,良好的心理护理可以在一定程度上改善员工因长期压力造成的免疫损伤,促进心理恢复。渐进式放松练习帮助患者通过按顺序绷紧和放松肌肉来体验两种不同的感觉状态。这可以使整个身体处于放松状态,从而可以有效缓解紧张,恐惧和焦虑等负面情绪。

第一步:舒适地坐下或躺下。理想情况下,让空间具有最小的干扰。

第二步:从脚部开始,将脚趾卷曲并绷紧脚部肌肉。保持 5 秒钟,然后慢慢松开 10 秒钟。在放松过程中,将注意力集中在缓解紧张和放松的体验上。

第三步:绷紧小腿肌肉。保持5秒钟,然后慢慢松开10秒钟。在放松过程中,将注意力集中在缓解紧张和放松的体验上。

第四步:绷紧臀部和臀部的肌肉。保持5秒钟,然后慢慢松开10秒钟。在放松过程中,将注意力集中在缓解紧张和放松的体验上。

第五步:绷紧腹部和胸部的肌肉。保持5秒钟,然后慢慢松开10秒钟。在放松过程中,将注意力集中在缓解紧张和放松的体验上。

第六步:绷紧肩膀的肌肉。保持5秒钟,然后慢慢松开10秒钟。在放松过程中,将注意力集中在缓解紧张和放松的体验上。

第七步:绷紧面部肌肉(例如,闭上眼睛)。保持5秒钟,然后慢慢松开10秒钟。在放松过程中,将注意力集中在缓解紧张和放松的体验上。

第八步:绷紧手部肌肉,形成拳头。保持5秒钟,然后慢慢松开10秒钟。在放松过程中,将注意力集中在缓解紧张和放松的体验上。

2. 瑜伽放松法

瑜伽,作为一种身心练习,不仅仅关注身体活动。在西方,瑜伽虽然主要被当作一种运动形式,但实际上还有其他三个重要部分,通常被遗忘或淡化:呼吸练习、深度放松和心灵聚焦。事实上,瑜伽真正追求的是将体内平衡状态,转变为体式(瑜伽姿势)。瑜伽作为一个系统一直以综合的方式处理健康问题,将一个人视为一个整体,并声称当一个部分生病时,整个身体也会生病。瑜伽追求统一的和谐状态(Baylan et al.,2018)。

处于压力情况下,交感神经系统会出现过度活跃或副交感神经系统失衡的情况,对身体的所有系统都有重大的负面影响,包括心血管、呼吸和免疫系统。而瑜伽可以通过减少交感神经系统的活动和增加副交感神经系统的活动等机制来帮助增强这些系统。它还可以减少边缘系统的活动或以纠正对威胁的误解的方式调节认知功能,从本质上增加高级大脑推理与低级大脑情绪(和相关生理)过度反应的比率。有大量研究表明,各种瑜伽练习对压力和焦虑水平产生了强烈的积极影响。然而,应该注意的是,由于治疗条件的多样性和许多研究的低质量,它尚未最终证明瑜伽对治疗焦虑症或一般焦虑症有效。尽管如此,还是在强迫症治疗方面取得了令人鼓舞的结果。

(二)放松疗法使用的注意事项

放松技巧是治疗性练习,旨在帮助个人在身体和心理上减少紧张和焦虑。长期以来,帮助患者放松的策略一直是心理治疗的标志性组成部分。然而,它们可以在整个医疗环境中用作补充疗法,以治疗经历各种类型痛苦的患者,包括但不限于焦虑、抑郁、疼痛和压力(赵艳丽,2019)。在实施过程中,使用者应当集中精神,全身心投入避免一切干扰,通过训练真正达到放松的效果。放松疗法可单独使用或组合使用。组合使用时最多使用两种,多于两种容易产生交叉分散影响。

呼吸放松训练可以使身体放松,减少精神紧张,减少交感神经的兴奋,改善心率和呼吸调节。通过富有想象力的放松,训练者可以建立自信和勇气,减轻精神压力,改善身心健康。通过放松训练,可以更好地调整身体状态,改善压力带来的不适。

我国的心理应激干预目前处于实践操作和理论探索的初期阶段,特别是对医护人员心理应激干预的训练方面缺乏有效的手段和途径,效果不佳,无法满足护理专业化、精细化、规范化的高层次需求(吴明妍、吴伟,2017)。特殊时期,培训者不仅要采用放松疗法进行减压调整,更要组建专业团队,建立相应的制度和健全的制度,建立有效的信心和沟通机制,提供减压方法和应对知识。

心理应激干预不是短期的工作,短期除使用放松疗法外,对于压力缓解效果不好并有不适症状的,应该持续进行系统的干预,甚至在必要时使用常态化训练。放松策略被用作经历压力的患者的治疗干预措施。人们普遍认为,高压力,特别是持续的高压力,对身心健康有负面影响。儿童和成年期的慢性压力会导致血压升高和心理健康问题以及其他健康问题。此外,慢性压力已被证明会影响大脑发育,特别是杏仁核,这对情绪调节至关重要,而前额叶皮层是执行功能和决策的关键部分。因此,将放松策略作为应对工具与患者分享以减轻压力是有用的。掌握放松疗法,可以有效应对压力带来的各种不适。

第三节　坚持做能丰富思想和精神的事情

一、"读万卷书"—阅读疗法

(一)阅读疗法的起源

阅读疗法(bibliotherapy),是由希腊语"biblion"(图书)和"therapia"(治疗)结合构成的一个复合词,指利用阅读图书达到治疗疾病的一种方法。《韦氏新国际英语词典》第3版和《英汉辞海》对该词的释义为:指导阅读精选的阅读材料,作为内科学和精神病学上的一种辅助疗法;亦指通过有指导的阅读帮助解决个人问题,目前大部分国内外学者引用该释义。将阅读疗法作为一种辅助方法始于以美国为代表的西方国家。1916年,bibliotherapy一词兴起了阅读疗法的研究热潮。我国在阅读疗法的应用和研究方面与西方国家相比存在较大的差距。直到1995年,"阅读疗法"才作为一种治疗情感障碍性疾病的辅助疗法引入中国精神卫生学界。目前,西方的阅读疗法研究已经到了比较成熟的程度,相关的研究机构林立,研究内容适用范围广。医院、图书馆、监狱、戒毒所、养老院等都有图书治疗设施。我国阅读疗法的研究和应用还处于起步、快速发展阶段,相关的研究和应用越来越多。

(二)阅读疗法的思想与基本原理

阅读治疗,始于当事人拿着一本咨询师提供的文学作品进行阅读,被阅读材料所吸引,将自己的看法和情感投入到书中主人公的经历中去,与主人公的角色合二为一,通过这个过程达到释放自己的情感,对自己的问题有新的领悟和认识,并且找到适合自己的解决问题的方法,达到心理治疗的目的。

另一部分研究者倾向于从认知和情绪体验等多方面阐释阅读治疗的机制,认为有如下几点:阅读是人的心灵系统从外部世界摄入,保持内外系统动态平衡的重要途径;阅读也是提高读者认知能力的重要方式之一,能够帮助人们积极有效应对人生的种种挑战和矛盾;阅读是使人产生高峰体验,形成良好个人性格、修复精神缺失的重要途径。另外还有研究者将生理学、医学等领域的知识相结合,认为阅读治疗综合运用了生理学、医学和心理学的相关原理,通过有选择性的指导性阅读,帮助读者寻求解决心理问题的途径和有效方式,以此消除心理障碍,改善情绪、调整心理状态和行为方式,最终达到辅助性治疗的目的。

1. 阅读疗法的"五过程"

一般来说,心理学上是从共鸣、净化、平衡、暗示、领悟等这五个方面来解释阅读治疗的原理的(Tijms et al.,2018)。

(1)共鸣

共鸣就是人们在观察外部世界包括欣赏文学作品时,总是事先在脑海中形成一个期待,有意无意将作品中人物的经历、情感与自己进行对照,如果能够找到吻合就会发生共鸣和认同,从而获得情感等方面的支持。这种体验经常发生在阅读治疗过程中。例如恋爱中的年轻人最喜欢阅读爱情小说,如果小说中的主人公的年龄、性别、成长背景与自己很相似,那么对这个小说就会爱不释手,反复阅读,反之很痛苦。换一种说法,任何一部文学作品都是相互对立的内部精神力量的结晶,是若干冲突力量的和谐与一致,与梦、神经症之类的精神病理学的行为相似,作家将未完成的孩童期愿望付诸笔端而获得满足,并通过作品将这种愉快传达给同样未获得满足的读者。共鸣说又叫认同和投射,是阅读治疗来访者成长的第一步,如果患者对阅读对象无动于衷,产生不了共鸣,那就说明读物是不合适的,需要重新选择读物,否则阅读治疗就无法进行下去。

(2)净化

净化主要是指读者在欣赏文学作品时,与作品中的人物发生了心灵契合和沟通,情绪得以调节和慰藉,进入了有所排解和解脱的情感状态。净化的概念,最早见诸亚里士多德的《政治论》,他认为音乐能够带给人不同程度的激动,使人受到净化,产生一种轻松舒畅的快感。弗洛伊德将净化与人格结构学说联系起来,认为读者在作者设定的情景中体验恐惧和悲痛时,内心的焦虑就会被导向外部,并通过将主人公当成自己从而使自己受到净化。

通常人们都有这样的生活体验，当某人为某件事付出了自己的努力而得不到回报时，会感到冤屈、失望等。

(3)平衡

平衡说是由美国心理学家海德(Heider)于1958年提出的，是一种关于解释人在社会中的心理状态的社会心理学理论。该理论的核心思想是：每个人都是社会人，人们在社会生活中建立起来的与他人的关系，大部分是通过各种事件形成的。当人们与他人及外部事物之间的关系处于不平衡状态时，人们就会有不愉快的情绪体验。这种不愉快的体验转而作为一种动机，驱使人们采取竞争等多种方式，参与或制造一种事件，以便将不平衡状态转化为平衡状态，获得心灵的平静(Canty，2017)。但是这种不平衡状态如果长期得不到转化，人们不愉快的体验会长期反复纠结，这正是人们出现心理障碍和心理疾病的原因。而阅读的作用就在于人们可以通过阅读作品将自己放到一个虚拟的现实世界中去。在作品中，读者可以发现有那么一个人，他可能比自己更可怜、更不幸、更弱小。在阅读作品之前，读者往往将自己与一个比自身各方面条件都要强的人的作比较，心理常常是不平衡的，但是作品中的主角让他们找到了平衡，同时也找到了心理健康。

平衡说和净化说在很大程度上是有相近之处的，他们都是通过阅读悲剧性的作品和读物，借助书中人物的不幸来逆转自己的不良情绪，达到愉悦情绪的目的。净化说和平衡说依赖的作品都是悲剧性的，作品越是悲凉凄苦，所产生的心灵净化和心理平衡的作用就越明显。这两种治疗原理有时候也被称为“饱和疗法”、“满灌疗法”。其具体可操作性措施就是当人们遭遇不幸或身处逆境时，向其提供大量的悲剧性作品，使其在阅读中心灵慢慢得到净化、情绪慢慢恢复平静。

(4)暗示

暗示就是通过言语或非言语的手段，使患者不加主观意志地接受一种观点、信息或态度，从而消除某种症状或加强某种治疗效果的心理疗法之一。人们很早就注意到暗示对人们的心理健康有一定的影响。1775年，麦斯麦(Mesmer)在维也纳首次表演催眠术，从而引起学术界对暗示作用的研究。20 世纪 30 年代初,美国心理学家詹姆士(James)将暗示与人格、社会等联系起来研究。

阅读同样也可以产生暗示作用,阅读既可以被当成他人暗示又可以说是自我暗示的。如果阅读作品的推荐者是读者信任的亲友,而读物的作者恰恰又是患者向来崇拜的人物,且读物的内容又是积极向上的、乐观的,那么该读物就会对读者的心理状态产生较大的正性影响,减轻或者消除其心理或生理问题的症状;说是自我暗示,是因为阅读的材料有时候是患者自选的,患者选择的内容表现出的积极和消极倾向,实际上已经暴露了他对生活和疾病的态度,也暴露了他自我暗示的取向。

(5)领悟

领悟是指读者在经过共鸣、净化后,对阅读对象所蕴含的深层含义有了思考。一旦有所领悟,人们的境界突然之间得到了升华,有一种豁然开朗、醍醐灌顶的美好感觉。

然而,并非所有的读物都可以给读者带来领悟,只有当作品本身具有深刻的哲学意味时才能引导读者进一步思考生命的价值等诸如此类的人生意义问题。也不是所有读者在阅读时都会产生领悟。很多人在阅读时最多达到对作品、作者的共鸣而已。因此,阅读治疗的效果可以总结为领悟最重要,净化其次,共鸣更次之。

阅读治疗的科学性不仅体现在阅读活动起源于人类治疗身心疾患的需要,自发生之时起就具有心理治疗的功能,更重要的原因是阅读过程能带来共鸣、净化、平衡、暗示、领悟等各种复杂的心理活动,这些活动起到了调节情绪、净化心灵的作用,从而收到心理保健的效果。

2. 阅读疗法的其他划分形式

心理治疗的原理除了上述心理分析五过程说之外,还曾经有学者提出过四阶段说,如海尼斯等人(Hynes,2019)将阅读治疗的历程分为认知、省察、比较和自我应用。此外,还有学者将阅读治疗的过程分为涉入阶段、认同阶段、投射阶段、净化阶段、领悟阶段和应用阶段等六个阶段。这些学说与五阶段学说其实是有很多共同元素的。在实际的阅读治疗方案设计及阅读治疗中，为了配合心理治疗过程开始、中间、结束三阶段的划分习惯，人们一般将上述五个阶段整合为认同、宣泄或净化、领悟三个阶段。这种划分方式以弗洛伊德为代表的精神分析学派为代表。认同，就是有意识地和无意识地将他人的特征归因于自己而获得感情上的支持。读者可通过阅读满足自己的某些愿望，这些愿望平时受到"超我"所代表的社会道德、教育规范以及个人"自我"的压抑、否定和禁锢而无法实现和满足，进而出现心理冲突和焦虑。在阅读过程中，有些作品中存在的那些人所未知的、隐含的内容恰好可以使读者得到替代满足，产生令人愉快的身心体验。净化理论则认为读者在作者所设置的情境中，如果体验到恐惧和紧张情绪时，内心的焦虑就会被导向外部，并且通过投射把具有悲剧色彩的主人公当做是自己，从而使个人情感得到净化。通常，文学作品借助于内容使人的内心冲突外化，而人的内在心理活动又促使作品的内容内化，这种内外化的交替整合作用引发出读者最终的领悟（Canty，2017）。

（三）阅读治疗的实施方式

根据治疗师与来访者的关系，海尼斯认为，阅读治疗基本上可以分为两种方式，一种是以阅读为中心的阅读治疗，另一种是交互式阅读治疗。以阅读为中心的阅读治疗是读者自我管理式的，指导者只负责选择和提供文献，至于怎么阅读、领悟到了什么，那是读者自己的事。指导者并不全程参与读者的阅读活动，只是在读者交还文献时同其进行简单晤谈，大略评测一下疗效。指导者虽然希望读者阅读自己提供的文献后能产生好的效果，但行为上并不对读者作特别大的干预，能否达到预期的疗效，完全靠推荐文献的针对性和读者自己的领悟能力。显然这种阅读治疗是浅层的、初级的。

海尼斯不赞成以阅读为中心的阅读治疗，这种实施方式一般来说适用于成年人，对于儿童而言，由于他们年龄的限制，自我管理能力尚显不足，因此人们对于儿童的阅读治疗一般不选择以阅读为中心的阅读治疗。她更强调交互性在阅读治疗中的重要性，她把自己这一派的观点称为交互式阅读治疗。她不认为单纯推荐读物不能服务于治疗的目的，但是她发现很多图书馆员、教师或者治疗师指出：提供给读者的必须是一本正确的书、能够针对读者的某些需求、不断触发其产生情感反应的书。海尼斯认为,这个“对症下书”的原则就体现了读者和文献之间的交互性。

交互式阅读治疗是在对罗宾(Rubin)等人的阅读治疗定义的基础上提出的,这些定义均认为,当读者读完一本书后,再针对其情感反应开展一个辅助性的对话会强化治疗效果。交互式阅读治疗与以阅读为中心的阅读治疗的最大区别是:治疗的过程不再把重心高度集中于阅读行为、寄希望于读者自己的领悟,而是集中于围绕读物的指导性对话,希望通过人际交流鼓舞读者。

交互式阅读治疗强调接触读者,对读者的阅读进行全程干预和管理,采取的方式多种多样,如发信件、打电话、定期会面、布置家庭作业、发放有提醒内容的自助手册等,让读者经常处在被监督或自我监督的状态,以保证读者对文献的阅读强度能达到指导者的要求,保证读者的领悟方向不偏离指导者设想的轨道。由于交互式阅读治疗需要不断接触读者,工作量很大,为提高效率,这种治疗方法通常是团体进行的。团体治疗对治疗者的素质要求很高,无论是将对象分组,还是制定治疗计划、控制现场局面等都需要有很好的经验和技巧。缺乏出色的组织能力和表达能力是很难胜任的。

与以阅读为中心的阅读治疗相比,交互式阅读治疗是更深入、更专业、更高级的阅读治疗(Pettersson,2022)。从形式上看,交互式阅读治疗是“参与者—文献—指导者”的三位一体,这意味着双重交互:读者对文献内容的个人反应固然重要,但是就此种反应和指导者进行对话可以进一步提高洞察力。交互式阅读治疗把阅读作为一种治疗艺术而不是一种再教育的方式,其优点在于拉近和改善了治疗关系,靠良好的治疗关系提升了读者的士气,并且激励读者鼓起勇气尝试以新的方法处理困扰他的压力,唤醒读者的希望、忠诚、尊敬甚至害怕等情感,通过这些内在的感觉领域的变化产生疗效,这也是非工业社会各种治疗方法的共同特征。各个学派的精神疗法的支持者都认为,交互式更能体现人与人之间的温情,纯粹理智的领悟的治疗则相形见绌,也就是说交互式阅读治疗的疗效要强于以阅读为中心的阅读治疗。目前,在人们的治疗实践中运用得较多的主要是交互式阅读治疗方式。

从治疗对象多少的角度对阅读治疗进行分类,可以分为个体阅读治疗和团体阅读治疗(Mehdizadeh,2019)。个体阅读治疗是读者指导的改良形式,被治疗者只有一人,治疗者可为一人或多人,治疗模式是一对一或多对一。团体阅读治疗是指被治疗者为两人以上,治疗者可为一人或多人,治疗模式是一对多或多对多。团体阅读治疗面向的对象多,兼顾的工作内容多,适合多学科专家组成治疗小组来开展。这种分类法也是从形式上对阅读治疗进行分类,与学术思想关系不大。

从工作效率、节约成本和治疗效果等方面考虑,个体阅读治疗更适合于发展阅读治疗、以阅读为中心的阅读治疗,团体阅读治疗更适合于临床阅读疗法、交互式阅读治疗。

在实际治疗中,治疗师会根据来访者的年龄、问题类型及问题的严重程度等选择合适的阅读治疗方式。

(四)阅读材料的种类及选择原则

因为阅读治疗又叫"读书治疗",因此我们往往认为阅读治疗主要是借助于书本来达到治疗作用的。其实,阅读治疗的媒介材料是很丰富的,可以延伸到广义的可看可听的印刷材料和非印刷材料。

印刷材料是指使用文字、纸张所构成的阅读材料。例如,小说、童话、寓言、散文、传记等。其中,从新闻和广告的内容可以看到现实世界的生活需求和问题。而从小说、故事中可以看到主角面对挑战、解决问题的经历。童话、神话等可以促进儿童的想象,在想象世界中满足儿童的个人需要。利用诗歌等则可以讨论思想、抒发感情。非印刷材料是指用影像、声音所构成的阅读材料,例如,录音带、录像带、电视节目、光盘、影碟等。这些非印刷材料所储存的材料,无非是音乐、演讲内容、故事、影片、戏剧等,与印刷材料的内容可能相似,只是在表现方式上增加了声音和影像,使材料更加生动,更容易被接受。

但是,阅读治疗中更重要的还是当事人能不能认同书中的人物、内容与当事人的问题有没有关联、当事人有没有阅读兴趣以及能不能理解、内容对当事人有没有启发性(Pettersson,2022)。所以在选择阅读治疗的材料时,应该注意如下原则:

第一,要考虑读者的认知水平。如果治疗对象文化程度较低(如不认识字、词汇的理解能力较低、注意力无法集中很长时间),那么在选择阅读治疗的媒介材料时,内容应该不要太长,故事的主角最好情节简单,故事要有趣。如果治疗对象的文化程度较高,我们可以选择内容长一点的材料,故事情节可以逐渐复杂化,价值判断也可以多元化,不需要太担心当事人的理解能力。

第二,媒介材料的主体要符合当事人的需要(Canty,2017)。文学的主体可以有合作、爱情、友情、亲情、自我成长、宗教、奋斗等。根据当事人的社会心理发展阶段来选择,当事人如果处于自我统一性形成或同一性混乱的阶段,有关自我成长等的主题会比较符合需要;如果当事人处于亲密对抗孤独的阶段,爱情、友情等的主题会比较符合需要。由于性别差异,不同性别所关心的主体可能会有所不同,因此在选择材料时,还要考虑不同性别的需求,这样会更有利于阅读治疗的开展。

第三,阅读材料要能引起当事人的兴趣。阅读治疗的材料,是提供给当事人或听、或看的材料,如果不能吸引当事人的兴趣,自然就无法达成治疗的效果。因此,在阅读材料的标题上就需要强烈地引起当事人的兴趣,在内容的编排上,要使用有趣的词汇,能够吸引当事人持续看下去。在图文的比例上,按当事人年龄由小到大逐渐减少美术增加文字。

第四,阅读材料应该有帮助解决心理困扰的作用。阅读治疗提供的媒介材料要能协助当事人产生解决心理困扰的新观点和解决问题的新策略,因此阅读材料不能只是充分反映社会现象,还需要能够引导当事人继续探索,发现崭新的观念;或者是随着阅读材料的情节,重新经历一段心理历程,从而达到净化心灵的目的。

第五,阅读材料要考虑到特殊人群的需要(Hazlett-Stevens & Oren,2017)。对于阅读能力比较差的人、老年人、精神病人、视障、听障等特殊对象,有关阅读材料的选择,也需要考虑特殊状况。如对于阅读能力较差的人应该有特殊的做法。阅读程度会影响阅读治疗的效果。因此阅读能力比较差的人,在治疗过程中可能会觉得费劲、挫折、耻辱、没有动机而产生情绪反应。阅读治疗师可以采取的第一种解决办法是用口语呈现,另一个办法是将内容进行重新编排。但诗歌不易改编,可以找比较简单的诗。

对于视障的治疗对象(他们只能听不能看),治疗师要考虑其对概念和内容的理解可能产生困难,因此,除盲文书、有声书、录音带对于盲人特别有价值之外,还可以寻求图书馆的服务,否则,治疗师需要将材料改变,诉诸其他感官(听觉、触觉、嗅觉、味觉),而不使用视觉的材料。

(五)阅读疗法对工作压力的影响

阅读疗法是一种自我导向的干预措施,员工通过阅读自助材料和独立应用实践帮助改善他们的健康状况。阅读疗法的书籍多为心理学理论,这些理论也将指导面对面治疗(例如,认知行为疗法)。以往研究发现,对于轻度到中度抑郁和焦虑的参与者而言,阅读疗法可以减轻他们的症状。

在工作压力场景下,一项研究比较了面对面治疗、电话治疗和阅读疗法的疗效,发现所有方法都能减轻职业压力。比较不同治疗类型之间的治疗效果没有统计学差异。在一项 236 名教师的研究样本中,检验了基于阅读疗法对工作压力、抑郁和焦虑干预。除此之外,近期一项研究发现将传统面对面的形式更改为阅读疗法和在线干预支持,对于预防工作压力和抑郁焦虑症状是有效的,对较为忙碌的职业群体(如,教师)来说更有吸引力。

一项针对教师群体的工作压力干预研究结果表明,在阅读疗法的干预帮助下,教师的工作压力得到缓解,并改善了他们对于适应性应对策略的使用(Eddy et al.,2022)。该干预还对教师心理健康以及焦虑和抑郁的严重程度的改善产生了影响。阅读疗法干预有助于员工改善对压力情绪的感知,并为他们提供应对压力源的策略,但不足以减少压力源的存在(例如,工作量要求)。阅读疗法干预对于书中介绍并讨论的许多策略产生了影响。阅读疗法的使用有助于通过预防性方法应对。对积极的自我重塑也起到很大干预作用,这与压力管理中的适应性思维部分直接相关。认知重塑可以帮助改变增加压力和焦虑的消极思维模式。

实证研究案例

案例 6-3:阅读疗法对教师压力干预的有效性检验

(Eddy et al.,2022)

1. 研究问题的提出

近期研究表明,超过 90% 的中小学教师报告了高水平的职业压力。教师经历慢性的职业压力会导致工作倦怠,包括情绪耗竭和工作个人成就感降低。为了帮助教师缓解工作压力,本研究采取了一种基于阅读疗法的认知行为压力管理干预方法。除阅读疗法外,还包括一个现场培训课程和简短的每周网络研讨会。研究参考书目为《教师的压力管理:积极主动的指南》,该书详尽地介绍了教师经历的常见压力源。干预的第一部分侧重于提高对压力的认识和理解,以及压力作为潜在适应性和有益反应的目的。第二部分侧重于促进更具适应性的思想和行为的策略。通过改变对压力及其应对的感知,可以减少强烈的情绪体验,包括压力和焦虑。适应性思维策略包括认知重组和发展教师特有的应对思想。行为部分包括个人行为激活和课堂行为管理策略。

对于目前的研究,研究问题如下:

(1)基于阅读疗法的压力干预是否减少了教师报告的压力和消极的心理健康结果,并改善了教师的应对和福祉?

(2)基于阅读疗法的压力干预是否会影响观察到的课堂管理实践,特别是教师和学生之间积极互动的频率?

(3)基于阅读疗法的压力干预是否会影响教师对其工作经历的看法(例如,工作满意度和自我效能感)?

2. 研究方法

(1)被试

教师为 K-12 教室的主要教师,采用小组课堂教学。在 2019 年春季和秋季先后有16名和37名教师参与了研究。教师(N=54)在队列中被随机分配到对照组(n=27)或候补名单组(n=27)。参与者来自密苏里州中部的6个学区,每个学区有3至22名教师(m=8.67,sd=6.83)。在参与者中,84.9%为女性,15.1%为男性;92.5%的教师为白人,3.8%为亚裔,1.9%为黑人,1.9%为多种族。教师年龄从21岁到58岁不等(M=37.70 SD=11.13)。他们的教学经验年限从0(教师在专业的第一年)到33年,平均为10.28年(SD=9.38)。在样本中,49.1%的教师最高拥有学士学位,51%的教师最高拥有硕士学位。

(2)流程

研究使用自我报告法,包括压力,应对和相关结构的测量。这些测量在基线数据收集期间完成一次,然后在随访时间点完成。干预是通过压力管理书和为期四周的补充课程进行的,包括一次面对面培训和三次额外的在线培训(见表6-1)。面对面的培训时间为60—90分钟,在学校大楼或附近的地点进行。培训师有一个标准化的培训脚本和一份与压力管理书前几章相对应的PowerPoint演示文稿。培训的形式包括教学指导,讨论和自我反思的结合。在面对面的培训之后,教师们被要求每周都要读几章的书。教师每周通过电子邮件收到提示,其中包含有关指定阅读的信息以及与章节相对应的简短信息视频的链接。培训视频补充了书中的内容,从5分钟到15分钟不等。

表6-1　干预研究流程

干预	内容	时间要求
第1周:面对面培训	• 关于压力的心理教育 • 认知行为理论与教学应对模型概述 • 认知应对和放松策略简介	60—90分钟
第2周:阅读2章和简短的在线培训	• 认知应对	书籍阅读(约30—45分钟) 在线视频(5—10分钟)

续表

干预	内容	时间要求
第3周:阅读2章和简短的在线培训	• 适应行为:行为激活 • 适应行为:课堂管理	书籍阅读(约30—45分钟) 在线视频(5—10分钟)
第4周:阅读2章和简短的在线培训	• 长期目标设定(使用动机性面试)	书籍阅读(约30—45分钟) 在线视频(5—10分钟)

3. 研究结果

(1)被试流失

对照组中的一名教师在数据收集开始后退出。另一位接受干预研究的老师没有完成基线数据收集。因此,最终的分析样本包括52名教师。该研究使用随机对照设计(N=52)评估基于阅读疗法的教师压力管理培训。

(2)指标1:对压力感知的影响

从干预研究的多层次模型中可以看出,干预导致对整体应激感知的减少,并且这种标准化效应量大小为中等(d=-0.43)。在接受干预后,候补名单的教师的效应量大(d=-0.78)。虽然干预对整体压力有影响,但在教师压力量表上治疗效果小且不显著(d=-0.19)。

(3)指标2:对应对的影响

本研究中的干预对书中介绍并在补充培训中讨论的许多主动策略产生了影响。干预对计划存在中等效应量(d=0.66),这可能有助于使用预防性方法应对压力。对教师的积极重塑也有很大的干预作用(d=0.92),这与压力管理计划中的适应性思维部分直接相关。

(4)指标3:心理健康

在干预条件下,50%的教师的焦虑程度有所改善,相比之下,对照组中只有11.5%的教师有所改善。此外,在对照条件下,23.1%的教师报告焦虑症状的严重程度增加,而干预组中只有3.8%的教师报告了增加。在检验抑郁症程度的个体变化时,42.3%的干预条件下的教师报告有所改善，而对照组中只有11.5%的教师有所改善。对照条件下，34.6%的症状严重程度恶化，而只有7.7%的干预措施教师报告症状严重程度增加。干预效应量较大，并且对临床症状严重程度的影响有统计学意义。

(5)其他分析

干预对其他个体结果不显著，包括一些应对方式的亚型，如工具、情感支持和分心。在工作满意度和教师绩效方面未发现显著效应。这些发现表明，压力的减少和应对的改善本身并不会导致满意度和绩效的提高。然而，这个无效的发现是值得注意的，因为一些理论和先前的研究表明，教师的压力和消极的应对方式会导致消极的师生互动和消极的课堂管理，目前的研究结果并不支持压力和课堂互动之间的简单关系。

4. 研究启示

该研究在随机对照设计、干预的多层次分析与其他现有方案相比的可行性方面具有许多优势。基于阅读疗法的干预计划证明了其在提高应对，减轻压力和心理健康症状方面的初步疗效的证据。这项研究通过在线阅读疗法提供的压力管理计划是未来研究的一个重要领域。然而，该干预并没有提高教师的满意度、绩效或课堂管理；可能需要额外的情境或培训来改善。

二、行万里路

在专业多元化发展的进程中，旅游不仅是一种休闲娱乐方式，也逐渐发展成为具有康复、治疗与发展作用的专业和职业，即通过场景转换、活动铺陈以及体验经历等来营造一种真实、自然的情景，以此对旅游者的身体、心理以及精神产生积极的影响。旅游疗法，是指专业人员协助服务对象在参与旅游计划定制、情境设置、过程体验、生命反思以及整合生活的过程中，实现对自我的生理康复、情绪缓解、心理复原、社会交往以及精神升华，最终达成个人身心疗愈目标的过程与机制（Hall et al.，2018）。

(一)旅游与压力管理的融合

旅游在缓解员工压力诸多方面具有融合的可能性与可行性,具体表现为:首先,旅游疗法为员工压力管理提供新的场所空间和方法技术,还能为压力干预的内容拓展开辟新的指引方向,更能彰显心理恢复的艺术性。

其次,旅游疗法的初衷就是将个人和团体纳入到自然环境和人文环境中进行考虑和服务设计(Hall et al.,2018)。这与组织压力管理的"人在情境中"框架不谋而合。在这一理论发展过程中,或将成为组织压力管理借助旅游疗法促进人与社会融合的专业选择。

在组织行为学领域,一些研究人员试图检验旅游与工作压力管理之间的关系。在这一研究路线中,资源保存理论常常被人提及。根据霍波弗尔的说法,资源保存理论假设个人努力获得并保留其外部资源(如金钱)以及内部资源(如个人能量和积极的情绪)。由于压力会导致内部资源的消耗,个人需要更多的内部资源,以便从压力中恢复。以往研究已经证明,休假可以减少工作压力、工作倦怠和情绪耗竭(Defouilloy et al.,2021)。

(二)工作压力管理服务中旅游疗法的程序指引

综合国内外相关文献,旅游疗法的具体步骤如下:

1. 接案评估

旅游疗法的第一步是接案评估。需要明确服务对象的求助原因以及求助过程。在开始前,压力管理者需要根据求助者的情况进行判断,即求助者情况是否适合采用旅游疗法。在服务开始前,组织压力管理者需要与求助者及时交换信息,破除冰层,建立求助者档案,并利用图文视觉冲击增强求助者对旅游疗法进行改善的信心。

2. 制定路径

该环节将重点聚焦于旅游治疗模式的探讨与选择之上。攻略制定需要依据服务对象的身体素质、家庭情况、经济能力选择治疗模式和旅游路线。除此之外,旅游目的地的旅游元素的治疗性、教育性和体验性等功能必须与服务对象的需求和问题相匹配。旅游地的意境最好能够引起求助者的反思和共鸣。压力管理者在服务过程中也应当注意设置引导性的对话,紧扣主题和服务目标。

3. 带入情景

充分发挥旅游疗法的“疗效”，不仅需要组织压力管理者全身心的投入，更重要的是服务对象角色的进入。在组织压力管理者协助客户进入角色时，有以下注意事项：一是语言介绍的语气需要根据不同的场景和情况有所变化；二是要有效控制情景介绍的节奏；三是注重契约和适当增添规则；四是适当安排作业，比如日记、日常见解分享等。

4. 阙限体验

“阙限”一词来源于旅游人类学，指的是个人和群体进入新的关系，摆脱日常社会和角色地位的约束的“神圣”时刻，是旅游者的精神体验。旅游疗法需要当事人在压力管理者的协助下，从旅游世界中寻找适合自己、与自己相关的元素或符号，并将它们组织起来，构建一个属于自己的意义世界。

5. 心理复位

在这个阶段，组织压力管理者应协助服务对象从旅游世界回归到现实生活，主要有以下工作。一是反思，引导求助者对其生命意义的个人反思和社会规则的社会反思。二是角色消除，压力管理者需要避免求助者陷入虚拟的自我之中，导致其认知和行为受到负面影响。

三、创意艺术疗法

创意艺术疗法通常被定义为“创造性地使用艺术媒体（艺术、音乐、戏剧和舞蹈运动）作为非语言或象征性交流的工具，在这种环境之中，定义客户与治疗师关系，以实现适合个人或社会治疗目标”。创意艺术疗法区别于在心理治疗、咨询、康复或医学背景下应用的艺术干预或艺术活动（Cadieux & Easton，2022）。艺术干预主要使用艺术来提供具有治疗潜力的艺术体验，而创意艺术疗法则有意使用艺术来提供治疗性改变。创意艺术治疗师在艺术疗法专业协会注册，并在特定和规范的道德规范内进行实践。创意艺术疗法和艺术干预鼓励客户创造性地表达自己，故而被称为表达疗法或表达干预。

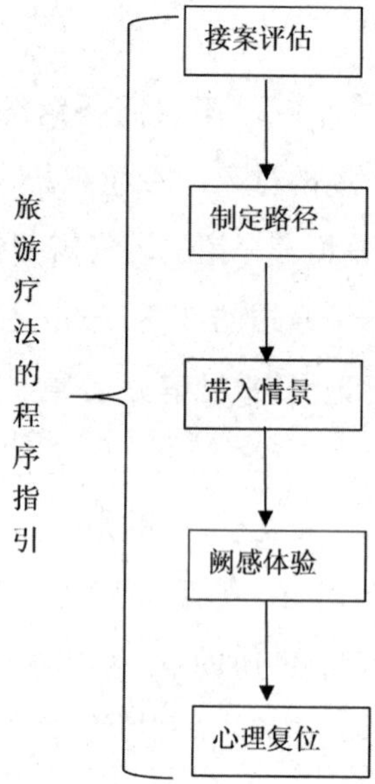

图 6-2　旅游疗法的程序指引

(一)创意艺术疗法的形式

1. 音乐疗法

音乐疗法是在治疗关系内有针对性地应用音乐(音乐感知、产生和再现),以恢复、维持和促进身心健康。在不同乐器或自己的声音的帮助下,情感和幻想得以表达,并创造了接触体验。在这种情况下,音乐促进了体验自己和他人、象征和联系的能力。例如,临床上音乐疗法用于精神病患者、神经系统患者或自闭症儿童。

2. 美术疗法

美术疗法是客户使用不同的材料(例如,水彩、蜡笔、黏土),通过创作过程以及通过与自己的艺术作品的联系,创造了表达可能性的疗法。以前的经验可以用安全的方式象征和表达。通过符号化和交流(非语言)的培养,可以获得新的观点和见解。具体而言,创造性资源的复兴或培养可提高自我效能和在压力情况下的应对能力。在临床上,美术疗法用于有创伤经历的患者或肿瘤患者等。

3. 舞蹈运动疗法

舞蹈运动疗法被定义为运动的治疗用途，以促进个人的情感、认知、身体、精神和社会整合（Bräuninger & Reips，2021）。在身体上，舞蹈运动疗法会刺激前庭和心血管系统。在心理上，具身印象和表达可以改善内在感受、身体图式和身体意象。探索自己的运动能力和局限性有助于增加情绪调节、冲动控制和与现实的关系（例如，对于精神分裂症患者）。在审美运动和流动中感受自己的身体可以提高自我效能。

4. 戏剧疗法

戏剧疗法使用身体作为媒介。戏剧利用声音、语言、面部表情和手势创造了一种"好像""似乎"的现实，它能够通过对以往的和近期的情绪进行试演、疏远、平衡不同的角色，以及扩大行动机会。

（二）创意艺术疗法在工作压力管理上的应用

传统上，音乐疗法、艺术疗法、舞蹈运动疗法和戏剧疗法主要用于精神病学和身心环境。在一些国家，如英国和以色列，学校系统也广泛采用创意艺术疗法。从经验的角度来看，对创意艺术疗法和恢复健康的艺术干预的研究在婴儿期或青春期使用比较广泛。近期，越来越多的个案研究提供了可概括和可迁移的案例分析。创意艺术疗法在世界范围内广泛用于不同人群和不同环境中。除了创意艺术治疗师外，还有艺术家为医疗机构的患者帮助提供创意艺术干预。他们虽然没有治疗的专业背景，但也会利用其艺术的潜力来促进心理健康。此外，心理学家、医生和其他医疗保健专业人士越来越多地发现艺术在他们的环境中的贡献，并进行研究以寻求"健康的艺术"的运作方式。

已有研究帮助肿瘤病房护士使用艺术治疗干预来防止工作倦怠。由于反复遭受损失和悲伤以及对绝症的挫败感，肿瘤护理人员更容易出现工作倦怠。与过去的研究相似的是，该研究描述了肿瘤科工作人员如何处理自己的情绪，特别是悲伤情绪；并提出需要建立适当的支持结构，以避免工作人员倦怠和随之而来的患者护理质量下降。在评价艺术治疗和工作压力时，表示"艺术治疗任务还可以促进更好地理解团队合作和沟通"。除此之外,艺术治疗干预被用作新护士入职培训的一部分,以防止患者护理引发的情绪。发现感受的共性似乎有助于解决压力。

有学者使用艺术疗法进行小组结构化访谈,每个小组两个小时,并使用了一个时间结构:首先进行半小时的初步讨论,然后是一个小时的艺术创作,最后半小时是关于艺术作品和感受的讨论。研究结果显示。艺术治疗组的自信心和自尊较高。并且 56.67%的参与者报告了更高程度的"自我提升和自我认知"。从压力问卷和焦虑量表中可以得出艺术疗法对工作压力管理的益处:采用艺术治疗的员工与同事的沟通、凝聚力和团体感得到了更高的改善,因此艺术疗法被证明对参与者的压力水平产生了积极影响(Cadieux & Easton,2022)。

第四节　坚持做能简化环境的事情

一、断舍离

随着电子产品和互联网的普及,信息化与大数据的环境带给人们快节奏与高效率的工作生活状态,但事实上使很多人生活效率低下。这种过度购买和囤积物品的现象,折射出我们和社会、外界的关系已经出现问题。在此背景之下,日本作家山下英子提出了"断舍离"的生活理念,这种生活方式得到很多人的认同,同时也是近年来引起广泛关注的一种文化现象。

如今,"断舍离"的概念已经成为一种新的生活理念和生活方式,"断"意味着砍掉不必要的物品,拒绝打折销售,拒绝囤货;"舍"的意思是扔掉生活中不必要的东西,过一种减法的生活;"离"的意思是摆脱对物品的执念,清理和放弃物品,让自己快乐舒适。断舍离的核心概念就是摆脱对物品的执念,让自己快乐舒适、处理工作中和人际关系的取舍,以及更好地控制情绪发泄(Tang & Hinsch,2018)。针对这些现象,可以将其归纳为三类,即人与物的断舍离、人与社会的断舍离、个人情感的断舍离。通过对现象的归纳总结,进行分析研究,让人们开始重新审视自己与物品和精神的关系,树立断舍离的观念。

(一)人与物的断舍离

人与物的关系表现在人们对于物品的囤积、收藏和不断地置买等现象,使物品占据绝大部分的生活空间,将物品的状态定位为三个主题词,即物品的“囤积”、“无序”、“积压”。“囤积”的具体行为是指人们把有用或无用的东西聚集在一起,表现为一种不想扔掉的占有欲……这种行为被称为“囤积症”。这类人会对物品产生怀旧情绪,在收集物品的过程中,会对自己的物品产生依赖,不忍放弃,最终恶化为成瘾。“无序”的具体行为表现是指物品摆放的随机、不规则,其中大部分是无用的、杂乱的、无序的,并且占用空间,而无序的环境一定是出于内心杂乱、映射不良的习惯。“积压”的具体行为指的是堆积的物品在一定位置,处于闲置状态,长时间不使用,不处理,导致生存空间被占据,拥挤的空间不仅影响日常生活,并且会影响心情。

(二)人与社会的断舍离

人与社会的关系表现在社会、工作、生活三个方面上,定位在“社交”、“网络”、“拖延”中。“社交”的具体表现行为是指网络的日益快速发展和智能电子产品的普及使当代人成为低头颅的人:沉迷于网络社交,不愿面对面交流,不愿外出主动社交,不愿与外界接触,不与他人分享自己的生活,生活在固有的舒适区,从而导致严重的自我封闭倾向。“网络”行为的具体表现形式是指这样一个事实:互联网的发展带来了优点和缺点,年轻人沉溺于网络世界,有强烈渴望使用互联网,对外面的世界不感兴趣,有情绪波动的网络世界甚至影响他们的学习、工作和生活。“拖延症”的具体表现是指人们自我调节、自我控制能力差,时间管理能力差,在能够预见到负面后果的情况下,仍将计划好的事情推迟,这是一种自我逃避和缺乏自信的表现。

(三)个人情感的断舍离

断舍离还包括个人的自我情感,即对自己情绪好恶的控制和调节,将典型现象定位在“孤独”、“焦虑”与“愤怒”三个主题词中。“孤独”的表现行为是指现代生活的节奏和压力,加上多元化的工作方式和与邻居、同事的冷漠关系,使城市人感到孤独,甚至容易悲观,不参与外部世界,内心缺乏安全感。“焦虑”的具体表现行为是指对尚未发生的事情过度担心而产生的一种烦躁情绪,表现为坐立不安、无法集中精神、恐慌、对未来生活缺乏信心和欢乐,这会严重影响人的身心健康。“愤怒”行为是指容易发脾气,生气,情绪激动,经常抱怨,对生活不满,无法控制自己的情绪,无法保持正常的心态。

(四)断舍离与工作压力的关系

研究表明,工作场所的杂乱无章和生产力之间存在负相关关系。大多数员工每周浪费4.3个小时寻找文件,这在一定程度上增加了工作场所的挫败感和职场压力。囤积行为通常伴有精神障碍,如注意力缺陷多动障碍、抑郁症或强迫症。在较为年轻的样本中也注意到囤积行为与痛苦耐受性和焦虑敏感性之间的关系。以往的研究表明,与强迫症和其他健康对照组相比,报告有囤积习惯的参与者压力和创伤性事件的发生率较高。一项研究使用“断舍离”的整理理念对参与者进行了干预。该研究使用了对照组检验了干预后7个月的行为,结果显示参与者习惯和他们压力水平均存在明显变化(Aso et al.,2021)。

相较而言,“断舍离”强调选择保留的物品。更加关注“珍惜我喜欢的东西,保留我想保留的东西”。在选择保持或丢弃自己和居住的杂物时,个人“快乐”的主要联系是决定性因素。将快乐和幸福作为整理过程的一部分,这表明对整理的研究不仅应该包括与处置相关的过程和决策,还包括情感上的考虑和利益。

物质主义与个人福祉之间的关系在过去的研究中已经得到充分检验。通过对生活中物品的断舍离,专注于有限的商品消费,只保留那些被认为有意义的产品。在整理的过程中,个人可能会识别出具有积极情感依恋的服装商品,从而可以增加物品的价值并延长物品的使用时间。

在现代化的办公环境中,断舍离不仅指代的是对实物的整理。更需要囊括的是对工作环境职场中负面情绪和压力源的整理。有研究指出,坚持每天10—15分钟的瑜伽可以帮助员工对职场中消极情绪进行整理,对于其工作注意力和工作效率有极大帮助。其次,“断舍离”的员工可以开发属于自己的一套工作模式和流程，如使用日历提醒和归档系统帮助自己的工作文件进行整理和维持秩序。依靠数字化整理和存储方式对文件归档，使用标签的文件夹组织需要的纸质文书工作。使用“断舍离”对工作环境进行整改，及时清理电子邮箱和垃圾箱文件夹，摆脱数字混乱。

二、极简主义

（一）极简主义的起源

“极简主义”一词最早来源于艺术绘画领域，以追求简单、舒适、整洁的美感，并最终达到纯粹心灵境界。在我国两千多年前，老子《道德经》中的“万物之始，大道至简，衍化至繁”就体现了“删繁就简”的思想内核。国外也有画家和设计师提出“简单是复杂的终极形式”；“少即是多”的设计理念，提倡朴素简单而反对过度装饰。除艺术美学和建筑学外，文学、社会学和心理学等多个领域的学者也开始关注极简主义，对其定义的理解也从最初的抽象的艺术层面拓展到具象的生活层次。例如，日本的“断舍离”文化中将极简主义理解为一种主张舍弃对物质的迷恋的生活方式。极简主义消费是极简主义在消费领域的彰显，是物质经济进步与社会思潮发展的综合产物。

为了更好地理解极简主义消费，需要从经济根源、文化根源和政治根源三方面来解读极简主义消费的兴起。首先，从经济角度来说，第二次世界大战之后资本主义盛行，社会财富大量增加，任意占有和消耗物质财富的思想由此而生，给社会带来了极大的负外部性。物质主义强调人生的幸福来自于对物质的占有，是一种以物质与财富为中心要义的个人价值观；而消费主义指将消费视为人生的最高目标的一种消费观，并鼓励人们毫无节制地消耗物质和自然资源(Pangarkar et al.,2021)。极简主义就在物质主义和消费主义推崇的情况下应运而生的。美国等发达国家的人们逐渐意识到“消费至上”带给个体的心理压力和社会负面效益，因此开始关注并宣扬极简主义行为，从各方面开始做减法，选择更简单的方式来处理人与人、人与物品、人与社会之间的关系。其次，文化根源主要体现在极简主义消费与宗教信念和当前推行的文化价值的联系。例如,基督教教徒信奉上帝,对上帝及其创造物(如他人和自然环境)心怀虔诚,与极简主义消费强调关注他人福祉和生态环境的理念也有相似之处。最后,从政治角度上来阐述,西方国家的极简主义运动往往带着浓重的政治色彩,是一场自下而上的社会运动,指人们出于心理、社会和环境的原因而限制物质消费的活动总和。

(二)极简主义消费的内涵

纵观现有的研究,绝大多数极简行为与购买行为直接或间接相关,少数行为(如垃圾回收)被广义地定义为"消费行为"(资源消耗)。现有的研究在消费领域也大多包含极简生活方式。从资源角度看,极简消费由浪费资源向节约资源过渡。极简消费明确限制和减少消费,是节约物质资源的重要体现。例如,在金钱的使用上,当低消费成为一种生活方式时,人们就会减少挥霍的行为,只购入自己真正需要的东西。再如,在对待自然资源的态度上,极简主义消费者具有较高的亲生态意识,他们强调能源节约,主动购买二手产品以及减少碳排放等。

另外,时间是一种特殊的无形资源。极简主义消费者倾向于减少工作的时间(Lloyd & Pennington,2020)。在目标视角下,极简主义消费由物质目标向精神目标转移。极简主义消费反对"以财富来衡量个人成功"的价值观,而更强调在精神层面实现自我价值。这种精神目标一方面可以是利己导向的,如通过简化物质和简单的生活方式来缓解生活压力,获得更多的放松感和秩序感,从而提升主观幸福感和生活满意度。精神目标在另一方面也可以是利他导向的,极简主义消费更凸显个人在群体和自然环境中的作用,既可以通过捐赠物品、分享知识和技能来帮助他人,实现个人的社会价值,也可以采取绿色消费行为实现个人与自然的和谐发展,谋求人类的共同福祉。

综上,极简主义消费是消费者出于社会意识或个人理念等而自发采取的一种"从简"的消费行为,旨在摆脱物质束缚,追求精神层面的纯粹感和意义感,从而实现自我价值和自我满足。一般而言,人们进行极简主义消费是出于自愿的,正如有研究指出,极简主义消费发生在无财务约束的情况下。财务约束感属于个人主观感知的范畴，即使是富有的人也可能感受到财务约束，但是在物质上“因过度贫困而被迫采取低消费”的行为并不是极简主义消费。

此外，极简主义消费与一些相关概念应该被区分开来。例如，反消费、节俭主义是极简主义消费的外化表现，一些研究在阐述时会进行同义替换（Lee，2021）。反消费、节俭主义并不一定存在极简主义消费在精神目标上的追求，极简主义消费的重要内核—实现自我价值。在反消费、节俭主义中极简主义消费衍生于物质资源充足的现代，是一种抵御物欲横流、消费至上的社会风气的有效方式，对个体的心理层面和行为层面皆有重要影响。

（三）极简主义对员工的帮助

极简主义可以在一定程度上增强员工的主观幸福感和自我意识，对自我行为更好的约束，促进积极情绪的产生，控制对压力的不良后果出现。

1. 约束性行为倾向

极简主义生活方式可以作用于人们获得和使用产品或服务的任何环节。不少学者认为，极简主义的采纳促使消费者在购物上持更加警惕、保守的态度，而在这种谨慎的态度下人们的购买行为也会发生变化，更有可能促使人们产生节制、负责任的消费方式。

责任性消费强调个人行为与社会福祉相联系，并在消费时考虑个人行为是否有助于促进社会健康。在某种程度上，这可以帮助员工表现出亲社会的行为。已有研究发现，极简主义消费导致人们有更大的意愿选择能让他们产生道德感的产品或品牌（Gatersleben et al.，2019）。除此之外，节制性行为体现了个体的责任意识，而这种责任意识有助于健康和可持续发展。节制性消费与极简主义消费“以少为美”的特点是相吻合的。相比于产品购买的“数量”，消费者更注重产品购买的“质量”，即人们不再只一味地追求在物质消耗的数量上得到满足，而将之上升至品质和精神层次。

2. 自我意识

现有的研究表明，最低限度的消费是实现自我监督的有效途径。自我监控是对自己的心理和行为的主动掌握，是通过调整自己的动机和态度来接近预定目标的自我实现过程,是自我意识的重要组成部分。以往研究发现,践行极简主义消费能增强人们的自我意识,特别是反思、冥想和回味(Lloyd & Pennington,2020)。极简主义消费者主动反省当前生活方式的恰当性,对物质生活能否实现精神追求有更多的思考。他们更有可能远离物质欲望,通过正念回到内心的平静和宁静,这是冥想或正念的积极影响之一。

采用极简主义消费实际上是一个接受真实自我的过程,因为它不再以物质占有为核心标准,而是强调"内心真正想要什么"。极简主义消费还可以帮助个人重新获得自主感,或按照自己的意愿控制事件的能力。也有学者通过实证方法证实了极简主义消费与感知自主权之间的正向关系,并确认感知自主权是极简主义消费与生活幸福之间的中介变量。采用极简主义消费的人们会更加注重精神生活。自我控制能力的提高是极简消费的另一个重要影响。通过实证研究发现,极简消费可以增强个人对购物欲望的控制能力。通过认同"极简主义",人们更容易抑制消费冲动,因为他们更容易将冲动消费的负面后果(如浪费资源)联系起来。同时,极简消费可以增强人们对外界诱惑的抵抗力,在生活规则或消费习惯上有更强的自律性。简单的生活方式具有增强自我效能感的作用,即个体对自己能够胜任一项任务有较高的信心。

3. 主观幸福感

主观幸福感的提升意味着极简主义消费可促进积极情绪增加、消极情绪减少及生活满意度提高等。首先是积极情绪的增加。极简消费是个体体验更轻松自由生活的自我选择,可以显著增加个体的积极情绪,提高主观幸福感。这种积极情绪是基本情绪,如放松、快乐等。极简主义可以给个体带来更大的心理空间。心理空间是指人在主观上感到放松的程度。极简消费通过控制外在的物质世界,创造更大的心理空间,是节约"心理能量"的有效方式。随着极简主义消费者选择花更多的时间放松和娱乐,他们的舒适水平也会相应提高。同时,极简主义消费也能促进个体正面道德情绪的增加。例如,通过亲社会和亲生态的行为,极简主义消费者对他们的行为感到自豪和自豪。

其次是消极情绪的减少。在基础情绪方面，极简主义消费主张简单的生活方式，适当减少工作时间而缓解忙碌的状态，降低了压力感和紧张感。研究发现采取极简主义行为后，被访谈者认为他们的焦虑感减少，不再被物质所捆绑。在道德情绪方面，极简主义消费倡导只购买真正需要的商品，减少冲动性购买，故他们更少产生懊悔、内疚的消极情绪。

最后是生活满意度。一些研究使用问卷调查来证实极简主义消费和生活满意度之间的关系。例如，极简主义消费可以通过增加个体对其消费欲望的控制感，或通过增加个体的自主感来提高生活满意度。此外，其他研究也将生活满意度作为一种心理机制来解释物质主义和极简主义消费之间的关系。极简主义消费提高了人们感知的生活质量。

实证研究案例

案例 6-4：工作压力是否会以及如何导致办公室混乱？

情绪耗竭和优柔寡断的中介作用（Roster & Ferrar，2020）

1. 研究问题

“办公室杂乱无章”的特点是零散的纸张、文件和其他无序的物品，分散注意力、阻碍移动，或者以其他方式降低一个人在个人工作空间中效率。尽管有证据表明，办公室杂乱是许多员工压力和生产力损失的重要来源，但实证研究对工作空间中杂乱的话题仍未有研究探讨。在工作环境中，个人购买或展示个人物品的机会有限，并且可能对与其工作任务相关的物品感到更大的责任和管理。基于之前的研究，我们假设，那些工作要求他们快速处理大量工作的员工更有可能以情绪耗竭的形式经历工作压力（假设 1），这反过来又耗尽了他们的精力，使他们更有可能延迟做出决定（假设 2）。决策拖延将增加办公室杂乱的问题（假设 3），因为成堆的文书工作和其他无人问津的任务会造成混乱和分心，从而以办公室杂乱的形式产生额外的工作压力来源。最后，我们假设高工作量和办公室杂乱之间的关系是由情绪耗竭以及它对个别员工推迟与空间杂乱的物体有关的活动的影响所部分中介的,即形成一个链式中介模型(假设4)。

2. 研究方法

(1)被试

通过Prolific Academic来招募受访者。招募条件为(a)美国居民,(b)年龄在21—75岁之间,(c)每周受雇超过20小时,以及(d)在一个"指定供其个人使用的传统工作空间,包括至少一张桌子和椅子中"履行职责。总共有305名受访者参与了调查。十名受访者因未能正确回答调查中嵌入的注意力陷阱问题而被排除,三名受访者未能满足上述传统办公室每周工作20小时或更长时间的研究要求,两名受访者未能提供完整数据。因此,最终样本由290个人组成。

大多数参与者是男性(61%),年龄在25—35岁之间(52%),拥有学士及以上学位(61%),平均每周工作41.19小时(SD=9.83),年收入在35000美元至75000美元之间(49%),白人非西班牙裔(78%)。参与者来自不同工作职位:9%担任高级管理人员,16%是中层管理人员,20%是较低级别的经理或主管,28%是员工/行政支持,26%是独立贡献者。

(2)流程

使用Qualtrics调查软件收集数据。采取Spector和Jex(1998)开发的五项定量工作负载清单(QWI)来测量工作负载压力。使用Maslach倦怠量表中的八项情绪耗竭子量表,以情绪耗竭的形式测量了工作压力。使用的Mann五项决策拖延量表来测量决策拖延。

先向他们提出两个问题,帮助衡量他们对工作空间中杂乱的程度和性质的看法。第一个问题是对个人工作空间混乱程度的自我报告评级。例如,"您的主工作空间有多杂乱?我们所说的'杂乱'是指由于工作空间中存在过多的实体(非数字化)而变得杂乱无章?"该项目以11分制衡量,其中0="完全没有杂乱",10="非常杂乱"。平均值为4.20(SD=2.62,最小值=0,最大值=10),表明平均受访者认为其工作空间中的混乱程度中等。为了更好地了解受访者认为工作空间中哪种类型的物体是“杂乱的”，我们提出一个开放式问题：“哪些类型的实体（非数字化）在您的主要工作空间中造成混乱？”近50%的受访者列出了“纸张”或类似类型的物品（例如，文件、发票、信封、报纸、便笺）。15%的受访者列出了多余的办公设备或家具（例如，电脑、电脑配件、电缆、书柜、文件柜）。另有10%的人提到，办公用品使他们的工作空间变得杂乱无章（例如，钢笔、铅笔、回形针、订书机）；7%列出书籍、手册或活页夹；其余18%的人报告了各种杂项物品，如咖啡杯、用过的纸杯、空盒子和其他杂项物品。

接下来，使用11项杂乱生活质量量表（CQLS）测量了与办公室杂乱相关的负面后果。这种单维量表旨在评估家中杂乱无章的情感，功能和社会结果。调整了在办公室环境中使用的量表，将“在我家”一词替换为“在我的办公室”，并将“我的家人/朋友”替换为“我的同事”（如果适用）。回答范围从“非常不同意”（1）到“非常同意”（7）。示例项目包括“由于杂乱无章，我找不到需要的东西”；“由于办公室的杂乱，我与同事的关系受到了影响”；和“我对办公室里的杂乱无章感到不知所措”。

3. 研究结果

工作量压力与办公室杂乱问题（$r=0.28, p<0.001$）呈显著正相关。此外，工作量压力与情绪耗竭形式的工作压力呈正相关（$r=0.41, p<0.001$），但与决策拖延（$r=0.09, p=0.12$）无关。情绪耗竭与办公室杂乱问题（$r=0.39, p<0.001$）和决策拖延（$r=0.32, p<0.001$）显著正相关。决策拖延与办公室杂乱问题呈显著正相关（$r=0.51, p<0.001$）。

工作量压力通过两个中介变量（情绪耗竭和决策拖延）对办公室杂乱问题的系列间接影响是显著的（b=0.057，95% CI=[0.023，0.100]）。情绪耗竭单独作为中介变量的间接效应是显著正相关的（b=0.114，95% CI=[0.051，0.186]）。

4. 研究启示

这项研究是第一个将杂乱作为工作场所物理压力源的研究。更好地了解导致办公室混乱的因素可能有助于组织和员工解决阻碍生产力和幸福感的工作空间条件和个人习惯的根源。目前的研究基于假设建立了实证研究的经验证据,这些假设旨在检验基于工作空间压力的理论中的未经证实的假设,研究人员可以进一步探讨促进办公室混乱问题的因素和机制。此外,我们的办公室杂乱研究拓宽了对工作空间压力的理解,包括杂乱对心理社会和物理环境的反应。通过减少办公室杂乱的问题,更好地了解办公室杂乱造成的压力以及它是如何产生的,可能有助于鼓励办公室工作人员放下不必要的物品,并创造提高个人效率和整体福祉的现代工作环境。

小　　结

本章主要基于社会实践模式介绍了工作压力管理的一些方法论及主要方法。分别从四方面着手,即坚持做有益于身体的事情、镇定情绪的事情、丰富思想和精神的事情、简化环境的事情。

在第一节有益于身体的事情中,从运动和睡眠两个角度来进行阐述。已有研究证明不同周期的运动均对长期和非长期的人员产生积极影响。而从睡眠角度来看,睡眠的缺乏会导致个体失活,威胁到员工的职业健康。适当运动和防止睡眠匮乏可以帮助员工进行心理恢复。

在镇定情绪方面,管理者和员工可以从正念冥想和放松训练入手:从脑科学的角度阐述了不同周期的正念冥想的心理训练对情绪加工、自我控制能力的影响;介绍了放松训练的主要方法和注意事项,可以帮助员工进行早期的心理干预。正念冥想和放松已经广泛用于情绪调节、注意力训练、心理治疗、临床医学以及其他领域,以调节负性情绪,提升自我意识,改善幸福感,增强心理功能,减轻压力症状和促进认知能力恢复等。

阅读疗法和旅游疗法从思想和精神方面帮助员工从文献和大自然中带

入自身情景并逐渐认同、净化达到最终领悟的过程。创意艺术疗法则利用音乐、美术等艺术形式帮助员工进行非语言的交流，鼓励他们更具创造性的表达自己，帮助他们更好的管理工作压力。

本章的第四节着重介绍了简化环境的这一方面。从当前较为流行的“断舍离”入手，进而拓展到极简主义。“少即是多”的极简主义可以帮助员工增加主观幸福感、通过自我监察增强自我意识，倾向表现出一种约束性消费行为。这种约束性的消费行为可以促进员工亲社会性行为的产生，即员工更倾向于将个体行为与社会福祉联系起来，在消费时考虑自身的行为是否有利于促进社会的发展。

参考文献

第 一 章

廖化化、黄蕾、胡斌:《资源保存理论在组织行为学中的应用:演变与挑战》,《心理科学进展》2022 年第 30(2)期,第 449—463 页。

苏尔斯凯、史密斯著,马剑虹译:《工作压力》,北京:中国轻工业出版社 2007 年版。

Annelies, E.M.(2018).Person-Environment Fit: A Review of Its Basic Tenets.*Annual Review of Organizational Psychology and Organizational*, 5, 75-101.

Bakker, A.B., & Demerouti, E.(2017).Job demands-resources theory: Taking stock and looking forward.*Journal of Occupational Health Psychology*, 22(3), 273-285.

Bliese, P.D., Edwards, J.R., & Sonnentag, S.(2017).Stress and well-being at work: A century of empirical trends reflecting theoretical and societal influences.*Journal of Applied Psychology*, 102(3), 389-402.

Booth-LeDoux, S.M., Matthews, R.A., & Wayne, J.H.(2020).Testing a resource-based spillover-crossover-spillover model: Transmission of social support in dual-earner couples. *Journal of Applied Psychology*, 105(7), 732-747.

Brough, P., Drummond, S., & Biggs, A.(2018). Job support, coping, and control: assessment of simultaneous impacts within the occupational stress process.*Journal of Occupational Health Psychology*, 23(2), 188-197.

Cannon, W.B.(1914).The interrelations of emotions as suggested by recent physiological researches.*The American Journal of Psychology*, 25(2), 256-282.

Cao, J., & Hamori, M.(2020).How can employers benefit most from developmental job experiences? The needs-supplies fit perspective.*Journal of Applied Psychology*, 105(4), 422-432.

Casper, A., & Wehrt, W. (2022). The role of recovery for morning cognitive appraisal of work demands: A diary study. *Journal of Occupational Health Psychology*, 27(2), 207–222.

Casper, W. J., Vaziri, H., Wayne, J. H., DeHauw, S., & Greenhaus, J. (2018). The jingle–jangle of work–nonwork balance: A comprehensive and meta–analytic review of its meaning and measurement. *Journal of Applied Psychology*, 103(2), 182–214.

Cavanaugh, M. A., Boswell, W. R., Roehling, M. V., & Boudreau, J. W. (2000). An empirical examination of self–reported work stress among U.S. managers. *Journal of Applied Psychology*, 85(1), 65–74.

Chuang, A., Ryan, S.H., Wang, A.C., & Judge, T.A. (2015). Does West "fit" with East? in search of a Chinese model of person–environment fit. *Academy of Management Journal*, 58 (2), 480–510.

Demerouti, E., Bakker, A. B., Nachreiner, F., & Schaufeli, W. B. (2001). The job demands–resources model of burnout. *Journal of Applied psychology*, 86(3), 499.

Edwards, J.R., Caplan, R. D., & Harrison, R. V. (1998). Person–environment fit theory: Conceptual foundations, empirical evidence, and directions for future research. In C. L. Cooper (Ed.), Theories of organizational stress (pp.28–67). Oxford: Oxford University Press.

Fila, M. J., & Eatough, E. M. (2019). Extending the boundaries of illegitimate tasks: the role of resources. *Psychological Reports*, 123(5), 1635–1662.

Frankenhaeuser, M. (1996). Stress and gender. *European Review*, 4(4), 313–327.

French, K.A., Allen, T.D., & Henderson, T.G. (2019). Challenge and hindrance stressors and metabolic risk factors. *Journal of occupational health psychology*, 24(3), 307–321.

Ganster, D.C., Crain, T. L., & Brossoit, R. M. (2018). Physiological Measurement in the Organizational Sciences: A Review and Recommendations for Future Use. *Annual Review of Organizational Psychology and Organizational Behavior*, 5(1), 267–293.

Ganster, D.C., Rosen, C.C. (2013). Work Stress and Employee Health: A Multidisciplinary Review. *Journal of Management*, 39(5), 1085–1122.

Gonzalez–Mulé, E., Kim, M. (M.), & Ryu, J. W. (2021). A meta–analytic test of multiplicative and additive models of job demands, resources, and stress. *Journal of Applied Psychology*, 106(9), 1391–1411.

Gonzalez–Mulé, E., & Yuan, Z. (2022). Social support at work carries weight: Relations between social support, employees' diurnal cortisol patterns, and body mass index. *Journal of Applied Psychology*. Advance online publication.

Greenhaus, J.H., & Powell, G.N. (2006). When work and family are allies: A theory of work-family enrichment. *Academy of management review*, 31(1), 72-92.

Halbesleben, J.R.B., Neveu, J.-P., Paustian-Underdahl, S.C., & Westman, M. (2014). Getting to the "COR": Understanding the role of resources in Conservation of Resources Theory. *Journal of Management*, 40(5), 1334-1364.

Hart, P.M., Wearing, A.J., & Headey, B. (1995). Police stress and well-being: Integrating personality, coping and daily work experiences. Journal of Occupational and organizational Psychology, 68(2), 133-156.

Hirschi, A., Shockley, K.M., & Zacher, H. (2019). Achieving work-family balance: An action regulation model. *Academy of Management Review*, 44(1), 150-171.

Hobfoll, S.E. (1989). Conservation of resources: a new attempt at conceptualizing stress. American psychologist, 44(3), 513.

Hobfoll, S.E., Halbesleben, J., Neveu, J.-P., & Westman, M. (2018). Conservation of resources in the organizational context: The reality of resources and their consequences. *Annual Review of Organizational Psychology and Organizational Behavior*, 5, 103-128.

Hudson, S., Nahrgang, J.D., Newton, D.W., & Melissa, C. (2019). I'm tired of listening: the effects of supervisor appraisals of group voice on supervisor emotional exhaustion and performance. *Journal of applied psychology*, 105(6), 619-636.

Idson, L.C., Liberman, N., & Higgins, E.T. (2000). Distinguishing gains from nonlosses and losses from nongains: A regulatory focus perspective on hedonic intensity. *Journal of experimental social psychology*, 36(3), 252-274.

Johnson, J.V., & Hall, E.M. (1988). Job strain, work place social support, and cardiovascular disease: a cross-sectional study of a random sample of the Swedish working population. *American journal of public health*, 78(10), 1336-1342.

Karasek Jr, R. A. (1979). Job demands, job decision latitude, and mental strain: Implications for job redesign. *Administrative science quarterly*, 285-308.

Kronenwett, M., & Rigotti, T. (2019). When do you face a challenge? How unnecessary tasks block the challenging potential of time pressure and emotional demands. *Journal of Occupational Health Psychology*, 24(5), 512-526.

Lazarus, R.S., & Folkman, S. (1984). Stress, appraisal, and coping. Springer publishing company.

Leslie, L.M., King, E.B., & Clair, J.A. (2019). Work-life ideologies: The contextual basis and consequences of beliefs about work and life. *Academy of Management Review*, 44(1), 72-98.

Ma, J., Liu, C., Peng, Y., & Xu, X. (2021). How do employees appraise challenge and hindrance stressors? uncovering the double-edged effect of conscientiousness. *Journal of Occupational Health Psychology*, 26(3), 243-257.

McGrath, J. G. (1976). Sress and behabior in organizations. Handbook of Industrial and Oranizational Psychology.

Mcewen, B.S., & Wingfield, J.C. (2003). The concept of allostasis in biology and biomedicine. Hormones & Behavior, 43(1), 2-15.

Mühlenmeier, M., Rigotti, T., Baethge, A., & Vahle-Hinz, T. (2021). The ups and downs of the week: A person-centered approach to the relationship between time pressure trajectories and well-being. *Journal of Occupational Health Psychology*. Advance online publication.

Pindek, S., Demircioglu, E., Howard, D.J., Eatough, E.M., & Spector, P.E. (2019). Illegitimate tasks are not created equal: Examining the effects of attributions on unreasonable and unnecessary tasks. Work & Stress, 33(3), 231-246.

Pluut, H., Ilies, R., Su, R., Weng, Q., & Liang, A.X. (2022). How social stressors at work influence marital behaviors at home: An interpersonal model of work-family spillover. *Journal of Occupational Health Psychology*, 27(1), 74-88.

Powell, G.N., Greenhaus, J.H., Allen, T.D., & Johnson, R.E. (2019). Advancing and expanding work-life theory from multiple perspectives. *The Academy of Management Review*, 44(1), 54-71.

Ren, S., Babalola, M.T., Ogbonnaya, C., Hochwarter, W.A., Akemu, O., & Agyemang-Mintah, P. (2022). Employee thriving at work: The long reach of family incivility and family support. *Journal of Organizational Behavior*, 43(1), 17-35.

Roczniewska, M., Smoktunowicz, E., Calcagni, C.C., von Thiele Schwarz, U., Hasson, H., & Richter, A. (2022). Beyond the individual: A systematic review of the effects of unit-level demands and resources on employee productivity, health, and well-being. *Journal of Occupational Health Psychology*, 27(2), 240-257.

Schmitt, A., Ohly, S., & Kleespies, N. (2015). Time pressure promotes work engagement: Test of illegitimate tasks as boundary condition. *Journal of Personnel Psychology*, 14(1), 28.

Schilbach, M., Baethge, A., & Rigotti, T. (2021). Do challenge and hindrance job demands prepare employees to demonstrate resilience?. *Journal of Occupational Health Psychol-*

ogy,26(3),155-174.

Semmer,N.K.,Tschan,F.,Jacobshagen,N.,Beehr,T.A.,& Meier,L.L.(2019).Stress as offense to self:a promising approach comes of age.*Occupational Health Science*,3,205-238.

Shani,P.,Ezgi,D.,Howard,D.J.,Eatough,E.M.,& Spector,P.E.(2018).Illegitimate tasks are not created equal:examining the effects of attributions on unreasonable and unnecessary tasks.*Work and Stress*,33(3),1-16.

Shin,Y.,& Hur W.M.(2022).Having control or lacking control? Roles of job crafting and service scripts in coping with customer incivility. *Journal of Occupational Health Psychology*,27(1),104-118.

Shockley,K.M.,Clark,M.A.,Dodd,H.,& King,E.B.(2021).Work-family strategies during COVID-19:Examining gender dynamics among dual-earner couples with young children.*Journal of Applied Psychology*,106(1),15-28.

Stein,M.,Schümann,M.,Teetzen,F.,Gregersen,S.,Begemann,V.,& Vincent-Höper,S.(2021).Supportive leadership training effects on employee social and hedonic well-being:A cluster randomized controlled trial. *Journal of Occupational Health Psychology*, 26(6), 599-612.

Stiglbauer,B.,& Kovacs,C.(2018).The more,the better? curvilinear effects of job autonomy on well-being from vitamin model and PE-Fit theory perspectives.*Journal of Occupational Health Psychology*,23(4),520-536.

Stocker,D.,Keller,A.C.,Meier,L.L.,Elfering,A.,& Semmer,N.K.(2019).Appreciation by supervisors buffers the impact of work interruptions on well-being longitudinally. *International Journal of Stress Management*,26(4),331-343.

Sulsky,L.,& Smith,C.S.(2005).Work stress.Wadsworth Publishing Company.

Sulsky,L.,& Smith,C.(2007).Work stress:Macro-level work stressors.In A.Monat,R.S.Lazarus,& G.Reevy(Eds.),*The Praeger handbook on stress and coping*(pp.53-86).Praeger Publishers/Greenwood Publishing Group.

Tepper,B.,Dimotakis,N.,Lambert,L.,Koopman,J.,Matta,F.K.,Park,H.,& Goo,W.(2018). Examining follower responses to transformational leadership from a dynamic, Person-environment Fit Perspective.*Academy of Management Journal*,61(4),1343-1368.

Trougakos,J.P.,Chawla,N.,& McCarthy,J.M.(2020).Working in a pandemic:Exploring the impact of COVID-19 health anxiety on work, family, and health outcomes.*Journal of Applied Psychology*,105(11),1234-1245.

Woerkom, M.V., Bakker, A.B., & Nishii, L.H. (2016). Accumulative job demands and support for strength use: fine-tuning the job demands-resources model using conservation of resources theory. *Journal of Applied Psychology*, 101(1), 141-150.

Zhang, Y., Zhang, Y., Ng, T., & Lam, S. (2019). Promotion-and prevention-focused coping: a meta-analytic examination of regulatory strategies in the work stress process. *Journal of Applied Psychology*, 104(10), 1296-1323.

第 二 章

王敏、李淑敏:《工作负荷对个体感知到的团队内冲突的影响——控制点及情感信任的调节作用》,《管理评论》2007 年第 29(4)期,第 122—133 页。

袁少锋、高英:《组织支持对工作压力的中介效应研究——基于知识型员工样本的实证分析》,《应用心理学》2007 年第 13(4)期,第 373—378 页。

Aumann, K., & Galinsky, E. (2011). The state of health in the american workforce: Does having an effective workplace matter? New York, NY: Families and Work Institute.

Avery, D.R., Tonidandel, S., Volpone, S.D., & Raghuram, A.. (2010). Overworked in america?: how work hours, immigrant status, and interpersonal justice affect perceived work overload. *Journal of Managerial Psychology*, 25(2), 133-147.

Baby, T., Madhu, G., & Renjith, V. R.. (2021). Occupational electrical accidents: assessing the role of personal and safety climate factors. Safety Science, 139, 105229.

Baer, M.D., Dhensa-Kahlon, R.K., Colquitt, J.A., Rodell, J.B., Outlaw, R., & Long, D.M. (2015). Uneasy lies the head that bears the trust: The effects of feeling trusted on emotional exhaustion. *Academy of Management Journal*, 58(6), 1637-1657.

Billing, T. K., & Steverson, P.. (2013). Moderating role of type - a personality on stress-outcome relationships. Management Decision, 51(9), 1893-1904.

Burtscher, M.J., Meyer, B., Jonas, K., Feese, S., & Troester, G.. (2018). A time to trust? the buffering effect of trust and its temporal variations in the context of high-reliability teams. *Journal of Organizational Behavior*, 39(9), 1099-1112.

Cicognani, E. (2011). Coping strategies with minor stressors in adolescence: Relationships with social support, self-efficacy, and psychological well-being. *Journal of Applied Social Psychology*, 41, 559-578.

Corah, N.L., & Boffa, J. (1970). Perceived control, self-observation, and response to aversive stimulation. *Journal of Personality and Social Psychology*, 16(1), 1-4.

Daniels, K., Glover, J., Beesley, N., Wimalasiri, V., Cohen, L., Cheyne, A., & Hislop, D.. (2013). Utilizing job resources: qualitative evidence of the roles of job control and social support in problem solving. Work & Stress, 27(2), 200–221.

Dollard, M.F., & Bakker, A.B. (2010). Psychosocial safety climate as a precursor to conducive work environments, psychological health problems, and employee engagement. *Journal of Occupational and Organizational Psychology*, 83(3), 579–599.

Fredrickson, B.L., Maynard, K.E., Helms, M.J., Haney, T.L., & Barefoot, J.C.. (2000). Hostility predicts magnitude and duration of blood pressure response to anger. *Journal of Behavioral Medicine*, 23(3), 229–243.

Frogeli, E., Rudman, A., & Gustavsson, P. (2019). The relationship between task mastery, role clarity, social acceptance, and stress: an intensive longitudinal study with a sample of newly registered nurses. International Journal of Nursing Studies. 91, 60–69.

Hallberg, U.E., Johansson, G., & Schaufeli, W.B.. (2007). Type a behavior and work situation: associations with burnout and work engagement. Scandinavian *Journal of Psychology*, 48 (2), 135–142.

Haüsser, J.A., Mojzisch, A., Niesel, M., & Schulz-Hardt, S. (2010). Ten years on: A review of recent research on the Job-Demand-Control (-Support) model and psychological well-being. Work & Stress, 24, 1–35.

Helms-Lorenz, M., & Maulana, R. (2015). Influencing the psychological well-being of beginning teachers across three years of teaching: self-efficacy, stress causes, job tension and job discontent. Educational Psychology, 1–26.

Hochwarter, W.A., Laird, M.D., & Brouer, R.L. (2008). Board up the windows: The interactive effects of hurricane-induced job stress and perceived resources on work outcomes. *Journal of Management*. 34(2), 263–289.

Hystad, S.W., Eid, J., & Brevik, J.I. (2011). Effects of psychological hardiness, job demands, and job control on sickness absence: A prospective study. *Journal of Occupational Health Psychology*, 16(3), 265–278.

Jiang, L., & Probst, T.M. (2016). A multilevel examination of affective job insecurity climate on safety outcomes. *Journal of Occupational Health Psychology*, 21(3), 366–377.

Karabay, M.E. Akyüz, B., & Elçi, M. (2016). Effects of family-work conflict, locus of control, self confidence and extraversion personality on employee work stress. Procedia-Social and Behavioral Sciences, 235, 269–280.

Klinefelter, Z., Sinclair, R.R., Britt, T.W., Sawhney, G., Black, K.J., & Munc, A..(2020). Psychosocial safety climate and stigma: reporting stress-related concerns at work. Stress and Health.37(3), 488-503

Koen, J., & Parker, S.K..(2020). In the eye of the beholder: how proactive coping alters perceptions of insecurity. *Journal of Occupational Health Psychology*, 25(6).

Lepine, M., Zhang, Y., Rich, B.L., & Crawford, E..(2016). Turning their Pain to Gain: Charismatic Leader Influence on Follower Stress Appraisal and Job Performance. *Academy of Management Journa*.59(3), 1036-1059.

Little, L.M., Hinojosa, A.S., Paustian-Underdahl, S., & Zipay, K.P.(2018). Managing the harmful effects of unsupportive organizations during pregnancy. *Journal of Applied Psychology*, 103(6), 631-643.

Matta, F.K., Scott, B.A., Colquitt, J.A., Koopman, J., & Passantino, L.G.(2017). Is consistently unfair better than sporadically fair? An investigation of justice variability and stress. *Academy of Management Journal*, 60(2), 743-770.

Meijman, T.F., & Mulder, G..(1998)."Psychological aspects of workload," in Handbook of Work and Organizational Psychology, 2, Work Psychology, eds P.J.D. Drenth and C.J. de Wolff (Hove: Psychology Press), 5-33.

Ouyang, K., Cheng, B.H., Lam, W., & Parker, S.K.(2019). Enjoy your evening, be proactive tomorrow: How off-job experiences shape daily proactivity. *The Journal of applied psychology*, 104(8), 1003-1019.

Parker, S.K., Johnson, A., Collins, C., & Nguyen, H.(2013). Making the most of structural support: Moderating influence of employees' clarity and negative affect. *Academy of Management Journal*, 56(3), 867-892.

Parker, S.L., Sonnentag, S., Jimmieson, N.L., & Newton, C.J..(2020). Relaxation during the evening and next-morning energy: the role of hassles, uplifts, and heart rate variability during work. *Journal of Occupational Health Psychology*, 25(2), 83-98.

Pavez, I., Gómez, H., Laulié, L., & González, V.A.(2021). Project team resilience: The effect of group potency and interpersonal trust. *International Journal of Project Management*, 39(6), 697-708.

Peng, A.C., Schaubroeck, J.M., & Xie, J.L.(2015). When confidence comes and goes: How variation in self-efficacy moderates stressor-strain relationships. *Journal of Occupational Health Psychology*, 20(3), 359-376.

Penney, L.M., & Spector, P..(2005).Job stress, incivility, and counterproductive work behavior(cwb):the moderating role of negative affectivity.*Journal of Organizational Behavior*, 26 (7), 777-796.

Pu, J., Hou, H., Ma, R., & Sang, J.(2017).The effect of psychological capital between work-family conflict and job burnout in Chinese university teachers: Testing for mediation and moderation.*Journal of health psychology*, 22(14), 1799-1807.

Searle, B., Bright, J.E.H., & Bochner, S..(2001).Helping people to sort it out: the role of social support in the job strain model.Work & Stress, 15(4), 328-346.

Seligman, M.E.P., & Visintainer, M.A.(1985) Tumor rejection and early experience of uncontrollable shock in the rat.In Affect, Conditioning, and Cognition: Essays on the Determinants of Behavior(eds F.R.Brush & J.B.Overmier), Erlbaum, Hillsdale, NJ, 203-210.

Schreurs, B., van Emmerik, H., Notelaers, G., & De Witte, H.(2010).Job insecurity and employee health: The buffering potential of job control and job self-efficacy.Work & Stress, 24 (1), 56-72.

Sora, B., Caballer, A., Peiro, J.M., Silla, I., & Gracia, F.J.(2010).Moderating influence of organizational justice on the relationship between job insecurity and its outcomes: A multilevel analysis.*Economic and Industrial Democracy*, 31(4), 613-637.

Spector, P.E., Zapf, D., Chen, P.Y., & Frese, M.(2000).Why negative affectivity should not be controlled in job stress research: Don't throw out the baby with the bath water.*Journal of Organizational Behavior*, 21(1), 79-95.

Toker, S., Shirom, A., Melamed, S., & Armon, G..(2012). Work characteristics as predictors of diabetes incidence among apparently healthy employees.*Journal of Occupational Health Psychology*, 17(3), 259.

Wang, L. P, Wang, H. P, Shao, S. H, Jia, G. Z, & Xiang, J..(2020). Job burnout on subjective well-being among Chinese female doctors: the moderating role of perceived social support.*Frontiers in Psychology*, 11, 435.

第 三 章

张阔、邹洋、汪新建:《心理资本在工作压力源和压力反应间的作用:调节还是中介?》,《心理学探新》2013 年第 33(6)期,第 532—536 页。

Avey, J.B., Reichard, R.J., Luthans, F., & Mhatre, K.H..(2011)."Meta-analysis of the impact of positive psychological capital on employee attitudes, behaviors, and performance".

Human Resource Development Quarterly.22(2),127-152.

Bakker, A. B., & Vries, J. D. D.. (2021). Job demands - resources theory and self - regulation: new explanations and remedies for job burnout. Anxiety Stress & Coping, 34(1), 1-21.

Chang, C.H., Rosen, C.C., & Levy, P.E.(2009). The relationship between perceptions of organizational politics and employee attitudes, strain, and behavior: A meta - analytic examination. *Academy of Management journal*, 52(4), 779-801.

Chen, Z., Mayer, D. M., & Hwang, E.. (2017). More is less: learning but not relaxing buffers deviance under job stressors. *Journal of Applied Psychology*, 103(2), 123-136.

Cheng, G. H. L., & Chan, D. K. S. (2008). Who suffers more from job insecurity? A meta-analytic review. *Applied psychology*, 57(2), 272-303.

Chirumbolo, A., & Hellgren, J.(2003). Individual and organizational consequences of job insecurity: A European study. *Economic and Industrial Democracy*, 24(2), 217-240.

Cortina, L.M., & Magley, V.J.(2009). Patterns and profiles of response to incivility in the workplace. *Journal of occupational health psychology*, 14(3), 272.

Crawford, E.R., LePine, J.A., & Rich, B.L.(2010). Linking job demands and resources to employee engagement and burnout: a theoretical extension and meta-analytic test. *Journal of applied psychology*, 95(5), 834-848.

Demerouti, E., Bakker, A. B., Nachreiner, F., & Schaufeli, W. B. (2001). The job demands-resources model of burnout. *Journal of Applied psychology*, 86(3), 499.

Demsky, C.A., Fritz, C., Hammer, L.B., & Black, A.E.(2019). Workplace incivility and employee sleep: The role of rumination and recovery experiences. *Journal of Occupational Health Psychology*, 24(2), 228-240.

Halbesleben, J.R.B., & Bowler, W.M.(2007). Emotional exhaustion and job performance: The mediating role of motivation. *Journal of Applied Psychology*, 92(1), 93-106.

Hershcovis, M.S., Cameron, A.F., Gervais, L., & Bozeman, J..(2018). The effects of confrontation and avoidance coping in response to workplace incivility. *Journal of Occupational Health Psychology*, 23(2).163-174.

Lan, Y., Xia, Y., Li, S., Wu, W., Hui, J., & Deng, H.(2020). Thwarted enthusiasm: effects of workplace incivility on newcomer proactive behaviors. *Chinese Management Studies*, 14(4), 1035-1056.

LePine, J.A.(2005). Adaptation of Teams in Response to Unforeseen Change: Effects of

Goal Difficulty and Team Composition in Terms of Cognitive Ability and Goal Orientation. *Journal of Applied Psychology*, 90(6), 1153–1167.

Liu, Y., Song, Y., Koopmann, J., Wang, M., Chang, C.-H.(D.), & Shi, J.(2017). Eating your feelings? Testing a model of employees' work-related stressors, sleep quality, and unhealthy eating. *Journal of Applied Psychology*. 102(8): 1237–1258.

Luthans, F., Avolio, B.J., Avey, J.B., & Norman, S.M..(2010). Positive psychological capital: measurement and relationship with performance and satisfaction. *Personnel Psychology*, 60(3), 541–572.

Meier, L.L., & Cho, E..(2018). Work stressors and partner social undermining: comparing negative affect and psychological detachment as mechanisms. *Journal of Occupational Health Psychology*, 24(3). 1–14.

Mensah, J., & Amponsah-Tawiah, K..(2016). Mitigating occupational stress: The role of psychological capital. Journal of Workplace Behavioral Health.

Newman, A., Ucbasaran, D., Zhu, F.& Hirst, G..(2014). "Psychological capital: a review and synthesis". *Journal of Organizational Behavior*, 35(S1), 120–138.

Podsakoff, N.P., LePine, J.A., & LePine, M.A.(2007). Differential challenge stressor-hindrance stressor relationships with job attitudes, turnover intentions, turnover, and withdrawal behavior: A meta-analysis. *Journal of Applied Psychology*, 92(2), 438–454.

Rahim, A., & Cosby, D.M.(2016). A model of workplace incivility, job burnout, turnover intentions, and job performance. *Journal of Management Development*.

Schulz, A., Schoellgen, I., & Fay, D..(2019). The Role of Resources in the Stressor-Detachment Model. International *Journal of Stress Management*. 26(3).

Shepherd, B.R., Fritz, C., Hammer, L.B., Guros, F., & Meier, D..(2018). Emotional demands and alcohol use in corrections: a moderated mediation model. *Journal of Occupational Health Psychology*, 24(4). 1–12.

Stiglbauer, B., Selenko, E., Batinic, B., & Jodlbauer, S.(2012). On the link between job insecurity and turnover intentions: moderated mediation by work involvement and well-being. *Journal of occupational health psychology*, 17(3), 354.

Tadic Vujcic, M., Oerlemans, W.G., & Bakker, A.B.(2017). How challenging was your work today? The role of autonomous work motivation. European *Journal of Work and Organizational Psychology*, 26(1), 81–93.

Taylor, S.G., Bedeian, A.G., & Kluemper, D.H.(2012). Linking workplace incivility to citizenship performance: The combined effects of affective commitment and conscientiousness. *Journal of Organizational Behavior*, 33(7), 878-893.

Taylor, S. E., & Stanton, A. L. (2007). Coping resources, coping processes, and mental health. *Annual review of clinical psychology*, 3, 377-401.

Wang, Y., Chang, Y., Fu, J., & Wang, L. (2012). Work-family conflict and burnout among Chinese female nurses: The mediating effect of psychological capital. BMC Public Health, 12, 915.

Weiss, H.M., & Cropanzano, R. (1996). Affective events theory: A theoretical discussion of the structure, causes and consequences of affective experiences at work. *Research in Organizational Behavior*, 18, 1-74.

Yu, X., Wang, P., Zhai, X., Dai, H., & Yang, Q. (2015). The effect of work stress on job burnout among teachers: The mediating role of self-efficacy. *Social Indicators Research*, 122(3), 701-708.

Zheng, X., Yang, J., Ngo, H.Y., Liu, X.Y., & Jiao, W.. (2016). Workplace ostracism and its negative outcomes: psychological capital as a moderator. *Journal of Personnel Psychology*, 15(4), 143-151.

Zhou, Z.E., Meier, L.L., & Spector, P.E. (2019). The spillover effects of coworker, supervisor, and outsider workplace incivility on work-to-family conflict: A weekly diary design. *Journal of Organizational Behavior*, 40(9-10), 1000-1012.

Zhou, Z.E., Yan, Y., Che, X.X., & Meier, L.L.. (2015). Effect of workplace incivility on end-of-work negative affect: examining individual and organizational moderators in a daily diary study. *Journal of Occupational Health Psychology*, 20(1), 117-130.

第 四 章

金家飞、徐姗、王艳霞:《角色压力,工作家庭冲突和心理抑郁的中美比较——社会支持的调节作用》,《心理学报》2014 年第 46(8)期,第 1144—1160 页。

谢倩、张春雨、陈谢平:《付出回报失衡与高校青年教师的焦虑:心理契约破裂的中介作用和过度承诺的调节作用》,《心理科学》2021 年第 44(4)期,第 889—895 页。

杨柳、郭琼杰、史文宗、孙伟、王珊珊:《医务人员焦虑抑郁障碍与工作压力,应对方式及社会支持的关系》,《职业与健康》2020 年第 36(22)期,第 3080—3084 页。

《中国吸烟危害健康报告 2020》编写组:《中国吸烟危害健康报告 2020》概要,《中国循环杂志》2021 年第 36(10)期,第 937—952 页。

Aalto,A.,Heponiemi,T.,Josefsson,K.,Arffman,M.,& Elovainio,M.(2018).Social relationships in physicians' work moderate relationship between workload and wellbeing-9-year follow-up study.*European Journal of Public Health*,28(5),798-804.http://dx.doi.org/10.1093/eurpub/ckx232.

Albert,K.M.,& Newhouse,P.A.(2019).Estrogen,stress,and depression:cognitive and biological interactions.*Annual Review of Clinical Psychology*,15(1),399-423.https://doi.org/10.1146/annurev-clinpsy-050718-095557.

Allan,B.A.,Dexter,C.,Kinsey,R.,& Parker,S.(2018).Meaningful work and mental health:job satisfaction as a moderator.*Journal of Mental Health*,27(1),38-44.https://doi.org/10.1080/09638237.2016.1244718.

Carroll,D.,Ginty,A.T.,Whittaker,A.C.,Lovallo,W.R.,& de Rooij,S.R.(2017).The behavioural,cognitive,and neural corollaries of blunted cardiovascular and cortisol reactions to acute psychological stress.Neuroence & Biobehavioral Reviews,77,74-86.https://doi.org/10.1016/j.neubiorev.2017.02.025.

Demsky,C.A.,Fritz,C.,Hammer,L.B.,& Black,A.E.(2019).Workplace incivility and employee sleep:the role of rumination and recovery experiences.*Journal of Occupational Health Psychology*,24(2),228-240.http://dx.doi.org/10.1037/ocp0000116.

Dormann,C.,Owen,M.,Dollard,M.,& Guthier,C.(2018).Translating cross-lagged effects into incidence rates and risk ratios:the case of psychosocial safety climate and depression.*Work and Stress*,32(3),248-261.https://doi.org/10.1080/02678373.2017.1395926.

Eib,C.,Bernhard-Oettel,C.,Hanson,L.L.M.,& Leineweber,C.(2018).Organizational justice and health:studying mental preoccupation with work and social support as mediators for lagged and reversed relationships.Journal of occupational health psychology,23(4),553-567.http://dx.doi.org/10.1037/ocp0000115.

Gerber,M.,Bo¨rjesson,M.,Ljung,T.,Lindwall,M.,& Jonsdottir,I.H.(2016).Fitness moderates the relationship between stress and cardiovascular risk factors. *Medicine and Science in Sports and Exercise*,16,2017-2081.https://doi.org/10.1249/MSS.0000000000001005.

Gonzalez-Mulé,E.& Cockburn,B.S.(2021).This job is(literally)killing me:a moderated-mediated model linking work characteristics to mortality.Journal of Applied Psychology,106(1),140-151.http://dx.doi.org/10.1037/apl0000501.

Hamer M.(2012).Psychosocial stress and cardiovascular disease risk:the role of physical activity. *Psychosomatic Medicine*, 74 (9), 896 - 903. https://doi. org/10. 1097/

PSY.0b013e31827457f4.

Hasan, A.A., Elsayed, S., & Tumah, H.(2018).Occupational stress, coping strategies, and psychological-related outcomes of nurses working in psychiatric hospitals.*Perspectives in Psychiatric Care*, 54, 514-522.https://doi.org/10.1111/ppc.12262.

Jarczok, M.N., Jarczok, M., & Thayer, J.F.(2020).Handbook of Socioeconomic Determinants of Occupational.Springer International Publishing.

Landsbergis, P.A., Dobson, M., Koutsouras, G., & Schnall, P.(2013).Job strain and ambulatory blood pressure: a meta-analysis and systematic review.*American Journal of Public Health*, 103(3), 61-71.http://dx.doi.org/10.2105/AJPH.2012.301153.

Marchiondo, L.A., Cortina, L.M., & Kabat-Farr, D.(2018).Attributions and appraisals of workplace incivility: finding light on the dark side?.*Applied Psychology*, 67(3), 369-400.http://dx.doi.org/10.1111/apps.12127.

McEwen, B.S.(2019).What is the confusion with cortisol?.*Chronic Stress*, 3, 1-3.http://dx.doi.org/10.1177/2470547019833647.

Mcclure, E.A., Baker, N.L., Gray, K.M., Hood, C.O., Tomko, R.L., & Carpenter, M.J., Ramakrishnan, V.R., Buchanan C.J., & Saladin, M.E.(2020).The influence of gender and oxytocin on stress reactivity, cigarette craving, and smoking in a randomized, placebo-controlled laboratory relapse paradigm. *Psychopharmacology*, 237(2), 543-555. https://doi. org/10.1007/s00213-019-05392-z.

Mutambudzi, M.& Henkens, K.(2020).Chronic health conditions and work-related stress in older adults participating in the dutch workforce.*European Journal of Ageing*, 17, 499-508. https://doi.org/10.1007/s10433-020-00554-x.

Naish, K.R., Michele, L., James, M.K., & Balodis, I.M.(2019).Systematic review of the effects of acute stress in binge eating disorder.*European Journal of Neuroence*, 50, 2415-2429. https://doi.org/10.1111/ejn.14110.

O'Connor, D.B., Thayer, J.F., & Vedhara, K.(2021).Stress and health: a review of psychobiological processes. *Annual Review of Psychology*, 72, 663-688. https://doi. org/10.1146/annurev-psych-062520-122331.

O' Connor, D.B., Green, J., Ferguson, E., O' Carroll, R.E., & O' Connor, R.C.(2017). Cortisol reactivity and suicidal behavior: investigating the role of hypothalamic-pituitary-adrenal(HPA) axis responses to stress in suicide attempters and ideations.*Psychoneuroendocrinology*, 75, 183-191.https://doi.org/10.1016/j.psyneuen.2016.10.019.

Panahi,S.& Tremblay,A.(2018).Sedentariness and health:is sedentary behavior more than just physical inactivity?.*Frontiers in Public Health*,6,1-7.https://doi.org/10.3389/fpubh.2018.00258.

Park,Y.A.,& Kim,S.(2019).Customer mistreatment harms nightly sleep and next-morning recovery:job control and recovery self-efficacy as cross-level moderators.*Journal of Occupational Health Psychology*,24(2),256-269.http://dx.doi.org/10.1037/ocp0000128.

Park,Y.,& Sprung,J.M.(2015).Weekly work-school conflict,sleep quality,and fatigue:Recovery self-efficacy as a cross-level moderator.Journal of Organizational Behavior,36(1),112-127.

Parker,L.J.,Hunte,H.,Ohmit,A.,Furr-Holden,D.,& Thorpe,R.J.(2017).The Effects of Discrimination Are.Associated With Cigarette Smoking Among Black Males.*Substance use & misuse*,52(3),383-391.http://dx.doi.org/10.1080/10826084.2016.1228678.

Peltokorpi,V.& Michel,J.(2021).The moderating effect of core self-evaluations between the relationships of work-family conflict and voluntary turnover,job promotions and physical health. *Stress and Health*,37,162-174.http://dx.doi.org/10.1002/smi.2982.

Peng,S.,Yang,T.,& Rockett,I.R.H.(2020).Life stress and uncertainty stress:which is more associated with unintentional injury?.*Psychology,Health & Medicine*,25(6),774-780.https://doi.org/10.1080/1354850 6.2019.1687913.

Pressman,S.D.,Jenkins,B.N.,& Moskowitz,J.T.(2019).Positive affect and health:what do we know and where next should we go?.*Annual Review of Psychology*,70(1),627-650.https://doi.org/10.1146/annurev-psych-010418-102955.

Qian,J.,Yang,F.,Wang,B.,Huang,C.,& Song,B.(2017).When workplace ostracism leads to burnout:the roles of job self-determination and future time orientation.*International Journal of Human Resource Management*,30(17),2465-2481.https://doi.org/10.1080/09585192.2017.1326395.

Sara,J.D.,Prasad,M.,Eleid,M.f.,Zhang,M.,Widmer,R.J.,& Lerman,A.(2018).Association Between Work-Related Stress and Coronary Heart Disease:A Review of Prospective Studies Through the Job Strain,Effort-Reward Balance,and Organizational Justice Models. *Journal of American Heart Association*,7,1-15.http://dx.doi.org/10.1161/JAHA.117.008073.

Schilling,R.,Colledge F.,Pu¨hse,U.,& Gerber,M.(2020) Stress-buffering effects of physical activity and cardiorespiratory fitness on metabolic syndrome:A prospective study in police officers.*PLoS ONE*,15(7),e0236526.https://doi.org/10.1371/journal.pone.0236526.

Shapero, B. G., Curley, E. E., Black, C. L., & Alloy, L. B. (2019). The interactive association of proximal life stress and cumulative hpa axis functioning with depressive symptoms.*Depression and Anxiety*,36(11),1089-1101.http://dx.doi.org/10.1002/da.22957.

Siegrist, J. & Li, J. (2016). Associations of Extrinsic and Intrinsic Components of Work Stress with Health: A Systematic Review of Evidence on the Effort-Reward Imbalance Model. *International Journal of Environmental Research and Public Health*, 13, 1-14. http://dx.doi.org/10.3390/ijerph13040432.

Tomiyama, A.J. (2019). Stress and obesity. *Annual Review of Psychology*, 70(1), 703-718.https://doi.org/10.1146/annurev-psych-010418-102936.

Törnroos, M., Salin, D., & Hanson, L. M. (2020). High-involvement work practices and conflict management procedures as moderators of the workplace bullying - wellbeing relationship. *Work and Stress*, 34(4), 386-405. https://doi.org/10.1080/02678373.2020.1801887.

Webster, R.K., Liu, R., Karimullina, K., Hall, I., Amlt, R., & Rubin, G.J. (1944). A systematic review of infectious illness presenteeism: prevalence, reasons and risk factors. *BMC Public Health*, 19, 799-812.https://doi.org/10.1186/s12889-019-7138-x.

Woodruff, S. J., Coyne, P., & St-Pierre, E. (2021). Stress, physical activity, and screen-related sedentary behaviour within the first month of the COVID-19 pandemic.*Applied Psychology: Health and Well-Being*, 13(2), 454-468.https://doi.org/10.1111/aphw.12261.

Zoupanou, Z. & Rydstedt, L.W. (2019). The mediating and moderating role of affective rumination between work interruptions and well-being. *Work*, 62(4), 553-561. https://doi.org/10.3233/WOR-192890.

第五章

丁欣放、李岱:《虚拟现实暴露疗法治疗焦虑障碍的随机对照试验 meta 分析》,《中国心理卫生杂志》2018 年第 3 期,第 191-199 页。

方媛:《瑜伽放松训练联合压力管理在慢性失眠症护理中的应用观察》,《罕少疾病杂志》2020 年第 4 期,第 100-102 页。

孙利、张茎:《教育场景中教师情绪失控的应对》,《教学与管理(小学版)》2021 年第 3 期,第 14-15 页。

王晟、过江帆、魏丹、张乐群、余斌:《正念减压疗法对新冠疫情期间医务人员主观压力及焦虑抑郁的影响》,《国际精神病学杂志》2022 年第 2 期,第 235-238 页。

王月莹、牟云平、尹又、朱冰倩:《电子化认知行为疗法治疗失眠效果的系统评价》,《中国全科医学》2021 年第 35 期,第 4516-4524 页。

张岩岩、胡知仲、卢梓航、胡茂荣:《接纳承诺疗法和辩证行为疗法的比较分析》,《医学与哲学》2021 年第 12 期,第 46-49 页。

Barrett, K., & Stewart, I. (2020). A preliminary comparison of the efficacy of online acceptance and commitment therapy (act) and cognitive behavioural therapy (cbt) stress management interventions for social and healthcare workers. *Health & Social Care in the Community*, 29, 113-126.

Calogiuri, G., Evensena, K., Weydahlc, A., Anderssona, K., Patila, G., Ihlebæka, C., & Raanaas, R.K. (2016). Green exercise as a workplace intervention to reduce job stress. results from a pilot study. *Work*, 53, 99-111.

Chen, L., Li, M., Wu, Y. J., Chen, C., & Ahmed, E. (2020). The voicer´s reactions to voice: an examination of employee voice on perceived organizational status and subsequent innovative behavior in the workplace. *Personnel Review*, *Personnel Review*, 50(4), 1073-1092.

Collier, L., Staal, J., & Homel, P. (2018). Multisensory Environmental Therapy (Snoezelen) for Job Stress Reduction in Mental Health Nurses: A Randomized Trial. *Int J Complement Alt Med*, 11(1), 00346.

Creswell, J.D., Lindsay, E.K., Villalba, D.K., & Chin, B. (2019). Mindfulness training and physical health: mechanisms and outcomes. *Psychosomatic Medicine*, 81(3): 224-232.

Dijkstra, J.M.& Nagatsu, T. (2021). Cognitive behavioral therapy (CBT), acceptance and commitment therapy (ACT), and Morita therapy (MT); comparison of three established psychotherapies and possible common neural mechanisms of psychotherapies. *Journal of Neural Transmission*, 129, 805-828.

EAPA. (2015). Definitions of an employee assistance program (EAP) and EAP core technology. https://www.eapassn.org/About/About-Employee-Assistance/EAP-Definitions-and-Core-Technology.

Ellis, A. (2019). Early Theories and Practices of Rational Emotive Behavior Therapy and How They Have Been Augmented and Revised During the Last Three Decades. In M.E. Bernard & W. Dryden (Eds.), *Advances in REBT: Theory, Practice, Research, Measurement, Prevention and Promotion* (pp.1-21). Springer Nature Switzerland AG.

Guest, D.E. (2017). Human resource management and employee well-being: towards a new analytic framework.*Human Resource Management Journal*,27(1),22–38.

Hadi,S.,Tjahjono,H.K.,& Palupi,M.(2020).Study of Organizational Justice in SMEs and Positive Consequences:Systematic Review.*International Journal of Advanced Science and Technology*,29(03),4717–4730.

Hargrove,M.B.,Quick,J.C.,Nelson,D.L.,& Quick,J.D.(2011).The theory of preventive stress management:a 33–year review and evaluation.*Stress & Health*,27,182–193.

Hodgins,M.,Lewis,D.,Maccurtain,S.,Mcnamara,P.,Hogan,V.,& Pursell,L.(2020). "...A Bit of a Joke":Policy and Workplace Bullying.*SAGE Open*,1–14.

Janssen,O.,& Gao,L.(2013).Supervisory responsiveness and employee self–perceived status and voice behavior.*Journal of Management*,41,1854–1872.

Jing,C.(2019).Analysis of Salary System Evaluation Strategies in Enterprise Human Resource Management.*The 4th ISMEEM*,484–489.

Joseph,C.(2012).Employee counseling:an innovative strategy.The*IUP Journal of Soft Skills*,6(2),45–54.

Li,H,Zhao,M,Shi,Y et al.(2019).The effectiveness of aromatherapy and massage on stress management in nurses:A systematic review.*J Clin Nurs*,28,372–385.

Luo,M.,& Hancock,J.T.(2020).Self–disclosure and social media:motivations,mechanisms and psychological well–being.*Current Opinion in Psychology*,31,110–115.

Marta,I.A.,Supartha,I.,Dewi,I.,& Wibawa,I.(2021).Job Enrichment,Empowerment, and Organizational Commitment:The Mediating Role of Work Motivation and Job Satisfaction. *Korea Distribution Science Association*,8(1),1031–1040.

Milot,M.(2019).The impact of a Canadian external Employee Assistance Program on mental health and workplace functioning:Findings from a prospective quasi – experimental study,*Journal of Workplace Behavioral Health*,34(3),167–191.

Mohamadi,M.,Namnabati,M.,Aarabi,A.(2019).Reduced mental workload of neonatal intensive care unit nurses through a self–designed education class:A randomized controlled trial.*Iranian J Nursing Midwifery Res*,24,50–55.

Osman,H.A.,Dong,H.,& Saddik,A.E.(2016).Ubiquitous biofeedback serious game for stress management.*IEEE Access*,4,1274–1286.

Oyewobi,L.O.,Oke,A.E.,Adeneye,T.D.,Jimoh,R.A.,& Windapo,A.O.(2020).Impact of work – life policies on organizational commitment of construction professionals:role of work–life balance.*International Journal of Construction Management*,1,1–11.

Pretsch, J., Pretsch, E., Saretzki, J., Kraus, H., & Grossmann, G. (2020). Improving Employee Well-Being by Means of Virtual Reality - REALEX: An Empirical Case Study. *European Journal of Economics and Business Studies Articles*, 6(1), 95-105.

Quick, J. C., Quick, J. D., Nelson, D. L., & Hurrell, J. J. (1997). *Preventive stress management in organizations*. Washington, DC: American Psychological Association.

Rai, G.S. (2016). Minimizing Role Conflict and Role Ambiguity: A Virtuous Organization Approach. *Human Service Organizations: Management, Leadership & Governance*, 40(5), 508-523.

Rohit, J., Singh, P., Satyapriya, Sangeetha, V., & Kumbhare, N.V. (2017). An Analysis of Organisational Role Stress Among the Extensionists in ICAR- Krishi Vigyan Kendras. *Indian Journal of Extension Education*, 53(2), 24-28.

Sackeim, H. A. (2017). Modern Electroconvulsive Therapy: Vastly Improved yet Greatly Underused. *JAMA Psychiatry*, 74(8), 779-780.

Schiller, H., Lekander, M., Rajaleid, K., Carina, H., Åkerstedt, T., Barck-Holst, P., & Kecklund.G. (2018). Total workload and recovery in relation to worktime reduction: a randomised controlled intervention study with time-use data. *Occupational & Environmental Medicine*. 75, 218-226.

Viitala, R., Tanskanen, J., & Säntti, R. (2015). The connection between organizational climate and well-being at work. International Journal of Organizational Analysis, 23(4), 606-620.

Vogt, K., Hakanen, J. J., Brauchli, R., Jenny, G. J., & Bauer, G. F. (2015). The consequences of job crafting: a three-wave study. *European Journal of Work and Organizational Psychology*, 25(3), 353-362.

Wang, H., Li, P., & Chen, S. (2020). The Impact of Social Factors on Job Crafting: A Meta-analysis and Review. *Int. J. Environ. Res. Public Health*, 17, 8016.

Yu, B., Funk, M., Hu, J., Wang, Q., & Feijs, L. (2018). Biofeedback for Everyday Stress Management: A Systematic Review. *Frontiers in ICT*, 5(23), 1-22.

第 六 章

李继波、陈盈盈、肖前国:《正念冥想在 ADHD 儿童干预中的应用》,《心理科学》2019 年第 2 期,第 470-476 页。

穆俊林、宋景贵、李六一等:《放松治疗对卒中后抑郁患者睡眠及心率变异性的影响》,《中华物理医学与康复杂志》2016 年第 38(9)期,第 690 页。

王云霞、蒋春雷:《正念冥想的生物学机制与身心健康》,《中国心理卫生杂志》2016 年第 30(2)期,第 105-108 页。

吴明妍、吴伟:《对应激心理危机干预影响医患冲突的重要性探讨》,《中国急救医学》2017 年第 37(11)期,第 358-359 页。

于斌、乐国安、刘惠军:《自我控制的力量模型》,《心理科学进展》2013 年第 7 期,第 1272-1282 页。

赵艳丽:《冥想松弛疗法对肾部分切除术患者负性情绪、睡眠质量与生活质量的影响》,《护理实践与研究》2019 年第 16(15)期,第 1-3 页。

Aso, Y., Suzuki, A., Nojiri, Y., Mochizuki, Y., Shimozono, M., Naganuma, Y., & Yamaoka, K.(2021). Evaluation of an educational programme for people who have difficulty decluttering and organising: A randomised controlled trial in Japan. Health & Social Care in the Community.

Åkerstedt, T., Garefelt, J., Richter, A., Westerlund, H., Magnusson Hanson, L.L., Sverke, M., & Kecklund, G.(2015). Work and Sleep--A Prospective Study of Psychosocial Work Factors, Physical Work Factors, and Work Scheduling. *Sleep*, 38(7), 1129-1136.

Baylan, S., McGinlay, M., MacDonald, M., Easto, J., Cullen, B., Haig, C., ... & Evans, J.J.(2018). Participants' experiences of music, mindful music, and audiobook listening interventions for people recovering from stroke. *Annals of the New York Academy of Sciences*, 1423(1), 349-359.

Ben Simon, E., & Walker, M. P.(2018). Sleep loss causes social withdrawal and loneliness. *Nature communications*, 9(1), 1-9.

Biddle, S.J., Fox, K.R., & Boutcher, S.H.(2021). Physical Activity and Psychological Well-Being. *Psychology of Physical Activity*.

Bostock, S., Crosswell, A.D., Prather, A.A., & Steptoe, A.(2019). Mindfulness on-the-go: Effects of a mindfulness meditation app on work stress and well-being. *Journal of occupational health psychology*, 24(1), 127.

Bräuninger, I., & Reips, U.D.(2021). The significance of dance in dance movement therapy: An international online survey with DMT novices.

Cadieux, J., & Eaton, A.(2022). Creative Arts Therapy for Individuals with Cognitive-Communication Disorders.

Canty, N.(2017). Bibliotherapy: Its processes and benefits and application in clinical and developmental settings.*Logos*,28(3),32-40.

Chiu,V.W.,Ree,M.,Janca,A.,Iyyalol,R.,Dragovic,M.,& Waters,F.(2018).Sleep profiles and CBT-I response in schizophrenia and related psychoses.*Psychiatry Research*,268,279-287.

Defouilloy,I.,Ernecq,J.,Froment,J.C.,Couvillers-Dek,F.,Boutalha,S.,& Bloch,F.(2021).Evaluation of a rail-travel simulator for elderly adults with cognitive disorders.The Grand-Via Project,a travel therapy pilot study.*Complementary Therapies in Clinical Practice*,45,101489.

Eddy,Herman,K.C.,Huang,F.,& Reinke,W.M.(2022).Evaluation of a bibliotherapy-based stress intervention for teachers.*Teaching and Teacher Education*,109,103543-.

Gatersleben,B.,Murtagh,N.,Cherry,M.,& Watkins,M.(2019).Moral,wasteful,frugal,or thrifty? Identifying consumer identities to understand and manage pro-environmental behavior.*Environment and Behavior*,51(1),24-49.

Grover,Teo,S.T.T.,Pick,D.,& Roche,M.(2017).Mindfulness as a personal resource to reduce work stress in the job demands-resources model. *Stress and Health*,33(4),426-436.

Hall,M.(2018).*The theory of groups*.Courier Dover Publications.

Hazlett-Stevens,H.,& Oren,Y.(2017).Effectiveness of mindfulness-based stress reduction bibliotherapy:A preliminary randomized controlled trial.*Journal of Clinical Psychology*,73(6),626-637.

Hinsch,C.,Tang,Y.,& Lund,D.J.(2021).Compulsion and reactance:Why do some green consumers fail to follow through with planned environmental behaviors?.*Psychology & Marketing*,38(12),2209-2226.

Hogg,B.,Medina,J.C.,Gardoki-Souto,I.,Serbanescu,I.,Moreno-Alcázar,A.,Cerga-Pashoja,A.,… & Amann,B.L.(2021).Workplace interventions to reduce depression and anxiety in small and medium-sized enterprises:A systematic review.*Journal of affective disorders*,290,378-386.

Hynes,A.M.,& Hynes-Berry,M.(2019).*Bibliotherapy the interactive process:A handbook*.Routledge.

Kaur,M.(2016).Effects of physical activities and conditioning on flexibility.*International journal of physical education,sports and health*,3,374-375.

Lee,Y.(2021).Distinction by Indistinction:Luxury,Stealth,Minimalist Fashion.*Luxury*,6(3),203-225.

Liu, Q. Q., Zhou, Z. K., Yang, X. J., Kong, F. C., Sun, X. J., & Fan, C. Y. (2018). Mindfulness and sleep quality in adolescents: Analysis of rumination as a mediator and self-control as a moderator. *Personality and Individual Differences*, 122, 171-176.

Litwiller, B., Snyder, L.A., Taylor, W.D.& Steele, L.M. (2017). The Relationship Between Sleep and Work. *Journal of Applied Psychology*, 102 (4), 682-699. doi: 10.1037/apl0000169.

Lloyd, K., & Pennington, W. (2020). Towards a theory of minimalism and wellbeing. *International Journal of Applied Positive Psychology*, 5(3), 121-136.

López-López, E., Bajorath, J., & Medina-Franco, J.L. (2020). Informatics for chemistry, biology, and biomedical sciences. *Journal of chemical information and modeling*, 61 (1), 26-35.

Martin, N., Camiré, M., & Kramers, S. (2021). Facilitating life skills transfer from sport to the classroom: An intervention assisting a high school teacher-coach. *Journal of Applied Sport Psychology*, 1-25.

McKenna, J.T., Zielinski, M.R., & McCarley, R.W. (2017). Neurobiology of REM sleep, NREM sleep homeostasis, and gamma band oscillations. In Sleep Disorders Medicine (pp. 55-77). Springer, New York, NY.

Mehdizadeh, M., & Khosravi, Z. (2019). An inquiry into the effectiveness of bibliotherapy for children with intellectual disability. *International Journal of Developmental Disabilities*, 65 (4), 285-292.

Pangarkar, A., Shukla, P., & Charles, R. (2021). Minimalism in consumption: A typology and brand engagement strategies. *Journal of Business Research*, 127, 167-178.

Pettersson, C. (2022). "Another Way to Talk About Feeling Bad". Creative Interactive Bibliotherapy-A Complement to Treatment for Women with Mental Illness After Childbirth. Journal of Poetry Therapy, 35(1), 1-12.

Roster, C.A., & Ferrari, J.R. (2020). Does Work Stress Lead to Office Clutter, and How? Mediating Influences of Emotional Exhaustion and Indecision. *Environment and Behavior*, 52 (9), 923-944.

Tang, Y., & Hinsch, C. (2018). Going green to be morally clean: An examination of environmental behavior among materialistic consumers. Psychology & Marketing, 35(11), 845-862.

Tijms, J., Stoop, M.A., & Polleck, J.N. (2018). Bibliotherapeutic book club intervention to promote reading skills and social-emotional competencies in low SES community-based high schools: A randomised controlled trial. *Journal of Research in Reading*, 41(3), 525-545.

后　　记

对于本书的出版，我们要感谢很多人。首先，非常感谢武汉大学研究生院和武汉大学哲学学院，由于本书被纳入2021年武汉大学研究生教材建设培育项目和武汉大学哲学学院“十四五”教材规划项目，是他们提供的基金支持才使得这本书得以顺利出版。其次，我们还要感谢人民出版社的洪琼编辑及其领导和工作人员在整个编辑过程中的耐心沟通和及时反馈，在整个出版过程中的精心编排和卓越工作。同时，我们也要额外感谢我们的家人，是他们的爱和支持让我们的书稿编撰工作更加沉浸和高效。再次，我们还要感谢武汉大学职业健康心理学课题组参与本书撰写工作的博硕士研究生们所做的辛勤贡献，他们分别是博士生肖帅萍（参与第五章的撰写）、曹照雪（参与第四章的撰写）和卢艺（参与第六章的撰写），以及硕士生蒋利娇（参与第二、三章的撰写）和赵开宸（参与第一章的撰写），也感谢博士生袁帅协助主编对书稿的文字校对工作。最后，要诚挚地感谢我的合作者，美国纽约城市大学巴鲁克学院心理学系（Department of Psychology, Baruch College, The City University of New York）的博士生导师周志清教授，他对工作压力领域研究和应用的深刻见地丰富和完善了这本书的内容体系，并且他也全程参与了这本书的审校工作。期望我们所做的工作能够对未来工作压力领域的科学研究和实践应用达成些许抛砖引玉的效果。